Les ressources créatives des familles d'artistes

DU MÊME AUTEUR CHEZ GÉNÉSIS ÉDITIONS

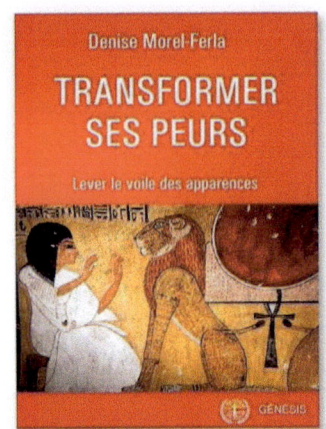
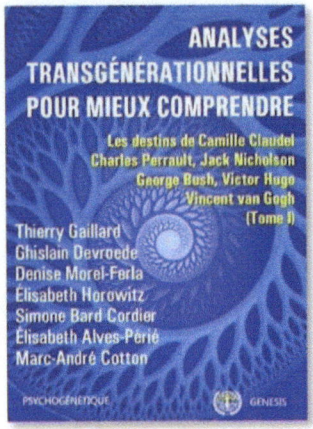

EGALEMENT CHEZ GÉNÉSIS ÉDITIONS

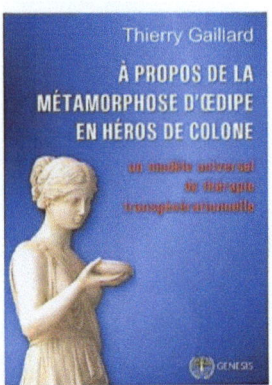

WWW.GENESIS-EDITIONS.COM

Denise Morel-Ferla

Les ressources créatives des familles d'artistes

La créativité, une thérapie

GÉNÉSIS ÉDITIONS

Du même auteur chez Génésis éditions
- *Transformer ses peurs,* 2020 (2ème édition).
- *La créativité thérapeutique des familles d'artistes,*
Des talents pour déjouer les symptômes, 2020 (2ème édition).

Et chez d'autres éditeurs
- *Cancer et Psychanalyse*
- *Qui est vivant ?*
- *Les Enfants de Pitchipoï*
- *Voyance et tarots*
- *Avec Sekhmet*
- *12 étapes pour écrire votre livre*
- *Les Brodeuses de l'Histoire*
- *Terre aimée, Algérie*
- *Mots nomades*

En couverture, tableau **de TINTIRIS** : L'IVRESSE
Avec l'aimable autorisation de l'artiste
Site Internet de l'artiste : www.tintiris.ch

GENESIS éditions

18, rue De-Candolle, 1205 Genève, Suisse.
www.genesis-editions.com

Impression: Bod -Books on Demand, Norderstedt, Allemagne
Distribution francophone : SODIS
Distribution pour la Suisse : BUCHZENTRUM
1988, Première édition Editions universitaires, Begedis,
sous le titre « Porter un talent, porter un symptôme, les familles créatrices ».
2015, Deuxième édition, Ecodition éditions
©2020, Troisième édition, Génésis éditions
Le visible et l'invisible SARL, Genève. Tous droits réservés.
ISBN : 978-2-940540-15-0
Tous droits de traduction, de reproduction et d'adaptation réservés pour tous les pays.

Remerciements

Je tiens à exprimer ma reconnaissance

- à Monsieur le Professeur Jean Lemaire, qui a suscité en moi le désir d'entreprendre cette recherche. Il a su me faire partager sa longue expérience de clinicien et de précurseur dans les thérapies de couple et de famille, et m'encourager par des critiques bienveillantes.

- aux familles qui m'ont offert leur concours pour le recueil d'informations, ainsi qu'aux créateurs de toutes les époques, qui tel un phare, éclairent cette réflexion.

- à tous ceux qui ont contribué à la réalisation effective de ce travail.

Denise Morel-Ferla

Sommaire

Préface du Prof. Jean Lemaire	p. 9
I. INTRODUCTION	p. 15
1.1. Fonction de la famille	p. 19
1.2. Créativité et création	p. 20
1.3. Une famille vivante	p. 26
II. MYTHOLOGIE	p. 39
2.1. Les mythes grecs	p. 41
2.2. La renaissance d'Œdipe	p. 51
2.3. Le mythe d'Osiris	p. 53
III. FAMILLES D'ARTISTES	p. 59
3.1. Illustres familles d'artistes	p. 59
3.1.2. Les Brontë : Une mythologie bien partagée	p. 59
3.1.3. Les Claudel : De secret en secret, la famille-cage.	p. 71
3.1.3. Les James : Du fantasme au paradoxe -	p. 85
3.1.4. Les Marx : Le « Grand Projet » de Minnie Marx	p. 99
3.1.5. Les Perrault : Il était une fois	p. 109
3.2. Les familles d'artistes contemporaines	p. 121
3.2.1. Les Bonnec : Maman, les p'tits bateaux -	p. 121
3.2.2. Les Groult : Ecrire, dit-elle -	p. 131
3.2.3. Les Prassinos : Retour aux plaisirs de l'enfance	p. 139
IV. OBSERVATIONS CLINIQUES	p. 151
4.1. Porter un talent, porter un symptôme	p. 151
4.2. On est les meilleurs mais on ne le dit pas	p. 156
4.3. Un prénom en cascade	p. 165
4.4. Des fantômes omniprésents	p. 173
4.5. Thérapie familiale et création	p. 181

V. LES PROCESSUS CREATEURS p. 189
5.1. S'exiler pour créer p. 189
5.1.1. L'exil p. 191
5.1.2. Déliaison, désinvestissement p. 193

5.2. Reconstruire, ailleurs p. 196
5.2.1. La réparation p. 196
5.2.2. La conquête p. 197
5.2.3. La sublimation p. 199

5.3. Du Je au Nous p. 202
5.3.1. Narcissisme du couple p. 203
5.3.2. Investissement narcissique du groupe familial p. 206
5.3.3. Symbiose et individuation p. 210

5.4. Partager et transmettre p. 214
5.4.1. L'espace transitionnel familial p. 215
5.4.2. Une mythologie commune p. 220
5.4.3. Secrets de famille p. 225
5.4.4. Répartition du potentiel créatif p. 228

VI. CONCLUSION p. 235

Bibliographie p. 243
Annexe I : Illustres familles de créateurs p. 251
Annexe II : Familles de créateurs contemporains p. 253

PRÉFACE

La multiplicité des recherches concernant les familles est sans doute un signe de notre temps. Ces études sont présentes au sein de disciplines aussi éloignées que l'histoire, l'économie, la démographie, la génétique ou la psychologie.

Dans cet ensemble, un apport important tire son origine du renouvellement des thérapies familiales. Ces approches thérapeutiques en plein développement, sont en effet l'occasion d'observations nombreuses et intéressantes. Leur difficulté même oblige les praticiens à une attitude inventive en même temps qu'à une grande rigueur méthodologique, et c'est alors l'origine d'un enrichissement sémiologique et d'une réflexion renouvelée sur ce qui fait la dynamique d'une famille. Qu'est-ce qui constitue, ou au moins sous-tend le fait familial ? Qu'est-ce qui, au travers de souffrances déchirantes, conduit les individus à établir des liens qui, parfois, s'organisent à leur détriment ? Les réponses univoques sont insuffisantes. Les observations tirées hors de l'espèce humaine, de même que les considérations physiologiques ou génétiques ne nous aident pas à saisir l'agencement des processus psychiques profonds qui forment la trame inconsciente des liens interpersonnels.

C'est cette trame sous-jacente qui intéresse le chercheur, nécessairement présent derrière le regard concret du clinicien, derrière son écoute respectueuse des messages ébauchés, interrompus, dont l'ensemble forme le texte inédit d'une histoire familiale singulière : texte fait de gestes, de rites autant que de propos, texte qui prête à des lectures multiples où s'entrecroisent les lois universelles de la société humaine, les règles provisoires du groupe social et de sa subculture, les traditions renouvelées d'antiques formes familiales, et bien sûr, les désirs et angoisses plus voilés, tirés des profondeurs de chaque individu.

Il est frappant de voir ressurgir les traces d'un passé qui ne se réduit pas à ce qui est transmis consciemment, enseigné ou appris. Une empreinte se marque et se remarque, dont l'origine échappe à une génération, nie ses raisonnements et certitudes, et d'une certaine manière, renouvelle une vieille fidélité inconnue, une « loyauté invisible », selon le terme de Boszormenyi-Nagy. Curieux phénomène que celui d'une famille ! Encore mal saisi, rempli d'inconnues. Tellement multiple et complexe qu'il pousse aisément à la réduction des phénomènes à quelques facteurs plus accessibles. Quand cette tentative de simplification est prudente et surtout consciente de ses limites, elle permet au thérapeute une approche qui, donnant sens à tel aspect, favorise le soulagement d'un membre souffrant ou la disparition soudaine d'un symptôme.

Alors, cette réduction se justifie d'un point de vue méthodologique et thérapeutique, à condition que le praticien soit conscient des limites de son choix. Mais le chercheur ne peut, du point de vue scientifique, se contenter de ces premiers schémas. Son regard, à la fois utopique et sceptique, doit porter plus loin son interrogation théorique, et par là, préparer la voie à d'autres lectures du fait familial.

Les lectures classiques, en effet, mettaient l'accent sur la place du symptôme dans l'équilibre familial. Dans la perspective dynamique héritée du courant psychanalytique, le symptôme se présente comme un compromis ou comme résultante de forces qui s'équilibrent. Compris comme expression d'une dynamique familiale, il en maintient l'homéostasie. Sa levée, qui entraînerait un bouleversement, est retenue par des résistances conjointement organisées : le porteur de symptôme, le « patient désigné » est alors signe et appui d'une certaine forme, peut-être regrettable, de l'équilibre familial. Ainsi, la tradition médicale puis la tradition psychopathologique mettaient l'accent sur le symptôme, sur le négatif. Une longue série de textes soulignait cette influence pathogène par quoi une famille faisait souffrir, sans le savoir, tel de ses membres. Et la clinique quotidienne confirme la pertinence d'une telle analyse dans nombre de cas.

Mais alors, dépassant ce constat, certains théoriciens l'ont édifié comme généralité puis comme évidence. Ce ne serait plus une famille donnée, victime des avatars de l'évolution affective de ses fondateurs, ou d'une répétition systémique qui, pour survivre, désignerait un de ses membres comme bouc émissaire, mais *la* famille, institution morbide en soi, déterminée en toutes ses formes par une organisation socio-économique pervertie. Dans cette perspective, cette famille écrase ses membres dès leur plus jeune âge, les rend fous ou, pour abuser d'un mot qui, dans l'usage américain de l'époque avait perdu sa précision, les rend schizophrènes.

Cette famille-là, bien entendu, il fallait la détruire. D'ailleurs, on annonçait solennellement sa mort, qu'elle méritait bien ! Evidemment aussi, la famille n'est pas morte! Ce qui était fou, c'était de la réduire à ce fonctionnement et de la transformer en un déterminisme étriqué, qu'il soit sociologique ou génétique. Fou peut-être aussi, d'en faire *la* Famille avec un grand F. Les familles, elles, continuent d'exister. Elles ont un peu changé de forme, créé ou essayé de nouveaux modes de relations. Malheureusement, ce discours simplificateur sur le fonctionnement familial ainsi que d'autres vulgarisations des recherches psychopathologiques ont pénétré la culture contemporaine. Leur impact le plus fâcheux a été et reste encore une culpabilisation perverse autant que maladroite des familles et des parents, ce qui a fait perdre à certains la confiance nécessaire en leur propre capacité parentale, en même temps que la confiance à l'égard de cliniciens supposés ne porter sur eux qu'un regard hostile et méfiant !

Ce que l'observateur superficiel, amplifié médiatiquement, a aussi méconnu, est que les familles ont multiplié leurs relations internes. Certes, le progrès technique, l'auto, le petit appartement ont apparemment nucléarisé la famille moderne, telle que l'étudient les statisticiens et les économistes. Mais le même progrès technique, et notamment le téléphone, le smartphone, skype et toutes les nouvelles technologies de communication ont rendu possible la multiplication des liens intrafamiliaux. Bref, les familles ont inventé, et elles continuent de créer. Et cette recréation se poursuit en face de tous les bouleversements technologiques et culturels. Cette capacité créative et autocréative mérite, autant que les potentialités destructives ou pathogènes, d'être étudiée.

Vaste problème, auquel Denise Morel s'est attachée, avec sa créativité propre. Et avec elle, ou derrière elle, le groupe de recherche du Psyfa « Psychanalyse et système familial » qui, parmi les écoles psychanalytiques de thérapie familiale, souligne la spécificité du groupe familial, en le différenciant d'autres groupes thérapeutiques.

En effet, ce courant de recherches, exprimé ici par cet ouvrage de Denise Morel, tente de développer des approches thérapeutiques utilisant au mieux les capacités créatives de la famille. Il est souvent possible de les enrichir, par exemple auprès de familles apparemment « adaptées », mais culturellement écrasées, envahies par une représentation contraignante d'une soi-disant réalité au nom de laquelle le jeune se voit barrer l'accès à la vie fantasmatique, origine d'une possible créativité. L'enfant semble sacrifié pour mieux être modelé suivant les canons socio-scolaires d'une société exclusivement préoccupée de résultats et de place sociale !

Faire reconnaître les potentialités créatrices du groupe familial, ou lever les résistances qui s'y opposent peut obliger chez d'autres familles, à des approches thérapeutiques beaucoup plus complexes. Cela impose la prise en compte de processus psychotiques avec leurs mécanismes de déni et d'identification projective, et celle des mouvements transférentiels nécessaires à leur mobilisation.

La dimension créative est toujours essentielle, en particulier sous sa forme ludique, à quoi il faut souvent, par l'intermédiaire des thérapeutes, réinitier les parents. Leur « sérieux », en effet, sous-tendu par l'angoisse, paralyse souvent la circulation fantasmatique intrafamiliale, dont tous les courants psychanalytiques de thérapie familiale ont souligné l'importance.

Mais dans cet ouvrage, l'approche de Denise Morel est particulièrement originale. Elle ne part pas ici, de situations pathologiques, ni de cures familiales, malgré son expérience en ce champ et sa compétence d'enseignante. Elle tente avant tout d'observer le fonctionnement de ce qu'elle appelle des « familles vivantes ». Denise Morel en a notamment sélectionné quelques-unes, que l'histoire ou le présent ont retenues comme remarquables, en ce que la créativité de leurs membres s'est publiquement fait reconnaître. C'est le contre-pied de la pathologie, et de la caricature que cette dernière apporte habituellement au psychologue.

Denise Morel cherche aussi à aborder le vaste problème de la stimulation créative familiale, à partir de ces cas particuliers. À côté de remarques tirées de récits mythologiques, elle tente une observation de quelques familles de créateurs : familles du passé ou contemporaines, qui ont accepté de collaborer. Bien entendu, beaucoup d'autres familles savent stimuler l'originalité et la créativité de leurs membres, sans que leur « création » soit socialement reconnue. De grandes questions restent en suspens, que des travaux ultérieurs sauront reprendre et préciser. Il y fallait cette première et audacieuse démarche. Que l'auteure en soit ici chaleureusement remerciée.

Jean LEMAIRE

Professeur de psychologie clinique à l'Université Descartes-Sorbonne.

Directeur médical du Centre Médico Psycho Pédagogique
du Centre hospitalier de Versailles.

I
INTRODUCTION

> *Toute vie humaine est centrée sur quelque chose qui d'ailleurs varie au plus haut point : ce peut être un être aimé, en sorte que lorsque cet être a disparu, la vie se réduit à une simple apparence caricaturale d'elle-même ; ce peut être une occupation favorite, la chasse pour l'un ou le jeu pour l'autre ; pour d'autres encore une recherche ou une création. Chacun de nous peut et devrait sans doute se demander, comme un de mes personnages : de quoi vis-tu ?*
>
> Gabriel Marcel, *Le mystère de l'être.*

Dans le champ des thérapies familiales, la plupart des travaux publiés font état des différentes symptomatologies, telles qu'elles apparaissent dans ce qu'il est convenu d'appeler les « familles dysfonctionnelles ». Rares sont les études portant sur les familles « saines », si ce n'est dans les disciplines comme la sociologie, l'éducation, l'économie, la religion, etc.

Dans le champ qui est le nôtre, à savoir le champ analytique, et plus précisément encore, celui des thérapies familiales analytiques, peu de cliniciens ont abordé cet aspect de la théorisation !

Il m'est apparu utile et intéressant de pousser plus loin encore cette réflexion, en cherchant à mieux repérer quels processus créateurs sont l'œuvre dans une famille « vivante ». Si je choisis ce qualificatif de « vivant » plutôt que celui de « normal », « sain », « fonctionnel » ou tout autre terme désignant des familles non perturbées, c'est bien parce que le concept de « vie » ne se réfère pas entièrement aux concepts précités, tels que « normalité » ou « santé ». Un organisme générateur de vie peut, en effet, présenter certaines perturbations, sans que ces troubles viennent gêner ou avoir une incidence néfaste sur la transmission d'une vie digne de ce nom !

Nous voyons tout de suite combien il nous faudra utiliser ce qualificatif de « vivant » avec une extrême prudence, car à lui seul, il nécessite une longue élaboration. Dans les écrits théoriques sur la famille, il est question de familles fonctionnelles ou dysfonctionnelles (Théodore Lidz, 1970), de familles saines ou normales ou même de configurations familiales favorisant la vie ou la mort (O. Bourguignon, *Mort et structures familiales*, 1984); dans ce dernier cas, vie et mort sont entendues dans leur sens littéral.

Mais avant d'aborder directement le sujet qui nous occupe, il convient peut-être d'expliciter ce qui est à l'origine de cette recherche. Pourquoi ai-je été amenée à interroger la famille autour de l'axe vie/mort ? Pourquoi m'intéresser plus spécifiquement aux familles de créateurs et aux processus qui les travaillent de part en part ? Dans ma propre famille, j'ai très tôt été confrontée à cette interrogation : comment vit un groupe familial, ou comment peut-il survivre à certaines situations douloureuses ? D'emblée, je dus me situer dans une famille où les symptômes de divers ordres nécessitèrent une constante élaboration. Comme dans beaucoup de familles, en effet, on considérait qu'un symptôme, quel qu'il fut, était toujours dommageable pour l'individu et souvent aussi pour l'entourage. Jamais, cependant, je n'ai soupçonné quel bénéfice les uns et les autres pouvaient en tirer ; le porteur du symptôme se voyait alors attribuer soit le rôle de victime ou de malade, soit celui d'asocial ou de délinquant au sens large. La parabole évangélique du bon grain et de l'ivraie venait donner une confirmation religieuse à cette façon de penser, et dans tous les cas, l'unique préoccupation était de faire disparaître symptôme ou... porteur de symptôme !

En tant qu'analyste, comme au cours de plusieurs années de travail à la D.A.S.S., dans un foyer d'enfants et au service des adoptions, j'ai tenu compte de cet aspect protecteur du symptôme. Le but poursuivi n'étant pas de travailler à sa suppression, mais de tenter d'analyser les processus inconscients à la source de ce compromis pathologique. Bien plus, ce qui souvent apparait comme « irrécupérable » dans l'histoire d'enfants abandonnés et souffrant de carences précoces, m'a interrogée et amenée à clarifier cette notion de patrimoine heureux ou malheureux dont chacun dispose au départ.

La réflexion sur les thérapies familiales a apporté un support théorique a certaines intuitions, en prônant par exemple l'intérêt de la « connotation positive du symptôme », voire une prescription paradoxale de celui-ci dans certains cas.

J'ai aujourd'hui la conviction d'aller encore plus loin, en travaillant sur l'étroite connexion entre symptômes et talents. Si j'ai choisi de mener une recherche sur les processus créateurs à l'œuvre dans une famille, il faut voir dans ce choix un souci clinique et théorique : comment un groupe familial aux prises avec des évènements divers, des fonctionnements psychiques multiples et pas toujours harmonieux, parvient-il à réguler toutes ces données pour favoriser la circulation de la vie ?

Ayant déjà, il y a quelques années, tenté d'éclaircir ce qui se passe dans une famille, lorsqu'un de ses membres est atteint d'une maladie grave (D. Morel, *Cancer et psychanalyse*), j'ai cette fois choisi d'orienter ma recherche autour des forces de vie, même s'il est artificiel de séparer ainsi pulsions de vie et pulsions de mort !

Par ailleurs, des nombreuses constatations que j'ai pu faire, il ressort que les différents rôles tenus par les uns et les autres dans le groupe familial ne sont pas anodins : tel est réputé pour savoir animer une réunion de famille, tel autre fait souvent rire à ses dépens, sans que ce rôle du clown de service soit jamais remis en cause par quiconque. Dans chaque famille, on retrouve le malade, celui à qui arrivent tous les maux, le raté, et parfois aussi, le fou, le sage, le fantaisiste, gaffeur, le pince-sans-rire, le sentimental ou le génie ! Impossible de ne pas s'interroger sur les distributions inconscientes de rôles, surtout lorsqu'elles s'expriment sous des formes rigides, avec blocage sur un seul membre qui focalise alors les forces de vie ou de mort émanant du système familial.

Tout thérapeute est interpellé par les choix inconscients qui président à la mise en œuvre de symptômes ou de talents. Ainsi, la question qui consiste à savoir comment un individu ou un groupe familial sont conduits à mobiliser leurs pulsions dans un sens ou dans un autre, se pose toujours au cours d'une cure. Par ailleurs, j'ai souvent remarqué que la création servait non seulement de suture a une blessure psychique pour un individu donné, mais qu'elle pouvait aussi devenir une enveloppe réparatrice, sorte de seconde peau, pour tout un groupe familial.

Il peut s'agir d'un processus n'aboutissant pas forcement à une création reconnue, mais nous y retrouvons certaines modalités de réparation et d'inventivité présentes dans tout travail de création. Ainsi, un processus créateur, même s'il se vit à minima, peut favoriser un nouvel équilibre dans une famille marquée par la perte et le manque. Pourtant, il serait abusif de croire que ceci est la condition de cela ! Les failles que le créateur cherche à réparer renvoient autant à une dynamique conflictuelle intrapsychique que familiale.

En tant qu'analyste et thérapeute de famille, c'est certainement le sens que je donne à ma pratique clinique, dans la mesure où l'espace de thérapie peut être reconnu comme cet espace potentiel apte à mobiliser le versant créateur que chacun porte en soi. C'est donc pour affiner nos réponses thérapeutiques que j'ai entrepris cette recherche sur les symptômes et les talents présents dans toute famille.

Des concepts aussi vastes que ceux de *famille*, *créativité* et *création*, et a fortiori, celui de *vie*, ont été étudiés sous différents angles et dans le cadre de disciplines variées. Pourtant toutes ces questions sont loin d'être résolues, et parfois même, certaines d'entre elles semblent mal posées ou trop vite évacuées. L'explicitation de ces différents termes s'impose donc ici.

1. 1. Fonction de la famille

Traditionnellement, la famille a assuré une fonction patrimoniale. Si cette fonction subsiste à un certain niveau, elle revêt cependant d'autres formes. Ainsi, le patrimoine est moins considéré comme un bien à préserver, que comme une réalité à partager, à transmettre. Sans négliger l'aspect économique, nous nous attacherons à repérer comment s'effectuent ces « transmissions » au sein de la famille. Transmissions génétiques, héréditaires, transmissions psychiques, culturelles, idéologiques ou matérielles, la famille a charge de transmettre la vie, de génération en génération.

Quelle est donc la fonction du cadre familial, tel qu'il existe actuellement ? Par «cadre familial», nous entendons parler non seulement des personnes qui vivent ensemble, mais aussi de tout ce qui se rapporte aux conditions de vie, ainsi qu'aux modalités d'échange et de communication à l'intérieur de la famille En ce sens, le cadre familial à ses propres invariants. Ceux-ci constituent les données initiales du cadre, et se réfèrent à tout ce que le sujet trouve déjà là au cours de sa naissance : génétique, généalogie, différences sexuelles etc. D'autres éléments sont plus variables, mais contribuent tout autant à définir le cadre familial : réalités sociales, psychiques et physiques. Ainsi, l'ambiance d'une famille est tributaire de l'ensemble de ces éléments, aussi bien des parties vivantes que non-vivantes du cadre (lieu, habitat, mobilier, objet etc.)

Nous pouvons considérer que le cadre familial est à la fois « contenant » et « conteneur », au sens où Kaes entend ce termes : « J'appelle conteneur, un contenant doté de la fonction alpha : il s'agit de contenir et de transformer. » (R. Kaes, *Le travail psychanalytique dans les groupes*). À ce titre, apparaît alors une nouvelle fonction de la famille : la fonction transitionnelle. Cette fonction permet à la famille de signifier son appartenance à l'ordre du réel et à celui du symbolique.

Grâce à certains facteurs que nous analyserons, la famille pourra ou ne pourra pas exercer sa fonction transitionnelle, en devenant pour chacun de ses membres un « espace potentiel » propice à l'épanouissement des activités créatrices. Or pour que cet espace existe comme tel, il importe que la circulation fantasmatique ne soit pas bloquée à l'intérieur du groupe-famille.

1. 2. Créativité et Création

La créativité est un concept défini par le Larousse, comme un « pouvoir d'invention ». Si nous nous référons aux substantifs « créer » et « inventer », nous sommes renvoyés à de multiples sens, dont les synonymes sont : imaginer, concevoir, trouver, découvrir, causer, occasionner, susciter, composer, fabriquer. Nous ne pouvons choisir parmi toutes ces acceptions, dans la mesure où la créativité se présente effectivement comme un conglomérat complexe d'aptitudes, de dispositions, de conditions et d'attitudes de tous ordres face au réel. Dire d'un individu qu'il est « créatif », c'est donc reconnaître en lui diverses caractéristiques, dont chacune prise isolément n'est pas significative de créativité.

Ce n'est que vers 1950, que le concept de créativité a véritablement fait l'objet de recherches en psychologie. Dans un livre collectif sur « La créativité », Beaudot établit une différence entre deux formes de pensée :
- La pensée convergente, qui serait le propre de sujets intelligents qui « tendent à converger vers les significations stéréotypées, à imaginer leur réussite personnelle selon des critères conventionnels. »
- La pensée divergente, propre aux individus créatifs qui « tendent à s'écarter des significations stéréotypées, à faire preuve d'une imagination originale. »

De nombreux autres travaux portent sur les différentes aptitudes créatrices, notamment l'étude du C.N.R.S. menée par M. Carlier, portant sur la flexibilité («étude différentielle d'une modalité de la créativité: la flexibilité »). Elle y définit la flexibilité comme « la possibilité de produire un grand nombre d'idées susceptibles d'appartenir à des catégories variées », ce qui suppose une certaine mobilité de la pensée que l'on retrouve chez tous les créateurs.

Ces définitions s'articulent assez bien entre elles, et rejoignent notre propre pensée. Toutefois, nous ne pouvons affirmer comme M. Carlier le fait qu'il « n'existe pas de différence de nature entre créativité et création mais une différence de degré. » En effet, cela supposerait que soit rendu négligeable le seuil qui permet à quelqu'un d'aller jusqu'au bout de sa créativité, en la mettant en œuvre sous la forme d'une création authentique. En revanche, elle admet d'établir une distinction entre individus créatifs et créateurs : « La créativité est une aptitude présente chez chaque individu qui est créatif et non plus créateur. Cependant, la créativité serait une condition nécessaire mais non suffisante à l'aboutissement d'un projet créateur... Un individu ne peut être dit créateur que dans la mesure où la postérité a montré que la voie ouverte par lui était fructueuse. »

Cette définition implique la notion de postérité, et exclut donc toute étude au présent. Nous n'adhérons pas à cette dernière affirmation, c'est pourquoi nous osons parler de familles de créateurs contemporains.

Souvent, dans les recherches publiées, il apparaît que les auteurs parlent de créativité lorsqu'il s'agit de création, sans préciser de façon rigoureuse les concepts utilisés. Ainsi, par exemple, dans son étude sur « Nature et culture du talent créatif », D .W.Mc Kinnon (*La créativité*), présente les trois conditions qui, selon lui, sont nécessaires pour que l'on puisse parler de créativité :

« - Elle implique une réponse ou une idée qui est nouvelle... Mais la nouveauté ou l'originalité de la pensée ou de l'action... n'est pas suffisante.

– Si on veut pouvoir dire d'une réponse qu'elle fait partie du processus créatif, il faut qu'elle soit dans une certaine mesure adaptée à la réalité, ou qu'elle modifie la réalité.

– Enfin, la vraie créativité implique un approfondissement de l'idée originale ; il faut qu'elle soit jaugée et travaillée pour être finalement développée.

La créativité... est un processus qui se déroule dans le temps et qui se caractérise par l'originalité, l'esprit d'adaptation, et le souci de réalisation concrète. »

Ne dirions-nous pas plutôt qu'il s'agit de création à partir du moment où il y a « réalisation concrète », c'est-à-dire mise en œuvre des processus créatifs ? De la même manière, le Larousse souligne la corrélation étroite qui existe entre l'imagination et la création, or rien ne nous autorise à dire que tous ceux dont l'imagination est fertile sont créateurs ! Il faudrait s'assurer que celui qui se montre apte à imaginer, se révèle aussi capable de structurer son imagination, de composer et de fabriquer une œuvre. Quand bien même en serait-il capable intrinsèquement, certaines conditions relatives au milieu dans lequel il évolue, sont nécessaires à la mise en œuvre de ces différentes aptitudes.

Cela rejoint la position affirmée par Didier Anzieu dans *Le corps de l'œuvre* : « La créativité se définit comme un ensemble de prédispositions du caractère et de l'esprit qui peuvent se cultiver et que l'on trouve sinon chez tous... du moins chez beaucoup. La création, c'est l'invention et la composition d'une œuvre, d'art ou de science, répondant à deux critères : apporter du nouveau (c'est-à-dire produire quelque chose qui n'a jamais été fait), en voir la valeur tôt ou tard reconnue par un public. Ainsi définie, la création est rare. La plupart des individus créatifs ne sont jamais créateurs : ce qui fait la différence..., c'est le décollage. »

Il peut être utile dans cette tentative pour définir la création, d'éclaircir ce que D. Anzieu entend par « décollage ». Ce terme d'aviation, ce « envol » marque le passage de la créativité à la création, ce moment fécond où le créateur en puissance sent qu'il peut quitter ses appuis, tuer symboliquement ses géniteurs (filiation réelle ou symbolique), sans culpabilité. C'est à ce moment-là qu'il peut créer à son tour en faisant une œuvre de création reconnue par un public.

Par ailleurs, dans son étude sur la « *Psychanalyse du génie créateur* », Anzieu rapproche le travail de la création du travail du deuil, allant même jusqu'à évoquer les nombreux cas célèbres, où la mort d'un des deux parents fut un événement décisif dans ce passage de la créativité à la création : « Blaise Pascal et combien d'autres, n'ont franchi le passage de la créativité à la création qu'une fois devenus orphelins... Créer, c'est toujours d'une certaine façon, tuer quelqu'un, la chose étant facilitée si ce quelqu'un vient de mourir, car on peut le tuer avec un moindre sentiment de culpabilité. Quand elle joue, c'est l'ombre de la mort sur la créativité qui opère le décollage. »

Nous avons affirmé la convergence de notre point de vue sur la création avec celui de D. Anzieu, toutefois, cette définition de la création reste encore insuffisante, dans la mesure où il est fait référence à l'effet social de la création, par le biais de la reconnaissance et de la nouveauté considérée comme un critère essentiel. En effet, cette dimension de reconnaissance sociale est tributaire de multiples facteurs que l'on ne peut négliger. Ainsi, le statut socio-économique, ou la notoriété de telle famille peuvent contribuer à favoriser non seulement la réalisation effective de tel projet en germe, mais peuvent faciliter aussi la sélection qui sera faite. À l'inverse, telle famille peut entraver la mise en œuvre des talents de ses membres. De même, certains créateurs restent dans l'ombre, faute de saisir les opportunités qui s'offrent à eux, ou parce qu'eux-mêmes interagissent avec leur environnement de telle sorte que personne ne les reconnaît socialement comme créateurs. Nous savons tous que la constatation de la réussite d'un créateur ne permet pas d'affirmer qu'il est le meilleur, ni même qu'il est véritablement créateur ! Ce critère de choix par le public ou par tout organisme habilité, reste donc en partie aléatoire et soumis à de multiples interactions rarement discernables, mais réellement présentes.

Il est courant aussi de penser qu'un créateur est quelqu'un de génial, qui a reçu des dons exceptionnels, et que de ce fait, il a en lui une force, une croyance qui l'assurent dans sa démarche créatrice. Si cela se vérifie dans certains cas, il reste que nombre d'individus plus ou moins mégalomaniaques se croient investis d'une haute mission ou capables de recréer le monde ! Cette croyance maniaque leur donne la conviction d'être les génies du siècle ; elle fait fi des réalisations effectives. Là encore, bien que le processus de croyance soit effectivement inhérent au travail de création, nous commettrions une grave erreur en l'isolant des autres paramètres. Il ne suffit pas de croire en soi pour devenir un créateur !

Associé au phénomène de la croyance, nous trouvons l'idée d'une création-métamorphose, exprimée par Proust dans « *À l'ombre des jeunes filles en fleurs* » : « Le génie, même le grand talent, vient moins d'éléments intellectuels et d'affinement social supérieurs à ceux d'autrui, que de la faculté de les transformer, de les transposer... Bergotte avait appris par le suffrage des autres qu'il avait du génie... Il avait appris qu'il avait du génie, mais il ne le croyait pas puisqu'il continuait à simuler la déférence envers des écrivains médiocres. »

Créer, ce pourrait donc être jouer le jeu de l'écho ou du miroir qui renvoie le son ou l'image captés, en déformant plus ou moins la réalité. Retrouvons encore Proust qui, dans le même texte (*À l'ombre des jeunes filles en fleurs*), évoque ce pouvoir réfléchissant d'une personnalité de créateur : « Ceux qui produisent des œuvres géniales ne sont pas ceux qui vivent dans le milieu le plus délicat, qui ont la conversation la plus brillante, la culture la plus étendue, mais ceux qui ont eu le pouvoir, cessant brusquement de vivre pour eux-mêmes, de rendre leur personnalité pareille à un miroir, de telle sorte que leur vie, si médiocre d'ailleurs qu'elle pouvait être..., s'y reflète, le génie consistant dans le pouvoir réfléchissant et non dans la qualité intrinsèque du spectacle reflété. »

Cette approche de la création correspond de fait, à une conception mettant en relief l'aptitude à résonner, à refléter et donc à renvoyer l'image transformée d'une certaine réalité.

Sommes-nous si loin de cette réflexion de Lavoisier : « Rien ne se crée, tout se transforme » ? En ce sens, la création n'existe pas, ou du moins en arrive-t-on à désigner par ce mot l'effet de transformations successives. Faisons encore appel à la chimie, avec les récentes découvertes en matière de thermodynamique des « structures dissipatives ». Albert Jacquard se réfère à cette terminologie, pour rendre compte de la modification des rapports entre plusieurs composants d'un système, permettant alors une « auto-organisation » : « À l'opposé de la thermodynamique classique, qui décrit un monde où tout se nivelle, où les différences sont peu à peu gommées, où l'on ne rencontre plus qu'homogénéité, insignifiance et ennui, la thermodynamique des structures dissipatives constate la tendance naturelle des systèmes matériels à se différencier, à réaliser des structures nouvelles à partir des perturbations qu'ils subissent, à profiter des fluctuations pour créer de l'ordre. » (Albert Jacquard, *Moi et les autres*).

Nous voilà interrogés sur notre capacité non seulement à créer, mais à nous créer nous-mêmes. Sans parler des manipulations génétiques où des processus créatifs entrent en jeu, Jacquard évoque tous les désordres, les déséquilibres qui perturbent l'ordre établi, et dont il affirme qu'ils sont « la source d'un ordre supplémentaire, d'un enrichissement de la structure ». Comment ne pas mettre en relation ces différentes fluctuations aléatoires, avec tous les évènements traumatiques qui affectent l'homme et sa famille ?

Créer consisterait alors à donner sens à ce qui apparaît comme un non-sens. L'application du concept de « création » au niveau de la famille pourrait s'exprimer ainsi : tous les événements familiaux constituent un matériau brut que chaque individu se doit de transformer, s'il veut s'inscrire dans le cours de la création. Elaborer les évènements d'une vie permet de mieux les métaboliser et de les rendre transmissibles aux générations suivantes.

Aurions-nous envisagé les principaux aspects de la création, si nous n'écoutions encore Levi-Strauss nous parler de la relation qu'il établit entre l'art et le bricolage ? « Dans son sens ancien, le verbe bricoler s'applique au jeu de balle et de billard, à la chasse et à l'équitation, mais toujours pour évoquer un mouvement incident : celui de la balle qui rebondit, du chien qui divague, du cheval qui s'écarte de la ligne droite pour éviter un obstacle. Et de nos jours, le bricoleur reste celui qui œuvre de ses mains, en utilisant des moyens détournés par comparaison à ceux de l'homme d'art... Tout le monde sait que l'artiste tient à la fois du savant et du bricoleur. » (Claude Levi-Strauss, *La pensée sauvage*)

La création, en effet, nécessite une certaine divagation mentale qui permet non seulement de se détourner des difficultés, mais surtout de les appréhender autrement. Ce processus est préalable à tout travail de transformation. Bricoler est donc encore une façon de créer du neuf et d'injecter de la vie en toute matière comme en toute situation.

1. 3. Une famille vivante ?

Sans doute est-il nécessaire de préciser ce que nous entendons par « **vivant** », dans la mesure où il ne s'agit ni d'un concept psychologique, ni même d'une définition médicale, mais que cela se réfère plutôt à une réalité biologique. La vie est un défi permanent à l'entropie, et tout être vivant est parcouru par des courants variés. C'est cet échange constant entre l'être vivant et le milieu dans lequel il évolue, qui l'inscrit dans un cycle biochimique et dans une chaîne psychique. Les notions d'interaction et de réaction sont alors indispensables à toute réflexion sur la vie et sur ses modalités.

Nous pensons être en mesure de transposer ce qui s'applique à un être vivant, en l'élargissant au groupe familial. Ainsi, dans le champ qui nous occupe, et qui concerne la famille comme creuset de vie physiologique, psychique et sociale, sur quels critères s'appuyer pour définir **une famille « vivante »**. Quelle famille sera considérée comme génératrice de vie, alors que telle autre sera taxée de milieu pathogène ou mortifère ?

Les définitions du « vivant » renvoient généralement à des conceptions biologiques, voir bioéthiques, mais aussi à certains concepts de psychopathologie. En spécifiant que ma recherche consiste à repérer comment les **forces de vie** peuvent ou non circuler dans une famille, j'introduis quelque chose de plus. La vie n'est pas considérée en général, dans son acception la plus abstraite, mais telle qu'elle peut s'exprimer à travers des champs de forces contradictoires, des mouvements circulaires, des définitions et attributions de rôles plus ou moins porteurs de vie.

Il existe, en effet, plusieurs degrés dans les formes que la vie peut prendre. Cela peut aller d'une forme de vie tout-à-fait végétative, à des formes de plus en plus élaborées mettant en jeu des phénomènes riches, variés et de plus en plus complexes. Il en va de même en ce qui concerne les organisations familiales. Certaines familles fonctionnent au niveau le plus sommaire et semblent se contenter d'un tel mode de vie. D'autres se montrent plus exigeantes, tant par rapport à ce qu'elles reçoivent du milieu ambiant où elles se situent (culture, société) que par rapport à ce qu'elles donnent (productions des membres de la famille) L'échange qui s'établit entre un milieu donné et une famille, est donc corrélé aux aspirations du groupe familial lui-même. Mais la question reste de savoir si une famille « vivante » se définit par son niveau d'aspiration...

Par ailleurs, considérons cet événement extraordinaire qui a changé les modalités de la transmission de la vie, en la faisant passer de la reproduction du même, à la procréation d'un être singulier, diversifié et tendant à une autonomie toujours plus grande. Une famille vivante serait donc celle qui serait la plus fidèle à ce dernier mode de transmission. Si la loi biologique est incontestable, en revanche, au niveau psychique les choses sont moins simples, et de nombreuses familles résistent à tout changement ! Certains parents voudraient se rassurer en voyant chez leurs descendants la reproduction de leurs propres caractères ou de ceux de leurs ancêtres. En effet, ce n'est pas sans risque qu'une famille peut intégrer en son sein des différences, et développer chez ses membres la capacité à se dégager des normes en devenant des sujets véritablement uniques et bien différenciés.

Dans notre observation des familles de créateurs, nous serons donc particulièrement attentifs au lien entre le concept de « famille vivante » et celui « d'originalité ».

Quant à la notion relative à la dégradation de l'énergie, l'application au champ familial ne peut s'effectuer que si l'on commet l'erreur de considérer la famille comme un système isolé des autres systèmes. En effet, il est courant d'entendre les membres d'un groupe familial se plaindre de l'usure des relations affectives au sein du couple et de la famille. Le temps est souvent ressenti comme un agent destructeur tendant à restreindre la capacité d'investissement, à émousser toute curiosité et à éteindre les passions ! En ce sens, une famille mortifère serait celle qui enferme ses membres dans un ghetto étouffant où les centres d'intérêt limités deviennent vite caduques, faute de s'enrichir régulièrement : tout est déjà connu d'avance, on ne mérite pas que l'on y investisse du temps, de l'argent, ni toute autre énergie personnelle ou collective.

À l'opposé, la famille génératrice de vie se présente en connexion étroite et constante avec le milieu ambiant. De fait, elle est moins à l'abri des perturbations venant de l'environnement, dans la mesure où les échanges avec l'extérieur sont multipliés. Ceci à une conséquence importante propre aux systèmes vivants : la capacité à profiter des fluctuations dues au hasard, aux événements traumatiques ou pas, pour faire du neuf et se différencier davantage encore. Dans la recherche qui va suivre, nous tiendrons compte de ces différentes acceptions pour étudier les mécanismes de transmissions au sein des familles, et analyser les processus de transformation qui permettent à une famille vivante de transmettre aux descendants un héritage assimilable.

Il serait bien entendu abusif d'affirmer que toutes les familles génératrices de vie sont ipso facto des familles de créateurs ! Ainsi, certaines familles ne cherchent pas à se distinguer spécialement, en créant une œuvre de renom. Elles n'en sont pas moins vivantes pour autant. Les membres de ce type de famille semblent bien vivre et aimer ce qu'ils font, sans pour autant être mus par le désir impérieux de réaliser une œuvre de création. Ces familles ne semblent pas avoir besoin de susciter en leur sein l'apparition de rôles aussi flatteurs que celui de musicien, peintre, sculpteur, écrivain, savant ou de tout autre créateur de renom. Dirons-nous que la créativité est absente ou inutilisée ? Sans doute pas, mais elle s'exprime au jour le jour, dans une certaine façon de penser, de mener à bien la vie professionnelle, familiale ou autre.

Le choix de faire porter l'observation sur les familles de créateurs répond à plusieurs critères En premier lieu, ces familles permettent à leurs membres de transformer le « trésor familial » en œuvre de création reconnue. Ce faisant, elles favorisent un échange constant entre ce qui se joue à l'intérieur de la famille et la société, tout comme elles facilitent les transmissions à travers les générations En ce sens, elles constituent un exemple de ce que nous avons défini comme « familles vivantes ». Par ailleurs, en faisant en sorte que leurs membres ne soient pas joués par la combinatoire des signifiants familiaux, mais qu'ils puissent en jouer eux-mêmes librement, les familles de créateurs simulent l'activité d'auto-organisation. Ce critère correspond, comme nous l'avons vu, à une complexification des êtres vivants désormais capables de créer de nouvelles structures à partir des perturbations de parcours. L'héritage familial, ce réservoir réel et mythique, l'ensemble des processus qui traversent le groupe familial, tout cela constitue autant de matériaux hétéroclites précieux pour des créateurs, si tant est que cela puisse faire l'objet d'une transposition.

Parmi les familles de créateurs, j'ai observé les groupes dont la création est reconnue publiquement. Je me réfère ainsi à une désignation sociale et non à un critère purement subjectif. Par ailleurs, j'ai étudié plus particulièrement les familles où vivent ensemble, à la même génération, plusieurs créateurs. En effet, je voulais pouvoir étudier le mode de circulation fantasmatique, les transactions et les rôles à l'intérieur de la fratrie, dans un contexte où il y a une répartition du potentiel créateur et non pas focalisation sur un seul. Familles du passé ou créateurs contemporains, tous m'ont révélé des aspects jusque-là inconnus de leur mode de vie, et donc des conditions dans lesquelles un processus créateur peut aller jusqu'à devenir une véritable œuvre de création. Je n'insisterai pas sur l'intérêt, le plaisir et souvent aussi l'émotion que j'ai éprouvés à découvrir les multiples visages de ces familles célèbres. Si mes connaissances s'en sont trouvées élargies, cela a surtout enrichi ma pratique clinique auprès des familles suivies en thérapie. En effet, ce sont des questions relatives à la prise-en-charge thérapeutique des familles qui sous-tendent cette recherche :

- À quoi travaillons-nous en tant que thérapeute de famille, et comment nous situons-nous par rapport à ce que nous nommons des « dysfonctionnements » ?

- À quoi reconnait-on une famille vivante ? L'absence de symptôme ou l'adaptation au réel constituent-ils des repères suffisants, ou pouvons-nous avoir un autre regard sur la circulation de la vie à l'intérieur d'une famille ?

Si le « travail de la création » a déjà fait l'objet de nombreuses études psychanalytiques, la plupart de ces recherches concernent les processus à l'œuvre chez le créateur en tant qu'individu. À ce jour, à ma connaissance, aucun travail ne porte spécifiquement sur les processus créateurs à l'œuvre dans la famille.

D'importants travaux ont contribué à clarifier la notion de « créativité », ainsi que l'articulation entre psychanalyse et création. D'autres recherches concernent plus spécifiquement le groupe familial en tant que tel, qu'il s'agisse d'approche systémique ou psychanalytique des processus à l'œuvre dans la famille. Quant aux études menées sur les familles de créateurs, elles restent assez rares. Les biographies s'attachent davantage à retracer le parcours du créateur lui-même, et nous parlent assez peu de la famille qui l'entoure. Il existe certains travaux portant sur des familles célèbres, mais aucune étude comparative entre les différentes familles de créateurs n'a encore été menée. Nous n'avons même trouvé aucun recensement des familles ayant donné naissance à plusieurs créateurs au sein d'une même fratrie.

Pour mener ce travail, j'ai donc utilisé différentes sources bibliographiques, en essayant d'établir les liens nécessaires entre ces trois séries de travaux : créativité, groupe familial et biographie de créateurs. Toutefois, malgré tous mes efforts pour cerner au plus près ce qui se joue dans ces familles célèbres, il est impossible de travailler sur ce matériel comme on arrive à le faire à partir de la clinique. En effet, nous avons sur ces familles des informations dispersées, et il est beaucoup plus difficile, en dehors d'une situation clinique, de sentir les liens entre les membres ou de se repérer à travers les différents mouvements de ces familles. Malgré cette information appauvrie, l'éclairage que nous offrent les quelques monographies présentées permet une réflexion théorique et clinique concernant les familles et la pratique des thérapies familiales.

Deux types de démarche président à cette recherche sur les processus à l'œuvre dans un groupe familial : la première concerne avant tout mon travail clinique auprès des individus, des couples et des familles. Chacun sait combien ces réflexions sur le fonctionnement psychique et sur les modalités de notre pratique de thérapeute est une activité de longue haleine, toujours reprise, jamais vraiment satisfaisante et pourtant tellement nécessaire !

C'est ce matériel clinique qui est donc là, présent dans les questions que je pose, dans certaines observations ou dans les éléments de réponse, comme dans les ouvertures qui apparaissent au bout d'un long tunnel de souffrance. J'évoquerai par conséquent ce travail auprès des familles. Toutes sont à la fois porteuses de talents et porteuses de symptômes, mais il se trouve qu'au moment où un groupe familial engage une thérapie, la souffrance du groupe est telle que ce sont les symptômes qui sont sur le devant de la scène. Le symptôme, quel qu'il soit, semble alors envahir, occulter tout le reste et provoquer une cascade de processus généralement dévitalisant (à moins que ce ne soient ces processus mortifères qui, par une réaction en chaîne, favorisent l'apparition d'un ou de plusieurs symptômes.) Quoiqu'il en soit de l'ordre de départ, celui de l'arrivée est toujours le même : les membres de la famille n'en peuvent plus de dépenser leurs énergies en vain et d'aboutir à un constat d'échec aussi déprimant pour tout le monde.

La seconde démarche est essentiellement d'ordre culturel. Face à ces interrogations sur le sens de la vie et de mon travail d'analyste, j'ai cherché à trouver quels éléments de réponse les hommes s'étaient donnés pour sortir du tunnel. Sur quoi sont fondées les mythologies qui tentent de rendre compte de la naissance de l'univers et de l'humanité ? À quels tableaux de famille nous renvoient les mythes grecs et égyptiens, et comment voyons-nous se distribuer forces de vie et forces de mort, talents et symptômes ? Mais l'aspect fictif et symbolique de ces constructions légendaires, tout en étant d'un apport essentiel à cette recherche, ne remplace pas l'observation de groupes ayant réellement existé ! Comment par exemple, certaines familles célèbres pour leur élan créateur, avaient-elles pu transformer en force de vie les forces de mort qui les frappaient elles aussi ?

Suivant quel cheminement, ces groupes familiaux qui présentent certains symptômes douloureux, parviennent-ils à ne pas buter indéfiniment sur les mêmes choses, mais à déboucher sur la mise en œuvre de leurs talents ? « **Porteurs de talents** », ces groupes où vivent ensemble plusieurs créateurs, sont aussi parfois « **porteurs de symptômes** », mais qu'en savons-nous ?

« Ce n'est pas rien que d'examiner les courants profonds de la vie familiale, le lieu où le meilleur comme le pire sont vécus par l'homme ». (J. L. Framo, *Psychothérapies familiales*)

Au cours de cette recherche, j'ai rencontré certaines difficultés à recueillir des données contemporaines dont il puisse être fait état publiquement. En effet, les familles contactées n'ont pas toutes accepté de dévoiler leur mode de vie familial, se préservant ainsi contre une certaine effraction de leur intimité. Toutefois, ces difficultés n'ont pas vraiment gêné la progression de notre réflexion, dans la mesure où les familles de créateurs qui ont répondu favorablement m'ont offert un matériel clinique d'une grande sincérité et d'un réel intérêt. Les familles dites « normales », sans problème spécifique apparent, donnent rarement l'occasion à un chercheur de formation analytique d'accéder à leur vie privée. Ces familles apparaissent sous leur véritable identité, et il est aisé de comprendre que l'analyse porte aussi sur des données non communicables.

Le lecteur pourra donc ressentir une certaine déception à la lecture de ces différentes monographies, dans la mesure où ce matériel ne peut en aucun cas donner lieu à une analyse aussi fouillée que lorsqu'il s'agit d'un cas clinique. Aussi, malgré l'intérêt que représente cette recherche dans le champ des thérapies familiales, nous regrettons l'aspect un peu sommaire de ce travail qui nécessiterait des dizaines d'années de recherches pour être véritablement mené à son terme. Souhaitons que cette ébauche ouvre la voie à d'autres chercheurs, et soit un premier palier. Toutefois, malgré les difficultés auxquelles j'ai été confrontée, il est fructueux pour ma pratique de thérapeute de familles, de comparer autant de familles de créateurs, de repérer comment certaines pathologies familiales peuvent être habilement compensées dans un mouvement d'ensemble où la vie donne une réplique satisfaisante aux forces de mort qui s'exercent sur elle.

Au siècle dernier encore, les différents registres de la création faisaient l'objet d'une certaine défiance de la part du public. S'adonner à des œuvres de création, sortir des sentiers battus et bousculer la tradition, tout cela était loin de représenter quelque chose de valorisé ou d'honorifique, du moins tant que le créateur n'était pas parvenu à se faire reconnaître... De nos jours, l'état d'esprit a évolué dans un sens beaucoup plus favorable aux activités artistiques, littéraires ou scientifiques, qui supposent toutes un temps plus ou moins long de mise à l'épreuve, d'incertitude, de rêverie pas toujours opératoire dans l'immédiat.

De nombreux travaux ont été effectués, qui tendent tous à démontrer l'intérêt de favoriser le développement de processus créateurs, tant chez l'enfant que chez l'adulte. Nous tenons donc pour acquis cette « valeur » de la créativité et de la création, même si effectivement, on peut faire porter la controverse sur ce postulat de départ. En effet, si je centre mon observation sur les familles de créateurs, alors que ma préoccupation première est celle d'une clinicienne, voyons dans cette démarche un apriori positif à l'égard de toutes ces familles. Certes, cela se fonde sur des hypothèses concernant l'importance du rôle de la création dans la vie psychique et sociale, hypothèses que je ne démontrerai pas, dans la mesure où d'autres avant moi l'ont déjà fait.

Pour mémoire, je dirai simplement que la sublimation, processus inhérent à tout travail de création, peut être considérée comme un mécanisme efficace de dégagement du Moi. En ce sens, favoriser la création est une des façons de promouvoir la vie et son renouvellement continuel.

Toutefois, certaines conditions sont requises, pour que les membres d'une famille ne soient pas aux prises avec des symptômes psychopathologiques irréductibles. Cela sous-entend que je considère que les processus créateurs ne sont pas en eux-mêmes inoffensifs En effet, puisant aux sources pulsionnelles de l'individu, ces processus véhiculent des forces de vie, mais aussi des forces de mort. Et il en est de même si nous considérons les modalités relationnelles en jeu dans le groupe familial.

C'est donc essentiellement sur le type de structure familiale favorable à la création, que portent nos hypothèses de recherche. Nous soutenons l'idée suivante : les familles qui favorisent une démarche créatrice ne sont pas nécessairement des familles sans symptômes. Loin de nous l'idée de dire qu'il ne peut y avoir de créateur que dans une famille perturbée, mais les difficultés auxquelles est soumis un groupe familial ont souvent des effets mobilisateurs pour les membres du groupe. Si les symptômes ne jouent pas, de fait, un rôle positif, dans l'évolution individuelle du sujet, ils s'inscrivent cependant dans une dynamique familiale où la création peut trouver place.

Porter un symptôme peut donc inciter quelqu'un à créer, pour s'affirmer en contre et dépasser la difficulté en l'intégrant à la création elle-même. Dans certains cas, l'expression pathologique fera place à la mise en œuvre du talent, et nous constatons la disparition du symptôme. Dans d'autres cas, le symptôme demeure. Le rapport du sujet et du groupe au symptôme est cependant modifié par le biais de l'activité créatrice qui facilite la tolérance et l'intégration des éléments pathologiques.

Nous pouvons donc envisager différemment le travail thérapeutique auprès des familles. En tenant compte des hypothèses précédentes, nous pensons qu'il s'agit moins d'avoir pour visée thérapeutique la disparition de symptôme, que de **permettre l'avènement de processus créateurs**. En effet, pour que les symptômes puissent s'inscrire dans une dynamique créatrice, ils doivent s'articuler avec certains processus dont nous faisons l'hypothèse qu'ils sont en eux-mêmes créateurs.

Si la famille instaure pour ses membres un espace transitionnel et assure une fonction de «contenant» et de «conteneur», chacun trouvera dans le cadre familial un creuset favorisant toute forme de création, y compris la sienne propre. Pour instaurer cet espace transitionnel, de multiples processus interviennent.

- ceux qui contribuent à créer un réseau identificatoire satisfaisant.
- ceux qui facilitent le travail de transformation des événements.

1.3.1. Le réseau identificatoire

Ce réseau identificatoire se tisse grâce à des processus symbiotiques et des processus d'individuation. Cette bipolarité des relations familiales est le fruit d'une confortation narcissique réciproque des membres entre eux, et développe le sentiment d'appartenance au groupe. Chez les familles de créateurs, la prépondérance du mythe familial souligne cette appartenance ; cela suppose donc que chacun se situe par rapport au mythe fondateur.

Nous nous proposons de démontrer ces différentes hypothèses, notamment celle qui considère que la symbiose est une des conditions du processus créateur. Dès qu'un clinicien repère dans une famille un mode de fonctionnement symbiotique, il a tendance à n'en percevoir que les aspects dangereux, au point que la symbiose est souvent assimilée à un fonctionnement pathologique en soi. Cette recherche sur les familles de créateurs nous permettra de préciser ce qu'il en est de ce tabou de la symbiose, en confirmant ou en infirmant nos hypothèses de départ.

1.3.2. Le travail de transformation

Ce processus est à la base de toute création, car c'est toujours à partir de quelque chose que l'on crée, en transformant le matériau brut. Ce qui se vérifie au niveau concret trouve des applications analogues au niveau psychique, dans la mesure où la vie se transmet grâce à l'élaboration des différents événements familiaux et sociaux. Le goût du « bricolage », si bien mis en valeur par Levi-Strauss, n'est pas quelque chose d'accessoire, mais nous considérons qu'il s'agit là d'une aptitude essentielle au créateur. Bien plus, tout être vivant doit faire sien ce trésor familial constitué d'objets hétéroclites, et le transformer à sa façon.

Notre hypothèse consiste donc à dire que si une famille ne permet pas à ses membres de s'approprier l'histoire familiale, pour la remanier en divers « romans familiaux », elle barre l'accès à toute fantasmatisation fonctionnelle. Une famille vivante est donc celle qui a le souci de se diversifier en ses membres, en intégrant du mieux possible les différences (travail de création et non de simple reproduction du même.)

Si nous sommes au clair sur le fait qu'il existe une hiérarchie entre les variables inclues dans nos critères de santé psychique, nous chercherons à les identifier. En renonçant à toute visée modélisatrice, la thérapie familiale tend essentiellement à lancer, ou à relancer un processus créateur. Le cadre thérapeutique exerce, en effet, une fonction transitionnelle, et cette forme de thérapie s'appuie sur les éléments suivants :

- Le fonds symbiotique de la famille (ou s'il fait défaut, la symbiose potentielle du groupe familial), et celui qui se tisse entre les thérapeutes.

- La démarche vers une individuation de chacun des membres.

- L'expérience, dans le cadre de la thérapie, de processus créateurs.

- Le travail sur les secrets, et les rôles tenus par chacun.

II
MYTHOLOGIE

Vaisseaux du fond des âges
Fouettés par la vie
Remués par la mort
Tels des aigles
Maculés de duvet et de sang
Les Mythes convergent vers nos contrées
Chargés de siècles et de songe
Nos jeux enchâssent leurs mystères
Leurs rébus recèlent nos secrets.

Andrée Chedid, *Epreuves du mythe.*

La lecture des mythes grecs et égyptiens nous offre un éclairage symbolique sur la famille et les conflits qui la traversent, mais aussi sur les forces de vie et de métamorphose qu'elle met en œuvre. Unions incestueuses, dévoration des enfants par le père et castrations du père par le fils, rivalités, démembrements, passions, monstres et dieux, ce panorama des commencements du monde tel que se le représentaient les anciens, nous présente de nombreux « porteurs de symptômes » !

Nous y trouvons aussi bien entendu, des héros, des dieux, autant de « porteurs de talents » dont le génie créateur n'est pas des moindres !

Denise Morel-Ferla

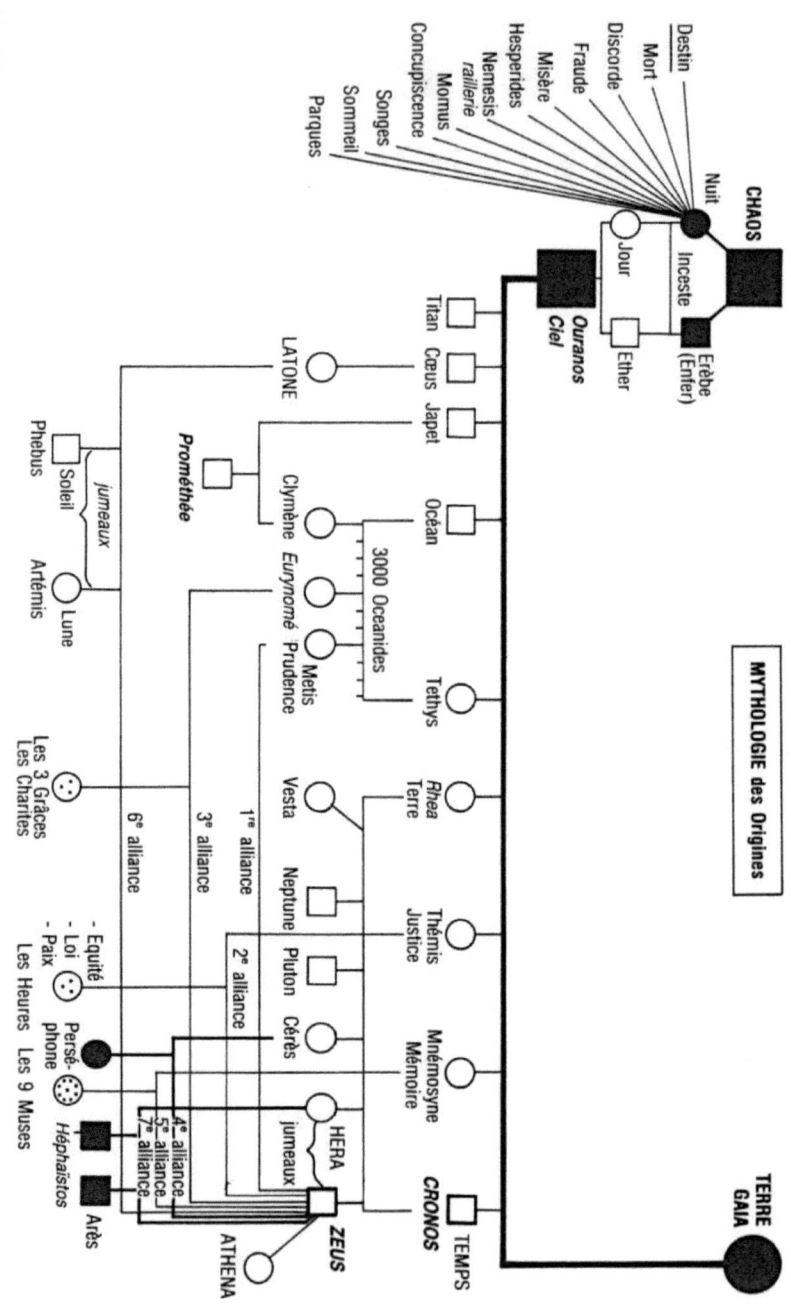

2. 1. Les mythes grecs

Dans sa théogonie, Hésiode avoue que son but est de raconter comment le ciel, la terre et la mer prirent naissance, puis comment furent engendrés les dieux. J'ai donc tenté de construire le génogramme de la mythologie des origines, à partir de la théogonie d'Hésiode essentiellement. Toutefois, les informations étant parfois imprécises, les filiations restent souvent multiples ! Cette démarche est pourtant bien analogue à celle que nous suivons lors d'une thérapie familiale. En effet, les informations, les dates, les noms et le récit même des événements relatés par les membres de la famille sont imprécis, fluctuants et pris dans les différents « romans familiaux » qui les remanient au gré du psychisme de chacun. Loin de le regretter au nom d'une exactitude scientifique, nous pouvons, grâce à ce nouveau regard sur la mythologie grecque, nous familiariser avec toute cette activité fantasmatique.

Par ailleurs, nous savons l'immense différence qui existe entre la mentalité des grecs anciens et celle qui est aujourd'hui la nôtre, aussi ne sommes-nous pas surpris de ces relations étranges où la chronologie est assez malmenée ! La représentation graphique que j'ai tenté de faire cerne au plus près les relations entre ces différentes divinités, même si elle reste, dans les faits, encore très incomplète.

Ce génogramme, comme tous les commentaires et les associations que je m'autorise à faire sont évidemment à considérer comme une fiction ! C'est dans cette mesure là seulement, que les mythes rendent possibles nos élucubrations, quelles qu'elles soient. En effet, cette première approche des processus à l'œuvre dans les familles mythologiques, grâce à la liberté qu'elle nous laisse, ouvre très largement le champ qui nous occupe. Toutefois, il pourrait y avoir un certain danger à retirer précisément tout l'aspect mythique de cette construction littéraire et religieuse, en organisant la généalogie des dieux grecs selon notre code actuel... Rien n'est moins étranger à l'esprit de la mythologie grecque, que cette description cartésienne où l'on prétend distinguer grand-père, père, oncle, fils ou neveu, alors que ces notions mêmes sont marquées du plus grand flou artistique !

Entreprise vaine ? Gageure sans lendemain ? Ouvrir notre recherche par cette fiction nous permet de jongler avec les fantasmes des origines, les dieux et les héros mythiques, en osant voir, toucher et nommer impudemment ce qui reste généralement marqué du sceau de l'interdit. Ces quelques réserves étant faites, considérons ce qui se passe depuis le commencement du monde.

Au commencement était le Chaos. Si pour Hésiode, le Chaos est l'espace qui contient en germe tout ce qui constituera l'univers, nous pouvons retrouver dans cette idée de Chaos comme principe primordial et créateur, cette première phase de toute création : l'état de non-intégration, la tolérance au chaos et à l'ambiguïté qui seuls permettent de dériver et de se laisser conduire par ce mouvement chaotique, informe, sur lequel s'exercera ultérieurement un contrôle, une mise en forme, une création véritable La Terre, Gaïa, naît immédiatement après, mais ne vient pas de lui (génération spontanée).

Le Chaos engendre d'abord la Nuit, puis l'Erèbe (l'Enfer). La Nuit engendre seule le Destin, la Mort, la Parque noire, et tout ce que nous appellerions forces du mal ou forces de mort. De l'union la plus sombre (puisqu'il s'agit de l'union de la Nuit et de l'Enfer, et qui de plus, est une union incestueuse), naît une descendance lumineuse : l'Ether et le Jour (jour étant féminin en grec). Toutefois, ces enfants de l'inceste, qui vont à leur tour s'unir entre eux, donneront naissance au véritable « enfant de ça », Ouranos, le Ciel.

Ouranos se présente comme le « porteur de symptômes » par excellence : cruauté, brutalité, égoïsme. De son union avec la Terre, il a dix-huit enfants qu'il prend en aversion dès leur naissance, aussi les enferme-t-il dans un abîme pour ne pas les laisser voir le jour. En termes de thérapie familiale, nous pouvons voir dans ces passages à l'acte meurtriers l'expression d'une « loyauté » du Ciel à l'égard de sa grand-mère maternelle la Nuit, puisque Ouranos offre ainsi ses enfants non à sa mère (le Jour), mais à sa grand-mère (la Nuit), nuit qui comme nous le savons a engendré la Mort et les forces de la mort).

La Terre, son épouse, parvient à sauver trois de ses enfants, et c'est le dernier-né, Cronos, le Temps, qui répond au désir de sa mère en émasculant son père Ouranos. Pourtant Cronos ne pouvant s'empêcher de répéter avec ses propres enfants ce qu'il avait condamné chez son père, le Temps, et craignant de subir le même sort que son père dévore au fur-et-à-mesure ses nouveau-nés.

L'identification au père s'exerce jusque dans son choix conjugal, puisque parmi ses sœurs, Cronos épouse Cybèle, la Terre (celle qui a les mêmes attributs que la mère Gaïa, la Terre !).

Toutefois, à cette génération aussi, la mère utilise la ruse pour sauver Zeus, un de ses enfants. Ayant accouché de jumeaux, elle laisse Cronos dévorer la fille Héra, et remplace Zeus par une pierre langée. Ce sera la chèvre Amalthée qui nourrira l'enfant, et des bergers qui s'occuperont de lui. Zeus est séparé pendant plusieurs années de ses parents. De retour chez lui, il donne à Cronos un breuvage grâce auquel ce dernier vomit tous les enfants qu'il a avalés ! Puis, aidé de ses frères, il détrône son père et le chasse du Ciel pour prendre sa place. Pas de meurtre cette fois, mais une castration symbolique par le fils. Cependant, comme nous le voyons, le Ciel, enfant d'une seconde génération incestueuse, est toujours au premier plan, figure essentielle d'une ascendance psychotisante.

Zeus n'a pas, comme ses frères et sœurs, été dévoré par le Temps. Comme nous le verrons, cela est d'une très grande importance et peut se décrypter à plusieurs niveaux : d'une part, Zeus s'apparente à tous ces créateurs pour qui le temps a une dimension d'éternité ; des créateurs qui ne se laissent pas enchaîner par le temps réel, devant un « c'est trop tard » paralysant ; d'autre part c'est un sort différent de celui de sa sœur jumelle qui lui est ainsi réservé Les mythologues affirment en effet, que « le symbole de la gémellité a pour fonction d'affaiblir et de contester le privilège de la primogéniture » (*Dictionnaire des mythologies*). Alors, comme le dit René Zazzo dans son étude sur les jumeaux, « il faudra invoquer les dieux, ou tricher, ou se battre pour faire la différence. » (R. Zazzo, *Le paradoxe des jumeaux*)

La tâche de Zeus est ici facilitée par la différence qu'instaure d'emblée la mère, entre ses deux enfants jumeaux. Héra, avalée par son père et recrachée ensuite, a donc trouvé là une seconde enceinte ; nous comprenons aisément comment son frère jumeau ne voit en Héra que le mauvais objet que représente pour lui son père, et qu'à partir de là, aucune communion gémellaire ni même fraternelle ne peut vraiment exister entre eux deux. L'heure n'est pas encore au partage, ni à la résonance fantasmatique commune.

Zeus se marie sept fois. Sa première épouse, Metis (la Prudence), est une Océanide, elle aussi fruit d'un inceste fraternel. Selon une prédiction, le fils de Metis doit devenir le roi des dieux. Craignant ainsi d'être détrôné, Zeus avale son épouse, incorporant ainsi ses qualités de sagesse et de prudence. Il introjecte ainsi un « bon objet » pour le préserver à tout jamais vivant en lui, contrairement à son père Cronos qui avalait ses enfants considérés comme des « mauvais objets » à détruire, et donc mieux contrôlables de l'intérieur.

Pris alors d'un grand mal de tête (les douleurs de l'accouchement), Zeus se fait fendre le crâne et de son cerveau jaillit Athéna « toute armée et dans un âge qui lui permit de secourir son père dans la guerre des géants où elle se distingua par sa vaillance » (P. Commelin, *Mythologie grecque et romaine*). Ne pouvons-nous voir dans cette lutte contre les géants, une représentation de tous les ascendants mortifères, de toutes ces figures du mal dont chacun cherche à se débarrasser ? Un peu comme si cette fille née de parthénogénèse protégeait son père de l'horreur du désir incestueux et pouvait, sans craindre une castration en retour, tenir tête à tous les géants du monde !

Athéna, née du crâne de son père, devient ainsi la déesse de la sagesse, de la guerre, des sciences et des arts. Rien à voir cependant entre cette déesse de la guerre et Arès, dieu de la guerre : l'une s'associe à la sagesse et nous renvoie aux combats pour la vie, alors que l'autre s'associe au carnage et à la violence gratuite. Par ailleurs, nous voyons apparaître pour la première fois la notion d'art et de sciences, comme si se faisait jour l'esquisse d'une réelle sublimation.

« Le plus souvent, la déesse est assise, mais quand elle est debout, elle a toujours, avec l'attitude résolue d'une guerrière, l'air méditatif et le regard porté vers de hautes conceptions. » (P. Commelin)

La seconde épouse, Themis (la Justice) est la tante de Zeus ; de cette union naissent trois filles : les Heures (Equité, Loi et Paix). Déjà s'annonce un univers moins chaotique, où la loi fait son entrée, où les enfants réparent les ravages de Cronos, le grand-père Temps.

La troisième épouse, Eurynomé, est aussi une Océanide, sœur de Metis. Elle donne naissance aux *trois Grâces*, dont l'importance est grande au niveau des arts. En épousant sa sœur Déméter, Zeus se laisse de nouveau prendre par le désir incestueux, et la fille qui naît de cette alliance, Perséphone, devient reine des Enfers !

Mnémosyne (la Mémoire) est une autre tante de Zeus, et c'est elle qui deviendra mère des neuf muses. Au même titre que les Grâces, elles ont une place de choix et chacune a ses attributions : Histoire, Musique, Tragédie, Comédie, Danse, Poésie, Rhétorique, Astronomie, Eloquence. Nous savons combien les créateurs cherchent auprès de leur mère, de leur sœur, de leur femme ou d'une amie, la Muse qui les inspirera et soutiendra leur talent, mais nous savons aussi que toute création s'appuie sur la mémoire de l'objet absent, ici, Mémoire, Mnémosyne est la matrice des Muses...

Quant à Latone, la sixième épouse de Zeus, elle est fille du Titan Coeus ; elle aura de jumeaux : Artémis et Apollon (aussi nommé Phébus). « Quand Phébus, le Soleil, a disparu à l'horizon, Artémis, la Lune, resplendit dans les cieux et répand discrètement sa lumière dans les profondeurs mystérieuses de la nuit. Ces deux divinités ont des fonctions non identiques, mais semblables : alternativement elles éclairent le monde ; de là leur caractère de fraternité. » (P. Commelin) Si Artémis éclaire la Nuit, elle délivre par là même le monde de ces forces obscures et mortifères qu'étaient jusque-là toutes les productions nocturnes. Et nous savons à quel point le clair de lune inspire poètes et écrivains ! La nuit demeure, nuit de l'esprit, angoisses diverses qui assaillent tout créateur, mais cette nuit est transfigurée par la présence de la lune.

Quant à Apollon, il est décrit comme un éternel jeune homme, car le soleil ne vieillit point. Voulant venger son fils Asclépios (aussi nommé Esculape), dieu de la médecine que Zeus avait foudroyé pour avoir ressuscité Hippolyte sans l'assentiment des dieux, Apollon fut exilé du Ciel.

N'est-ce-pas une condamnation tout-à-fait opportune pour qui veut se délivrer de cette ascendance incestueuse dont le ciel est le fruit prototypique ? Durant cet exil, on dit que Phébus chantait et jouait de la lyre (nous savons l'importance de l'exil chez les créateurs), jusqu'à ce que son père se laisse fléchir et lui restitue les attributs de la divinité. Il se trouve alors honoré comme dieu de la musique, de la poésie, de l'inspiration, des arts, de la raison, de la médecine, de la prophétie et des oracles. Que demander de plus, comme aboutissement de cette lignée on ne peut plus chaotique ?

Phébus, qui excelle à jouer de la lyre, préside aux concerts des neuf Muses ; il nous semble donc bien être le représentant mythique de tous les créateurs.

La dernière épouse de Zeus est sa sœur jumelle, Héra. Il est dit que ce couple se caractérise par d'incessantes querelles, et leurs enfants sont soit physiologiquement infirmes, tel Hephaistos, soit porteurs de redoutables forces de mort. Arès devient ainsi le dieu de la Guerre, de la violence et du carnage ; certains le traitent même de fou.

Pourtant une note s'impose à propos d'Hephaistos. S'il est jeté dans l'Océan par une mère honteuse d'avoir donné naissance à un enfant infirme, et qui boite, il n'en est que plus puissant. Hephaistos possède, en effet, le pouvoir de travailler les métaux et utilise son génie technique aussi bien au service de la vengeance que de la création. Ainsi il se venge d'Héra, cette mère rejetante, en fabriquant un trône d'or dont les bras sont conçus pour la retenir prisonnière ! De plus, Héphaïstos met son ingéniosité à s'entourer d'automates pour le seconder et compenser on infirmité. Premier inventeur de l'automatisation et de la productique, Héphaïstos développe une créativité à toute épreuve, en réponse aux traumatismes précoces dont il fut l'objet.

M. Delcourt qui, à la suite de Dumezil, a fait des recherches sur les dieux lieurs, attribue le pouvoir des liens à Hephaistos. Capable de lier, d'enchaîner et d'immobiliser, il sait aussi animer l'immobile en donnant vie à Pandore, cette première femme pétrie dans la terre.

D'une part, il est intéressant de constater que la création de Pandore est une création réalisée en commun : « Athéna enseigne à Pandore les travaux ; Aphrodite lui donne la grâce ; Hermès mettra en elle un esprit impudent, un cœur artificieux »

Nous trouverons chez les familles de créateurs d'autres exemples d'œuvres réalisées en commun, et qui témoignent de cette capacité à partager, à créer quelque chose ensemble. D'autre part, si à la suite de Bion, nous considérons que la psychose peut être attribuée à « l'attaque contre les liens », nous pouvons regarder Hephaistos comme celui qui incarne cette fonction essentielle de l'appareil psychique, que nous appelons travail de liaison et de déliaison. Ainsi, Hephaistos peut être considéré à la fois comme un porteur de symptômes qui paralyse son entourage, et comme un porteur de talents, un créateur qui donne vie, anime et défait les chaînes !

Pourquoi cependant, Athéna, les trois Grâces, les Heures, les neuf Muses, Artémis et Phébus se démarquent-ils ainsi de toute cette lignée en instaurant un nouvel ordre marqué par d'autres horizons et une ouverture culturelle ?

D'une part, nous avons pu remarquer qu'ils échappent aux unions incestueuses, ce qui ne peut laisser indifférent un analyste, dans la mesure où la construction de l'appareil psychique individuel et de l'humanité a pour pierre angulaire l'interdit de l'inceste et la castration symbolique par le père.

D'autre part, Zeus lui-même, fut le premier enfant de la mythologie à être, dès la naissance, séparé de son père et de sa mère et élevé par d'autres. Or nous savons l'importance pour la mise en création, de pouvoir élaborer, transposer ces premières expériences de séparation, de perte ; toutefois, Zeus était lui-même trop pris dans cette lignée pathogène, et ce n'est qu'à la génération suivante que les enfants préservés de l'inceste, pourront librement donner cours au potentiel créateur de leur père et au leur par conséquent.

Zeus qui n'a pas pu connaître les délices de la communion gémellaire, n'aura avec Latone que deux enfants, jumeaux de choix qui vont pouvoir réparer le couple blessé que leur père formait originairement avec Héra. Mis à part l'unicité d'Athéna, tous ces enfants forment des groupes très fortement soudés, dont la solidarité s'étend à tous les membres de ces fratries unisexuées. Cela se présente donc comme un atout supplémentaire non négligeable, dans la mesure où nous savons l'importance du vécu symbiotique, du partage et de la résonance fantasmatique chez les créateurs.

Une dernière remarque concerne le rapport à la sexualité.

Les fantasmes originaires ont toujours à voir avec les fantasmes de scène primitive, de vie intra-utérine, de castration instaurant la différence des sexes, et de séduction. La mythologie grecque abonde, comme nous l'avons vu, dans le sens d'une sexualité exacerbée. Comment rester insensible, dans ce contexte, au souhait clairement formulé par Athéna et Artémis, de demeurer éternellement vierges ? Zeus leur accorde cette grâce, et toutes deux reçoivent de l'oracle Phébus le nom de «Vierges blanches».

Quant aux trois Heures, aux trois Grâces et aux neuf Muses, elles sont toutes représentées jeunes et vierges, et la mythologie ne mentionne aucune alliance amoureuse en ce qui concerne ces femmes. N'est-ce pas là encore une des manifestations de sublimation sexuelle, les faisant renoncer au plaisir de la chair pour répondre à des buts plus élevés ? Certes, mise en création et mise en acte de la sexualité sont tout-à-fait compatibles, mais il reste vrai que la dérivation de l'énergie libidinale vers la passion de créer peut inhiber certaines pulsions sexuelles, et la chasteté de toute ces filles de Zeus se trouve ainsi justifiée.

Toutefois, si Zeus a pu faire naître une descendance lumineuse, à la source de tous nos mouvements créateurs, il ne fut pas le seul à se démarquer, et à la même génération que lui, apparaît le célèbre Prométhée. Fils de Clyméné, une Océanide, et du titan Japet (né du Ciel et de la Terre), Prométhée porte un nom signifiant « prévoyant », qui réfléchit avant.

La mythologie fait de Prométhée le créateur de l'homme.

« Il remarqua que parmi toutes les créatures vivantes, il n'y en avait pas encore une seule capable de découvrir, d'utiliser les forces de la nature, de commander aux autres êtres, d'établir entre eux l'ordre et l'harmonie, de communiquer par la pensée avec les dieux, d'embrasser par son intelligence non seulement le monde visible, mais encore les principes et l'essence de toutes choses, et, du limon de la terre, il forma l'homme. » (P. Commelin)

Notons qu'Athéna est la seule divinité qui, admirant le génie de Prométhée et la beauté de cette création, va l'aider dans son œuvre. Sur la demande de Prométhée, Athéna le ravit donc au ciel, et nous savons qu'il n'en redescendra qu'après avoir dérobé aux dieux le feu sacré, pour le donner à l'homme.

Prométhée échappe donc, lui aussi, à l'ascendance infernale des unions incestueuses, puisque ses géniteurs ont un lien de parenté relativement éloigné. Mais quelle est la force qui a pu pousser Prométhée le Prévoyant, à aller chercher le Feu dans les régions célestes, et pourquoi le Feu ?

Outre tous les symboles rattachés au feu, nous remarquons que dans l'ascendance directe de Prométhée, le feu est l'élément absent, quand les trois autres éléments : l'air, la terre et l'eau s'y inscrivent d'emblée, ainsi que cela apparaît dans le génogramme suivant :

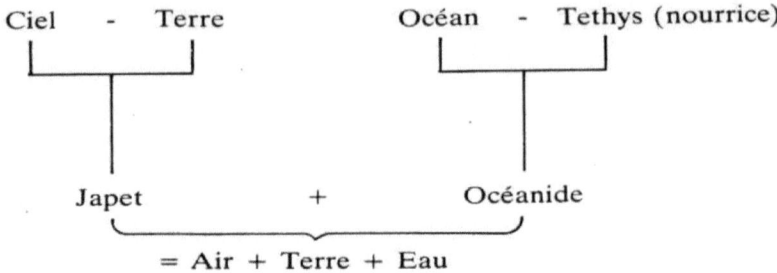

Mais comme nous le savons, Prométhée ne va pas chercher ce quatrième élément, le feu, pour le donner à ses parents. Nous pourrions croire à un geste de gratitude de l'enfant qui cherche avant tout à parfaire le couple de ses parents, à combler ce qui est marqué par le manque et à se dédouaner ainsi de la dette symbolique qui pèse sur lui dès sa naissance. Dans un tout autre mouvement, Prométhée, cet enfant de l'air, de la terre et de l'eau, va dérober le feu pour le donner à la génération suivante, à l'homme !

Ainsi, en transgressant l'interdit de dépasser le père des dieux, Prométhée nous invite à « savoir autant que nos pères, plus que nos pères, autant que nos maîtres, plus que nos maîtres » (G. Bachelard, *Psychanalyse du Feu*). Mais il va encore plus loin, en nous déliant de ces « loyautés invisibles » qui consisteraient à devoir rendre aux parents tout ce qu'ils nous ont donné au début de la vie.

Or, même si de nombreux parents se plaignent de ce qu'ils ressentent comme une ingratitude de la part de leurs enfants, ce n'est pas aux générations précédentes que l'on « rend » ce que l'on a reçu en dépôt, mais à la génération suivante. Cela tient compte non seulement de l'évolution chronologique mais aussi d'une orientation progressive et non réciproque des dons.

Confrontés dans la mythologie à tous ces aspects transgénérationnels, et à tous les avatars de ces relations de filiation et de fraternité, nous sommes donc à même d'affirmer que le fait de porter un symptôme peut bien s'articuler avec le fait de porter un talent. Ajoutons toutefois une condition : ce symptôme, pour pathologique qu'il soit, doit pouvoir faire l'objet d'une élaboration, d'une transposition. Comme cela apparait avec netteté dans cette mythologie des origines, c'est souvent après deux ou trois générations « perdues » que peuvent naître des créateurs de génie.

2.2. La renaissance d'Œdipe

Comme nous l'avons compris, les processus de vie qui œuvrent dans la production de nouvelles générations ne sont pas coupés des sources originelles, chaotiques, terrestres, célestes ou autres. C'est au contraire au sein même d'une certaine symbiose avec les origines, dans cette dimension « incestueuse », symbolique et positive, que provient le renouveau de la vie et des générations.

Or c'est bien là ce que Sophocle explique dans son mythe d'Œdipe, même si son message est resté incompris à cause de notre conditionnement patriarcal. Dans sa relecture du mythe d'Œdipe, Thierry Gaillard (A *propos de la métamorphose d'Œdipe en héros de Colone*, 2020, Génésis éditions) remet les choses en place et montre que l'œuvre de Sophocle raconte comment la renaissance d'Œdipe opère au sein même d'une symbiose avec les origines, métaphoriquement représentée par Jocaste, la Terre-Mère. Nous prenons alors conscience que la perspective patriarcale qui caractérise notre société, et qui fut reprise par Freud, aura (malheureusement) dramatisé toute une importante du voyage dans la Mère-Terre qui permettait ce passage de l'enfance à l'âge adulte, un rituel que l'on retrouve dans toutes les cultures traditionnelles ainsi que dans la mythologie.

Comme Thierry Gaillard y insiste dans plusieurs de ses ouvrages (*L'autre Œdipe*, 2014, *Sophocle thérapeute*, 2013), ce n'est qu'une fois l'intégration des origines effectuée que la peste se transforme en prospérité, que la lumière succède aux ténèbres. Cette traversée œdipienne, et non pas son refoulement ou sa sublimation, nous fournit un modèle du renouvellement de la vie, de la production artistique et de la créativité en général. Le mythe d'Œdipe de Sophocle avec son glorieux final (la prospérité à Colone) résume à lui seul toute une tradition ancestrale de première importance.

Dans *L'intégration transgénérationnelle*, (Thierry Gaillard, 2014, Ecodition, pp. 198-199) nous retrouvons quelques références utiles : Ainsi Joseph Campbell (*Les mythes à travers les âges*, 1993, Éditions Le Jour) explique : « Quand notre lien à l'univers nous semble aussi complet et naturel que celui qui rattache l'enfant à sa mère, nous sommes en accord, en harmonie avec tout l'univers. La tâche première de la mythologie est justement de susciter cette harmonie et cet accord, et de les préserver ». Il apparaît ainsi clairement que ces mythes sont les produits d'un travail de symbolisation d'un rapport originaire, pour ne pas dire œdipien et « incestueux ».

Otto Rank (*Inceste et créativité littéraire*, 1996, Delachaux et Niestlé) aussi mentionnait que « les impulsions incestueuses ne doivent en aucun cas être considérées comme pathologiques mais comme relevant des expressions les plus primitives de la vie pulsionnelle et spirituelle de l'homme ». Marie Delcourt (*Œdipe ou la légende du conquérant*, Les Belles Lettres, Paris, p. 223.) considère la mythologie comme une pédagogie, entre croyance et savoir-faire authentique. Pour elle, « cette expérience singulière, aussitôt proposée comme exemple à suivre, est colorée par un *affectus* d'où résulte un dynamisme propre à agir sur tout le groupe qui l'accepte. »

La nouvelle relecture du mythe d'Œdipe que propose Thierry Gaillard rétablit une filiation avec les anciennes traditions : « Au final, il nous apparaît maintenant que si Œdipe a dû retrouver le chemin de la matrice procréatrice, c'était par nécessité de s'enfanter lui-même, là où manquait le père édificateur, là où la mère souffrait d'un deuil gelé. L'inceste trouve ici une nouvelle signification, de même que le parricide qui en constituait le passage obligé. Mentionnons encore cette remarque de Jean-Joseph Goux : "Le crime d'inceste qu'il découvre ainsi est lui-même, en quelque façon, auto logique : il a fait germer sa semence, dit-il, dans le sein qui l'avait conçu. Œdipe dit de lui-même, en un mot intraduisible, qu'il est *homogenés*, ce qui signifie ici : qui a la même descendance que lui-même. Plus probant encore : on ne peut manquer de faire remarquer que l'un des mots grecs signifiant "incestueux" est *autogennetos*. Même s'il n'est pas employé par Sophocle, il atteste que la notion de "soi" et de "soi-même", serait-ce lorsqu'il s'agit de parents, est présente dans l'idée d'inceste, rapport sexuel "entre soi", et non pas avec d'autres. " (Goux, J.J. *Œdipe philosophe*, 1990, Aubier, p. 143).

La thématique de la renaissance traverse ainsi l'œuvre de Sophocle par le bais de la transformation d'Œdipe. Elle figure aussi les anciens rites de passage dans la Terre-Mère (Jocaste) des enfants ainsi transformés en adultes. Cette thématique, récurrente dans les anciennes traditions, se retrouve par exemple dans les initiations liées à la figure d'Hermès Trismégiste. La restauration d'un principe d'unité, gage de la fertilité, semble en effet provenir d'une très ancienne tradition égyptienne, relayée notamment par la figure du guérisseur Asclépios que Sophocle aura contribué à introduire à Athènes. Ainsi, après avoir traversé les pires épreuves, et pour finalement symboliser la prospérité, Œdipe incarne une figure exemplaire de ce qui pourrait aujourd'hui correspondre au fait d'advenir en tant que sujet. » (Th. Gaillard, *L'intégration transgénérationnelle*, 2014, Ecodition, pp. 237-239)

2. 3. Le mythe d'Osiris

Isis, Osiris et leur fils Horus sont, dans la mythologie égyptienne, le symbole de la famille idéale, vivante, créatrice et régénératrice de vie, en dépit de symptômes divers et même des plus mortifères !

Génogramme de la famille osirienne

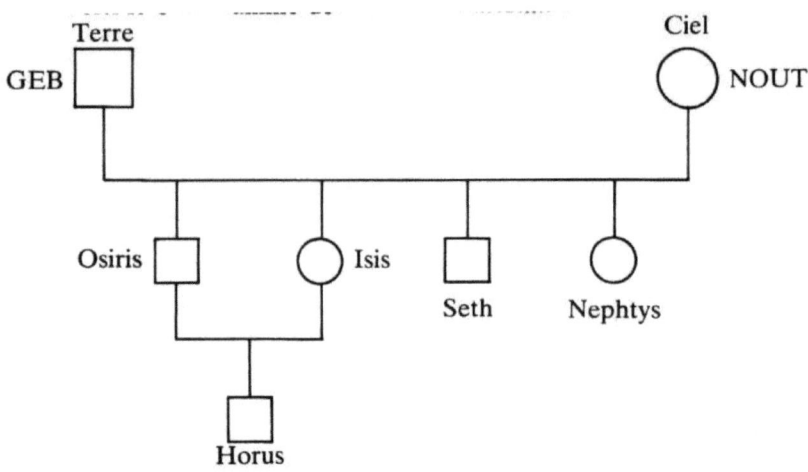

Osiris introduisit en Egypte l'agriculture, les sciences et les arts. C'était un roi sage et bon, aimé de son peuple, ce qui attisait la jalousie de son frère Seth. Le mythe raconte qu'au cours d'un banquet, Seth apporta un coffre qu'il offrirait à celui qui pourrait s'y coucher. Seul Osiris y parvint, car Seth l'avait fabriqué à sa dimension. Les complices de Seth rabattirent alors le couvercle et clouèrent le coffre, étouffant ainsi Osiris.

Puis le coffre fut jeté dans le Nil.

Lorsque Isis, la déesse magicienne, sœur et épouse d'Osiris, apprit cela, elle partit à la recherche du cercueil d'Osiris, le retrouva et le cacha. Seth ne s'arrêta pas là et, à son tour, découvrit la cachette où reposait son frère. Pour s'assurer de sa totale disparition, il découpa le corps d'Osiris en quatorze morceaux qu'il dispersa à travers toute l'Egypte. En épouse fidèle, Isis se mit de nouveau en quête des différents morceaux et les retrouva tous, sauf le sexe avalé par un poisson.

C'est alors qu'Anubis, le dieu à tête de chacal fut envoyé par Rê, pour aider Isis à reconstituer le corps d'Osiris. Anubis attacha les morceaux avec des bandelettes et effectua la première momification. Iris ramena alors son époux à la vie et, s'unissant à lui, fut enceinte de son fils Horus.

Nous remarquons que la castration d'Osiris ne l'empêche ni de recouvrer la vie, ni de féconder sa femme, ce qui symboliquement atteste que la castration, le symptôme le plus invalidant qui soit, n'empêche pas la transmission de la vie, mais peut s'articuler avec un mouvement créateur.

Quant à Horus, il entreprit de venger son père en s'affrontant à son oncle Seth. Au cours d'un combat, Horus perdit un œil et Seth sa virilité. Mais le tribunal divin de Rê condamna Seth en le livrant à Isis. Magnanime, celle-ci accepta le repentir de Seth et le libéra.

Comment tirer parti de sa hargne et de sa violence, sinon en orientant ces pulsions de haine vers d'autres fins plus honorables ? Seth est désormais installé à la proue de la barque solaire de Rê, et de ses hurlements féroces, il repousse le dragon qui cherche à empêcher la progression de la barque. La violence du frère jaloux se trouve donc canalisée et mise au service du Dieu Rê, le plus grand dieu créateur qui soit.

Ce tableau familial, riche de symboles divers, nous autorise à une lecture des processus créateurs à l'œuvre dans une famille, ainsi que des différents mouvements d'une thérapie familiale ou individuelle.

Lorsqu'une famille s'engage dans un travail thérapeutique, la souffrance du groupe est telle que la vie est en quelque sorte asphyxiée au fond d'un coffre, ou que le corps familial est démembré en morceaux épars. À l'instar d'Isis, les psychanalystes vont partir à la recherche des éléments dispersés de l'histoire familiale, ils vont tenter de retrouver toutes les pièces du puzzle, ces parties mutilées, blessées, mais qui font partie d'un tout à réunifier.

La fonction de « contenant » du cadre thérapeutique est ici métaphorisée par les bandelettes qui tiennent ensemble ce corps familial désintégré. Mais ce contenant s'assortit d'une fonction de « conteneur », grâce au travail de transformation.

Anuris, guardian of the lower world

Qu'Anubis soit un dieu à tête de chacal n'est pas un détail accessoire ! Nous savons qu'en incorporant puis en digérant la chair putréfiée d'animaux morts, le chacal la transforme en excellente nourriture, aliment qui contribue à le faire vivre. Il transforme donc en bonnes choses ce qui était désigné comme déchet irrécupérable.

Or nous savons à quel point cette activité de transformation est inhérente au travail analytique, et cela devient autant le fait des thérapeutes que du groupe familial lui-même.

Quant au sexe qu'Isis ne retrouve pas, et qui restera toujours manquant, le mythe souligne que cette absence n'empêche nullement la création ni la procréation. Là encore, la métaphore est claire: la démarche analytique ne consiste pas à retrouver ni à remplacer tout ce qui manque ou tout ce qui est non conforme.

Au terme d'une thérapie, il pourra rester une faille, l'indice d'une castration originelle ou d'un accident de parcours, mais ce symptôme, quel qu'il soit, aura perdu de son pouvoir mortifère.

Nous voyons que dans la mythologie égyptienne, les dieux sont « magiciens », et donc foncièrement créateurs. Chaque objet, chaque hiéroglyphe est chargé de vie, et par conséquent d'énergie créatrice. Par ailleurs, il est intéressant de savoir qu'en Egypte, le verbe « créer » s'écrit par le hiéroglyphe *œil*.

Créer, c'est voir autrement, au-delà des apparences. Il n'est pas étranger à notre propos de savoir que l'oudjât, l'amulette la plus répandue en Egypte, symbolise l'œil d'Horus !

L'oudjât symbolise l'œil parfait, qui donne à celui qui le porte une vision totale du réel. Fallait-il qu'Horus perdît son œil pour que celui-ci se transformât en un organe chargé de pouvoirs bien supérieurs ? Nous n'irons pas jusqu'à louer ces mutilations en chantant « felix culpa », mais grâce au support fictif que nous offrent les mythes, laissons courir associations de pensée et rêveries.

En ouvrant cet espace de fomentation fantasmatique, nous accédons plus facilement à la lecture des monographies familiales. Toute famille, en effet, se présente comme le creuset où se travaille la mythologie des origines. Nous serons donc particulièrement attentifs non seulement au parcours événementiel de chacune de ces familles, mais aussi à la façon dont s'exerce leur « fonction mythopoïétique », selon l'expression utilisée par A. Ruffiot.

Denise Morel-Ferla

III
Familles d'artistes

> *Lorsqu'on a pressenti, rien qu'une fois,
> l'immensité de l'aventure humaine,
> on peut se demander quelle force nous
> retient dans l'étroit.*
> Andrée Chedid, *Visage premier.*

3.1. Illustres familles d'artistes

3.1.1. La famille Brontë

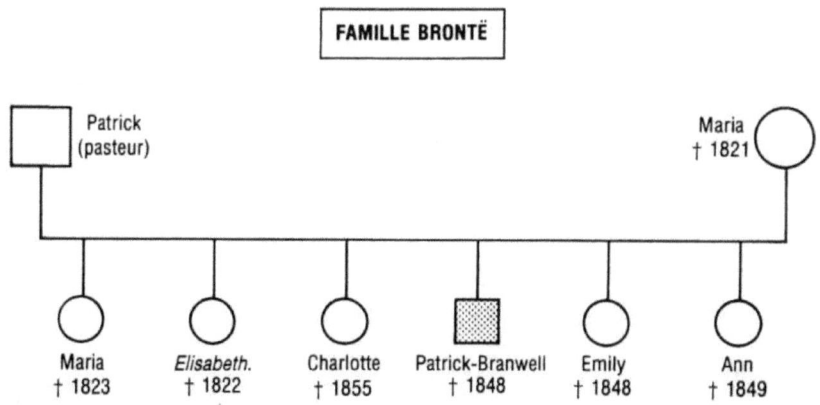

Une mythologie bien partagée

La plupart d'entre nous connaissent l'existence des trois sœurs Brontë, mais savons-nous que Charlotte, Emily et Ann font partie d'une fratrie de six enfants, dont l'unique garçon, Patrick-Branwell Brontë, a longtemps tenu une place de choix dans cette famille?

Les deux sœurs aînées, mortes en bas âge de tuberculose semblaient bien avoir, elles aussi, une disposition toute particulière à inventer des histoires.

Cette famille est marquée par le décès précoce de Madame Brontë. Elle meurt d'un cancer alors que sa dernière petite fille, Ann, n'a que deux ans. Dans le presbytère isolé du Yorkshire, où Monsieur Brontë est pasteur, les six enfants sont rassemblés autour du corps imaginaire d'une mère morte. C'est une tante maternelle qui vient vivre au presbytère, ne pouvant échapper au devoir qui l'oblige à se sacrifier ainsi, en quittant la ville et la vie mondaine qu'elle appréciait, pour s'exiler dans ce coin perdu de campagne, auprès d'un pasteur austère et très affecté par ce deuil.

« Comme Monsieur Brontë, elle s'enfermait dans sa chambre, laissant les enfants à eux-mêmes. Les cinq petites filles et leur frère ressentaient le plus profond respect pour ces deux grandes personnes en noir qui les traitaient avec autorité, leur inculquaient d'indiscutables principes, les groupaient chaque matin et soir, pour des prières en commun, et ne se mêlaient jamais à leurs jeux... Ils possédaient fort peu de jouets, ils ne connaissaient pas d'autres enfants. » (R. de Traz, *La famille Brontë*).

Nous pressentons combien cette enfance fut triste, d'autant que le peu de ressources du pasteur était érigé en règle de vie. Très jeunes, ces enfants étaient traités en êtres raisonnables, et leur père les invitait à discuter métaphysique à l'âge où d'autres jouent à la poupée. Loin d'en être traumatisés et rendus incapables de goûter aux plaisirs de la vie, ils arrivent à investir massivement l'imaginaire, grâce aux lectures qu'ils partageaient ensuite sous forme de jeux de rôles : « lire était leur passion, et ils s'échauffaient ensemble sur ce qu'ils avaient appris... Ainsi réduits à eux-mêmes, discutant de leurs livres, inventant des histoires, s'enflammant à voix basse pour de belles causes, ces six petits êtres vivaient à moitié dans la réalité quotidienne, à moitié dans des fictions extraordinaires. » (R. de Traz)

En 1823, après les trois deuils successifs de leur mère (1821), d'Elisabeth (1822) et de Maria, leur sœur aînée (1823), les quatre enfants furent encore plus proches qu'auparavant.

« Ensemble, ils se sentaient plus en sécurité. Les deux petits qui, restés à la maison, étaient devenus les ombres de leur père et de leur tante, furent attirés par Charlotte et Emily comme les papillons par la flamme. Branwell par Charlotte ; Ann par Emily. » (D. du Maurier, *Le monde infernal de Branwell Brontë*). C'est alors que naît le partage par couples, qui donna lieu à de multiples productions littéraires, dont les fameux « juvenilia ».

« Charlotte, d'un an l'aînée de Branwell, et dont l'imagination prenait feu au contact de la sienne, était toujours prête à modeler son humeur sur celle de son frère. Elle se transformait en aventurier ou en prince, en soldat ou en bandit, personnages que tous deux inventaient selon la leçon du jour, l'histoire qu'ils avaient lue à haute voix ou les faits relatés dans les journaux.

Comment les grandes personnes auraient-elles pu ignorer l'existence de ces personnages et de ces lieux auxquels les deux enfants faisaient allusion comme s'ils existaient en réalité, échangeant des sourires et des regards complices ? » (D. du Maurier)

Les deux aînés gardaient leur jeu secret ; ils cachaient leurs manuscrits avec soin et tenaient avant tout à ce que personne ne pût identifier un être réel sous le masque d'un de leurs personnages ; c'est ainsi qu'ils parlaient de leur création à deux comme d'un « monde infernal »; toutefois, au-delà de ce partage par couples, il n'est pas abusif de parler d'une mythologie à quatre, d'une véritable geste commune produite par ce même creuset familial.

Raymond Bellour parle même d'un « texte à quatre voix, dont les formes complémentaires et successives (le jeu du frère et de la sœur, le jeu des sœurs, puis le jeu des trois sœurs, quand, à partir de l'échec de

Branwell, elles entrent dans l'espace de la publication) sont les transformations d'une même matrice. » (R. Bellour, *Le jeu du frère et de la sœur*)

Le destin du seul garçon de la fratrie mérite d'être considéré de plus près. Nous savons que, favori d'un père qui retrouvait en lui son ardeur juvénile et prenait plaisir à le faire travailler, Branwell était admiré, voire adulé par tout le monde en raison de ses nombreux talents, qu'il s'agisse d'écriture, de peinture et d'une personnalité attachante par sa jovialité et sa pétulance.

Ainsi, semble se dégager très tôt une mission flatteuse au sein du groupe familial : « Ses sœurs le considèrent comme un héros, confiné, il est vrai, dans un village, mais qui ne peut manquer de s'imposer un jour au monde. Elles regardent avec un orgueil mêlé d'attendrissement ce frère exceptionnel qui, seul capable de conjurer le mauvais sort, apportera au clan Brontë une merveilleuse revanche. Et Branwell, assuré de son mérite, de sa chance, accepte d'être l'espoir de la famille. » (R. de Traz, *La famille Brontë*)

Cependant, une certaine inconstance et une faiblesse de caractère vont entraîner Branwell dans une forme de déchéance de plus en plus marquée. Actes de violence et manifestations de désespoir intense en sont les signes. Branwell se réfugie alors dans l'alcool.

Plusieurs éclairages peuvent être donnés, pour rendre compte de la position particulière de Branwell au sein du groupe familial. On peut évoquer quelque pathologie imbriquée, non seulement entre Charlotte et lui, mais aussi avec sa sœur Emily. Cette dernière, en effet, semble se plaire aux violences de son frère, car elle peut y reconnaître certaines tendances qu'elle arrive à contenir et que son frère met en acte à sa place ; ainsi, « Branwell passe comme un fantôme, tantôt voilé, tantôt douloureusement identifiable, à travers les livres de ses sœurs... Il a collaboré à plusieurs ouvrages: *Wuthering Heights* (*Les hauts de Hurlevent*), *Jane Eyre*, mais sans le savoir. Ses sœurs ont souffert avec lui du terrible drame qu'il leur racontait, elles ont connu ou peut-être reconnu, à travers ses confidences, les malaises et les violences de la passion, et c'est en partie d'après lui qu'elles ont représenté l'amour dans leurs œuvres. » (R. de Traz)

Toutefois, on peut se demander si Branwell lui-même n'était pas habité par un fantôme, un de ses ancêtres dont la vie ou les attributs n'auraient pu être métabolisés par un des parents de Branwell ?

Quand on essaie de retracer la vie de la famille Brontë, on ne peut rester insensible au caractère dramatique de cette existence groupale et individuelle : pauvreté, maladies et deuils rapprochés (Ann décède à vingt-neuf ans, Emily à trente, Branwell à trente et un et Charlotte à trente-neuf ans !), échecs répétés des uns et des autres ; toute cette souffrance, cette solitude n'épuisent pas pour autant la réalité de cette famille. Et c'est à ce propos, que nous pouvons évoquer leur extraordinaire capacité à transformer la réalité, à la modeler de telle sorte qu'une œuvre de création reconnue à travers les âges puisse enfin voir le jour !

Les déboires ne les aigrissent pas, ni ne les endurcissent. Les sœurs Brontë demeurent sensibles et tendrement unies. Cette étonnante vitalité, est sans doute due à leur génie. Si elles n'abdiquent pas, c'est qu'elles ne peuvent mourir avant d'avoir pu exprimer toute la vitalité qu'elles portent en elles.

« Tout ce qui leur arrive, les drames comme les mornes ennuis, la douleur aussi bien que la passion, elles le transmuent. Elles ont été sauvées par leur pouvoir de métamorphose. Elles suppléent à leur existence mesquine et dépouillée par le rayonnement de leur vie intérieure. » (R. de Traz) C'est sans doute une des façons de mettre en œuvre le goût du bricolage, activité qui ne consiste pas seulement à savoir fabriquer des objets nouveaux, mais à se montrer capable de transformer une réalité donnée en quelque chose de neuf, chargé alors d'un sens beaucoup plus large.

Nous sommes en droit de penser que cette frénésie à trouver mots et images pour dire l'indicible et penser l'impensable, se greffe directement sur cette nécessité qui incombe à chacun, de digérer et donc de transformer certains non-dits familiaux. Faute de pouvoir recueillir d'autres éléments significatifs sur cette généalogie familiale, nous allons nous limiter à rechercher ce qui caractérise les Brontë, dans la mesure où nombre de leurs traits de caractères sont communs aux différents membres de cette famille.

- Leur aptitude à inventer, à respirer une atmosphère mythique et à vivre des existences fictives, est aussi surprenante que la grande précocité dont ils font tous preuve. Doués pour tous les arts, ils assimilent aisément une culture riche et variée. Il semble qu'ils aient ainsi pu compenser la monotonie de la vie au presbytère, en intégrant ces connaissances culturelles à toutes sortes de rêveries, voir même à quelques hallucinations...

Déjà, Maria et Elisabeth laissent entrevoir ces mêmes dispositions, avant de mourir à dix et huit ans. Cela leur permet de se dédoubler, de revêtir des personnalités différentes, et c'est ce pouvoir de dissociation qui les aide parfois à échapper à l'inquiétude et à la peur en opérant cette métamorphose spirituelle dont nous avons déjà parlé.

Les Brontë sont tous très religieux, suivant en cela l'exemple de leur père pasteur. Privés de relations humaines, ils nouent avec l'invisible et avec Dieu une relation tout-à-fait privilégiée.

Cette religion se vit aussi dans une sorte de fraternité avec la nature. Pendant des journées entières, les enfants Brontë vagabondent dans la lande sans surveillance. Ils trouvent dans le vent, les nuages et la pluie de ces régions mystérieuses et sauvages, une consolation, une inspiration, un remède aux aspérités de leur morne existence. Privés de mère, ils découvrent dans la nature un refuge contre la solitude. La lande devient alors une sorte d'espace transitionnel dont nous saisissons l'importance à travers les œuvres des sœurs Brontë.

Nous voici donc en présence d'un clan très serré, solidaire, où frère et sœurs vivent une profonde connivence, une complicité tellement vivace que les uns et les autres languissent lorsqu'ils sont séparés. Les confidences qu'ils échangent et le projets auxquels frère et sœurs collaborent constituent une perpétuelle transfusion de pensée...

Les ressources créatives des familles d'artistes

Un seul être en plusieurs personnes. Nous avons vu comment ils ont su s'attirer l'un l'autre jusque dans la tombe, affirmant par là leur difficulté à vivre séparés. Chez les Brontë, l'impact des forces d'affiliation au groupe est si prégnant, qu'il prédispose tous les membres de la famille à une expérience intérieure de type symbiotique. Il s'agit même d'une véritable symbiose familiale, telle que nous l'observerons dans d'autres familles de créateurs, tels les James ou les Bonnec.

Ce rapport étroit à la mort est sans doute aussi un des moteurs de leur écriture et de leurs créations littéraires, une façon de disputer un coin de ciel à l'ombre de la mort. « Des livres ou des cadavres ? Que les cercueils soient pleins ou des uns ou des autres, c'est une des façons d'énoncer le rapport que le jeu, comme activité d'écriture, entretient avec la mort. Mort des uns ou des autres : les personnages mis à mort et ressuscités. » (R. Bellour, *Le jeu du frère et de la sœur*).

La coexistence chez chacun, d'une passion ardente, d'une force combative dévorante et d'une fragilité maladive, d'une tendance à l'angoisse et à la dépression est également caractéristique de cette famille. Un esprit fort dans un corps faible, tel pourrait être le mythe de ce groupe familial dont chacun des membres se mésestime en se montrant scrupuleux et exagérément humble. Pourtant, nous observons la réaction diamétralement opposée chez Branwell, qui, sur le mode d'une formation réactionnelle, jette des défis et exalte son orgueil pour plonger ensuite dans des abîmes de désespoir ! Ainsi, ce garçon à la mission si lourde, « n'est pas moins excessif dans la chute que dans l'élan, et il exige que sa déchéance soit totale. »

La violence caractérise aussi tous les Brontë. Plusieurs faits attestent que non seulement Monsieur Brontë était un homme facilement emporté, mais qu'il se plaisait aux disputes et même aux histoires de coups des gens de sa paroisse. Nous ne savons à quelle violence généalogique attribuer cet intérêt du père, mais nous retrouvons trace de cette même violence dans les romans des trois sœurs. Passion de la liberté, libération des interdits animent les romans de Charlotte et Emily, et s'accompagnent de scènes de violence inouïes ! Quant à l'œuvre plus moralisatrice d'Ann Brontë, elle n'est pas exempte de cette quête de vérité qui défie la violence de certains secrets familiaux.

« J'ai voulu dire la vérité, car la vérité apporte toujours sa propre morale à ceux qui sont capables de la recevoir... »

Il semblerait que si les enfants Brontë tiennent de leur père le sens du surnaturel et le goût de raconter des histoires (leur grand-père paternel, paysan, était un célèbre conteur d'histoires), ils ont aussi hérité de lui cette disposition à l'angoisse, cette intransigeance de caractère qui les rend violents et indomptables, et aussi une certaine mythomanie que leur père tenait de ses ancêtres.

Quant à la branche maternelle, nous savons qu'il s'agissait d'une famille cultivée et brillante, ce en quoi nous reconnaissons la vivacité d'esprit et la précocité de chacun des enfants Brontë.

Ces quelques éléments ne peuvent cependant suffire à éclairer les stratégies inconscientes qui ont eu sur cette famille une influence décisive. Au-delà de cette ambiance familiale à la fois froide, austère et chaleureuse, nous nous heurtons à de multiples paradoxes. Quant aux symptômes névrotiques, psychosomatiques et même parfois psychotiques qui affectent les différents membres de ce groupe familial, ils nous apparaissent être l'expression de tout un héritage d'événements, de prénoms, d'affects, de fantasmes encombrants.

René Kaes parle de « transmissions négatives » pour désigner le magma qui passe directement à travers les générations, sans être transformé, et qui demeure ainsi un corps étranger pour la psyché du sujet. La famille Brontë, qui voit encombrer son chemin vers la création par des symptômes non négligeables, illustre bien cette question essentielle.

Que dire de cette fratrie où un seul garçon partage la vie de nombreuses sœurs ? Patrick-Branwell, malgré ses tentatives pour se fondre dans le mythe familial, fait tout-de-même figure de cavalier seul et se voit contraint de se retirer du jeu ! Chez les James, la seule fille d'une fratrie essentiellement masculine présentera des symptômes similaires.

Nous pouvons penser que cette relation privilégiée entre frères et sœurs donne plus facilement lieu à des échanges complices, lorsque la différence sexuelle ne vient pas rappeler aux frères et sœurs l'interdit de l'inceste fraternel. La dimension d'homosexualité sous-jacente à ce type de fratrie est sans conteste un moteur favorisant la confirmation narcissique des uns par les autres, mais nous pourrions même dire, la confirmation de soi par son double, par un alter ego.

Ce lien de nature homosexuelle primaire, est analogue à celui que tient pour le créateur l'ami privilégié (généralement du même sexe) et dont la fonction de « catalyseur » a si bien été mise en relief par Masud Khan et Didier Anzieu. (Freud a notamment trouvé en Fliess, son ami médecin, un frère substitutif, ce double qu'il pressentait déjà en son jeune frère Alexander, mais que la grande différence d'âge empêchait de considérer comme tel).

Dans ce type de fratrie, la mise en résonance est donc mutuelle, si bien que chacun est tour-à-tour celui qui soutient la créativité de l'autre, et celui qui peut mettre en œuvre la sienne propre grâce à ses relations fraternelles.

Considérons maintenant la communauté de destin qui unit les enfants de la fratrie. Cette solidarité n'est certes pas spécifique d'un mode de relation propre aux membres des familles de créateurs ; toutefois, ce qui ressort avec une fréquence significative, participe d'une histoire familiale très tôt marquée par la perte, par le manque.

Il peut s'agir d'un manque matériel : pauvreté, conditions de vie difficiles comme chez les Bach où Jean-Sébastien doit chanter pour aider son frère aîné à le nourrir, ou chez les Brontë où s'ajoutent aux revenus peu élevés du père pasteur dans un petit village pauvre d'Irlande, une détermination à éduquer ses enfants selon des règles d'austérité et de privation.

Souvent aussi, et c'est le cas pour la famille Brontë, il s'agit de combler une perte affective douloureuse : décès précoce de la mère et des deux sœurs aînées. Face à cette situation de rupture profonde, on assiste à un regroupement fraternel, à une cohésion affective d'autant plus dense qu'elle sert de protection contre un nouvel éclatement possible. Ensemble, on a plus chaud, on est plus fort. Resserrement des liens fraternels, mais surtout compensation efficace par le déploiement de processus créatifs : l'ingéniosité sous ses différentes formes vient réparer ce qui est cassé, recoudre la déchirure. Janine Chasseguet-Smirgel, reprenant le terme utilisé par Mélanie Klein, a étudié le rôle de la « réparation » dans la création, mettant ce mécanisme en relation avec les angoisses paranoïdes qui peuvent être ressenties. Ce pouvoir de métamorphoser la réalité, de transmuer la douleur, les drames, les ennuis aussi bien que certains émois proprement passionnels, est ce qui a sauvé les sœurs Brontë, les James, les Perrault et bien d'autres encore.

Ainsi, nous voyons comment la nécessité de se fabriquer soi-même jouets, vêtements, meubles et divertissements divers favorise le goût du bricolage et de la mise en œuvre d'une certaine inventivité. Ce sens du bricolage, induit au départ par une nécessité matérielle, se retrouvera par la suite sous d'autres modes que nous évoquerons plus loin.

Ce qui est notable dans ces fratries de créateurs, c'est l'entraide et la stimulation mutuelle des frères et sœurs dans cette activité de « bricolage ». On fait les choses ensemble, et on trouve un plaisir partagé à voir sortir un objet, une idée, de cette réflexion commune, de ce creuset fraternel où sont malaxés toutes sortes d'ingrédients, des plus concrets aux plus subtiles événements familiaux, affects plus secrets, traits de personnalité, tout ce qui constitue pour cette fratrie en mal de création, un fabuleux « trésor » d'éléments hétéroclites.

Nous l'avons vu, lire et écrire était la passion des Brontë. Les enfants s'échauffaient ensemble à partir de leurs lectures respectives et mettaient en scène dans des jeux improvisés ou parfois très élaborés, les personnages mythiques qu'ils rencontraient au détour d'une page d'histoire ou d'un roman.

Cette mise en place d'une activité d'élection propre au groupe familial, semble constituer une sorte d'objet transitionnel groupal, quelque chose autour de quoi se rassemblent les expériences créatrices des membres de la famille.

Ainsi considérée, la famille devient alors une aire intermédiaire d'expérience entre l'intérieur et l'extérieur, un espace potentiel où les fantasmes individuels trouvent leur prolongement dans le fantasme commun au groupe, un lieu privilégié où le doute, le paradoxe, l'ambigüité peut être tolérée.

La fonction transitionnelle de la famille fait du cadre familial un « conteneur » de choix où, par-delà l'expérience d'union et de séparation, d'indifférenciation et de différenciation, s'articulent des symboles trouvés à partir des projections des uns et des autres sur ce cadre familial.

« Le conteneur fournit le support actif, transformateur, aux projections imaginaires du patient. C'est par le conteneur que s'établit l'échange primordial qui, dans la symbiose, consiste dans le mécanisme primitif de l'identification projective. Sans un conteneur qui les reçoit, les métabolise ou les conserve, en fonction de l'état de l'enfant et de ses besoins, il n'y a pas de vie psychique possible.» (R. Kaes, *Crise, rupture et dépassements*)

La famille Brontë a-t-elle offert à ses membres cet environnement apte à métaboliser les différents mouvements psychiques (dépressifs, persécuteurs, agressifs) liés au travail de la création ? La vie n'est pas toujours facile dans cette famille ! La maladie y trouve place comme ailleurs, les conflits et les échecs aussi, mais contrairement à d'autres groupes familiaux où des événements analogues pèsent sur la vie psychique des sujets, sans trouver d'issue satisfaisante, nous voyons se travailler, s'élaborer les expériences de rupture, et transformer une réalité parfois dure en véritable création.

C'est, en effet, en tant que premier public, que la famille assure à ses membres une bonne structuration narcissique. Nous savons combien les frères et sœurs sont loin d'être toujours tendres dans leurs critiques respectives, principalement au cours de l'enfance et de l'adolescence, mais cette fonction critique n'est nullement négative pour le créateur en herbe, si son « œuvre » ne lui revient pas abîmée et détruite par sa propre famille, mais enrichie des nouveaux apports de cette triangulation entre son objet interne externe (ce qu'il a créé), le public (famille, amis) et lui-même.

Donner à voir, à toucher ou à entendre aux autres membres de sa famille, ce qui du monde interne de l'individu apparaît comme bel et bon, c'est rendre hommage à ce qui dans la famille a pu favoriser cette intériorisation d'un bon objet.

C'est reconnaître que la famille a su être un bon contenant permettant à chacun de s'exprimer publiquement. Nous avons donc affaire à un parti-pris de confiance qui articule au mieux dette et gratitude, revanche et pardon, anciens comptes à régler et illusion d'avaliser ainsi le solde non acquitté.

3.1.2. La famille Claudel

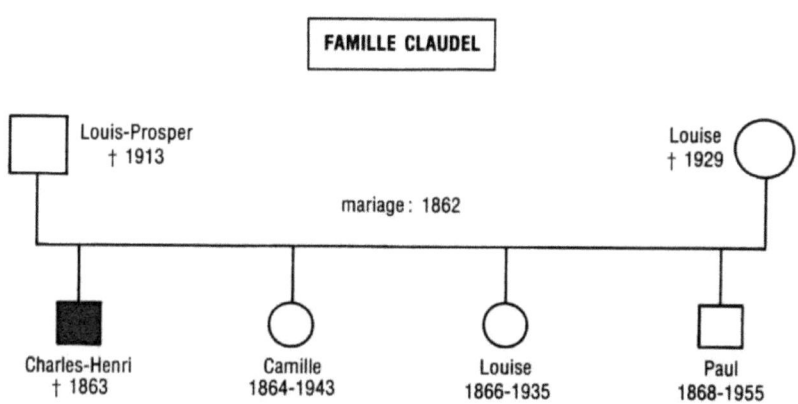

De secret en secret, la famille-cage

Villeneuve-sur-Fère, c'est dans ce village du Tardenois que vécut longtemps la famille Claudel. Voici comment, parlant de son « pays », Paul Claudel nous transmet quelque chose de l'atmosphère familiale :

« Je suis né à l'ombre du clocher, dans une vieille maison qui servait et sert encore aujourd'hui de presbytère. Elle fut l'habitation de mon grand-père, le docteur Athanase Cerveaux, pour qui mon cœur est plein d'admiration et de respect. Puis nous intégrâmes la petite maison construite par son frère, curé du village... Villeneuve est un rude et austère pays... Il y pleut beaucoup, et quand il y pleut, c'est durement, violemment, et j'allais presque dire passionnément. Il y fait un vent terrible qui fait tourner sans arrêt le coq du clocher et grincer la girouette de notre modeste logis... Villeneuve, bâti sur une espèce de promontoire, jouit de quatre horizons, tout aussi peuplés pour moi, aussi riches de suggestions et de légendes que ceux de l'Edda... Tel que je me le rappelle aujourd'hui, tout cet immense paysage découvert à mes yeux était plein d'une tragédie latente, celle que j'ai essayé de réaliser dans mes premiers balbutiements dramatiques de « Tête d'or » et de « La ville », plein de menaces, de présages, de méditations et de sanglots. » (« Mon pays » dans *Œuvres en prose*, p. 1005-1007)

Les trois enfants Claudel grandirent dans cet environnement austère, où l'on cherche à préserver la noblesse du rang de la famille. Paul Claudel a pu comparer l'ambiance familiale qui existait à Villeneuve, à celle des « *Hauts de hurlevent* », et nous pouvons dire à celle de la famille Brontë. Ces lignes éloquentes d'H. Guillemin nous évoquent quelle image idéale de la famille était imprégnée dans les esprits : « On était les Claudel, dans la conscience tranquille et indiscutable d'une espèce de supériorité mystique, inabordable, soudés dans la certitude de leur différence. » (H. Guillemin, *Le converti P. Claudel*).

Creuset familial, où la tragédie d'une destinée, celle de Camille Claudel, concentre le mélange d'amour et de haine, de dit et de non-dit, le renoncement et la violence qui habitent les uns et les autres.

Le père, Louis-Prosper, est receveur des impôts. Il apparaît comme un homme fier et facilement emporté, assez intransigeant, mais qui sait pourtant rester sensible au génie artistique de sa fille Camille, ainsi qu'au talent de son fils Paul.

Paul dépeint son père comme « une espèce de montagnard nerveux, emporté, coléreux, fantasque, imaginatif à l'excès, ironique, amer, insociable et fier. » (*Cahiers Paul Claudel*)

Certaines lettres que Louis-Prosper adressait à son fils témoignent de sa sensibilité et de son admiration pour ses enfants : « Je me plonge dans cette lecture (*L'arbre*) rafraîchissante, comme dans un bain calmant ; mais une autre fièvre me saisit, celle d'une admiration de plus en plus enthousiaste... Je te salue, grand penseur, grand artiste, grand poète, grand génie. Mais comme je devine combien tu as dû souffrir, mon pauvre cher enfant. Moi du moins, je te comprends et je ne résiste pas au besoin de te le redire dans toute la sincérité de mon affection débordante. » (*Cahiers* P. Claudel).

Quant à la mère, Louise Cerveaux, fille de médecin, elle apporte à la famille les terres, ce qui permet aux Claudel de régner en hobereaux.

Elle est décrite comme une femme de devoir, résignée, d'allure paysanne accusée. Les divers témoignages s'accordent à reconnaître qu'elle n'offrait pas aux enfants l'affection et la tendresse d'une mère.

Par ailleurs, une mésentente conjugale profonde, mais sur laquelle nous avons peu d'éléments, a marqué la vie du couple et retenti sur l'ambiance familiale. Charles-Henri, le fils aîné est mort à quinze jours. Ce décès est très difficile à assumer, principalement pour la mère qui aurait préféré donner naissance à un second garçon, pour compenser cette perte.

Camille, née seize mois après ce deuil, vient prendre la place de ce frère mort. Voici, selon Anne Delbée, ce que la bonne de la famille disait à Camille : « Ton père partait tout seul à la tombée de la nuit, il marchait pour oublier, comme s'il portait la mort en lui. Ta mère lui en voulait. Un premier-né ce n'est pas toujours une réussite... Alors ils ont commencé à se disputer. Ta mère avait peur. Ton père devenait violent. Quand tu es née, ton père était fou de joie. Ta mère voulait un garçon. Elle ne voulait pas te reconnaître. » (A. Delbée, *Une femme*).

Nous ne pouvons prendre à la lettre les propos prêtés par Anne Delbée à la bonne, car ce texte sur Camille Claudel est l'histoire romancée de la famille, vue sous un éclairage particulier.

Toutefois, d'autres textes témoignent des relations difficiles qui existaient entre Camille et sa mère. Camille se fait pourtant reconnaître par ses talents de sculpteur, essentiellement soutenue par son père, et plus tard par son frère Paul. Louise, sa sœur cadette, est décrite comme une enfant fragile, plutôt triste et sage ; elle a, de ce fait, le droit de jouer du piano, ce qu'elle fait remarquablement bien. Il semblerait que chez les Claudel, les alliances se soient réparties, d'une part entre la mère et sa fille Louise, d'autre part entre le père et ses deux autres enfants : Camille et Paul.

Une complicité très étroite unissait Camille et Paul, au cours de leur enfance, ainsi Camille emmenait son frère dans ses randonnées, lorsqu'elle pétrissait la terre et, devant les pierres géantes de la vallée, lui confiait son désir d'être sculpteur. Cette complicité fraternelle se retrouve souvent au cours des scènes familiales ou dans leur correspondance ultérieure : le père dansait avec sa fille, soudain « Louis-Prosper s'est arrêté, fatigué de cette ronde folle, et Paul attrape sa sœur et les voilà qui tourbillonnent, hurlent de rire, comme lorsqu'ils étaient enfants. L'un revient de Notre-Dame, l'autre travaille aux Portes de l'enfer. Ni l'un ni l'autre n'ont livré leur secret. Qu'importe ! Ce soir ils sont fous de joie. » (A. Delbée, *Une femme*)

C'est toujours auprès de son père, que la jeune adolescente trouve un allié qui soutiendra ce désir d'être sculpteur. Camille a du mal à composer avec l'austérité de sa mère, et dans toute la violence de son désir, ne comprend pas l'extrême retenue de sa mère et de sa sœur : « Camille déteste ces femmes qui ne disent jamais ce qui leur fait ou non plaisir. Eternelles victimes, elles se sacrifient à tout jamais... Elles ont dressé un tel barrage devant le plaisir que même un plat, une fleur, ne provoquent plus chez elles le moindre acquiescement. » (A. Delbée, *Une femme*).

Camille continuera d'évoluer ainsi, entre une mère qui ne peut concevoir que sa fille ait une personnalité aussi bien trempée, farouchement indépendante et si peu conforme aux traditions bourgeoises d'alors, et un père qui non seulement reconnaît le génie de sa fille, mais s'en montre véritablement fier, lui qui aurait tant aimé réussir mieux qu'il ne l'a fait !

Camille Claudel devient le jouet du conflit parental, d'autant plus glorifiée par son père, qu'elle est injustement rejetée par sa mère. Quant aux relations entre les deux sœurs, elles étaient empreintes de forte rivalité affective et de haine. Dans *La jeune fille Violaine* Paul Claudel affirme avoir transposé la rivalité entre Camille et Louise, ainsi que les éléments du nœud familial où lui-même se trouvait pris. « Pourquoi est-ce que tu es née à ma place ? Mais je saurai prendre la mienne. » (*La jeune fille Violaine*).

Cette usurpation de la place constitue effectivement un des ressorts des drames écrits par Paul Claudel, et s'exprime sous forme de violence meurtrière, qu'elle revête un aspect fratricide ou parricide. Le dramaturge a pu, grâce à l'écriture, transposer sur scène les conflits qu'il vivait au sein de sa famille. Il est ainsi parvenu à établir des correspondances entre l'Orestie d'Eschylle et son propre drame familial tissé d'oppositions entre les parents, entre parents et enfants et au sein même de la fratrie : « Mon père avait fait de sa famille un cercle fermé où l'on se disputait du matin au soir. »

Pourtant, si Camille et Paul sont dotés d'un même potentiel créateur et d'une grande capacité de sublimation, très vite nous remarquons que chez le frère et la sœur, l'articulation entre réel et imaginaire s'établit différemment.

Paul Claudel est vite nanti sur le plan de la réalité : en tant que diplomate, il véhicule son nom partout avec une facilité déconcertante, et acquiert ainsi un certain renom auquel vient s'ajouter une sécurité financière non négligeable !

Camille, de son côté, se bat immédiatement avec un réel démoniaque. La voie qu'elle a choisie, la sculpture, l'oblige à investir beaucoup d'argent dans ses matériaux ; non seulement le réel ne lui vient pas en aide, mais l'imaginaire la dévore ! Elle s'acharne à sculpter des volumes qui ressuscitent la vie ; elle se donne la place que sa mère lui a refusée, luttant de toutes ses forces pour sortir de son statut d'enfant mort. C'est ainsi que Camille Claudel s'adonne à la sculpture contre le gré de sa mère, mais largement encouragée par son père. Cette position quasi incestueuse se voit rééditée dans la rencontre amoureuse entre Camille et son maître Auguste Rodin.

Dans la première version de *La jeune fille Violaine*, Mara accuse sa sœur de s'être déshonorée, et Jacques Hury la soupçonne d'une grossesse non avouée. Ce texte de 1892 a permis à Paul Claudel de mettre en scène la relation « condamnable » entre Camille et Rodin, mais surtout, l'évocation dramatique d'une grossesse de Camille vers 1890. Ce « secret » douloureux contribuera à une plus grande solitude et à une période dépressive où Camille s'exile en Touraine, loin de sa famille et des cercles parisiens. Lorsqu'en 1898, âgée de 34 ans,

Camille rompt cette relation passionnelle avec Rodin, tout s'effondre pour elle. Reine-Marie Paris, petite-fille de Paul Claudel, qui a mené d'importantes recherches sur la famille écrit ceci : « Cette décision a consacré l'échec de sa vie de femme et a correspondu à un véritable suicide sur le plan de la création artistique. Pour ses contemporains, cette rupture signifiait la fin de sa carrière. De fait, il en a été ainsi, mais pour des raisons qui tiennent au développement de son état psychotique.» (R.M. Paris, *Camille Claudel*)

Ne rapportons pas trop vite le délire paranoïaque de Camille à sa relation avec Rodin ; celle-ci entre certainement en ligne de compte, mais comme un élément d'un ensemble beaucoup plus large et qui se réfère au système familial, système dont Camille, en tant que porteur de symptôme, traduit le déséquilibre. Là où les grossesses de Camille ont donné lieu à des avortements, ou à des naissances d'enfants mort-nés, ont-elles pu, elles aussi, conduire Camille à confier en nourrice ces enfants ? Beaucoup de lettres furent détruites, et si le secret demeure, des présomptions affleurent pourtant.

C'est en 1893, que Camille sculpte le merveilleux buste d'enfant intitulé *La petite châtelaine*, dont elle parle toujours comme de « la petite de l'Islette ». C'est, en effet, au château de l'Islette, que Camille vit sa convalescence, comme c'était là qu'avec Rodin elle passait des vacances estivales. Il n'est pas anodin de lire, à la lumière de cette blessure cachée de Camille, les propos de Henry Asselin, cités par R.M. Paris : « À partir de ce moment-là (1905), chaque été, Camille se mit à détruire systématiquement, à coups de marteau, toutes ses œuvres de l'année. Ses deux ateliers offraient alors un spectacle lamentable, de ruine et de dévastation. Puis elle faisait venir un charretier auquel elle confiait le soin d'aller enterrer, quelque part dans les fortifications, ces débris informes et misérables. Après quoi, elle mettait ses clefs sous le paillasson et disparaissait pendant de longs mois sans laisser d'adresse. »

Chaque été, Camille Claudel mettait en scène, dans le réel, cette séparation traumatique. Chaque été se rééditaient la destruction de son œuvre de chair, l'enterrement de celle-ci par un charretier et l'exil d'une mère dépossédée. Faute d'avoir pu trouver dans son entourage familial un « contenant » à même d'accueillir et de transformer ces événements douloureux, Camille fut ainsi contrainte à rejouer dans le réel cette fracture symptomatique de sa vie, et en aucune façon, ce psychodrame méconnu comme tel, ne pouvait prendre sens et devenir suffisamment cathartique pour elle.

Mise en acte répétitive, non seulement de ses propres blessures, mais sans doute aussi, de celles d'une mère meurtrie par la mort de son premier-né, Charles-Henri, elle-même porteuse de quel souhait de mort inconscient, venu des générations précédentes ? À l'appui de cette lecture, nous disposons des œuvres et des lettres de Camille Claudel.

- 1893, *Clotho. La Parque.* Sculpture du destin dramatique, de la mort. « Il y a aussi cette Clotho, cette destinée fileuse de son propre écheveau, cette vieillarde gothique telle qu'une araignée emmêlée avec sa propre toile. » (P. Claudel, *Ma sœur Camille*, p. 280).

- 1893, *La petite châtelaine. Jeanne enfant. L'inspirée.* D'autres versions de cette sculpture furent réalisées en bronze et en marbre, en 1894, 1895 et 1896.

- 1893, *La faute* « Une jeune fille pleurent, accroupie sur un banc; ses parents la regardent tout étonnés. » (lettre à Paul) Camille a corrigé la faute d'orthographe "*pleurent*", qui prend ici un sens particulièrement signifiant. Camille est-elle seule à pleurer ?

- 1894, *Les causeuses. Les bavardes. La confidence.* De quoi parlent, cachées par un paravent, toutes ces femmes, sinon de ce qu'il faut taire ou ne dire qu'à voix basse... « Trois personnages en écoutent un autre », écrit Camille à son frère dans une lettre de 1893.

- 1894, *L'implorante. Le Dieu envolé.* Cette sculpture est une partie détachée du groupe intitulé l'*Age mur*. « Deux monuments terribles subsistent de cette destinée manquée et de cette espérance trahie. Ils s'appellent « l'Age mur ». Tous les deux d'une telle force, d'une telle sincérité presque terrifiante, à la fois d'amour, de désespoir et de haine, qu'ils outrepassent les limites de l'art où ils ont été réalisés... Le long membre qui part de l'épaule gauche et qui a l'air de s'adonner à l'implorante, en réalité c'est l'instrument de la libération, il la repousse ! Il la déchire, la déchirure est là, béante. » (*Ma sœur Camille*)

Dans un long commentaire de cette œuvre, Paul Claudel exprime avec force la tragédie de Camille dans sa relation à Rodin, et dans sa relation à son propre frère. Dans un mouvement d'identification à l'homme sur lequel Camille exerce un terrible ascendant, le frère comme l'amant repoussent la femme qui les emprisonne.

- 1894, *Premiers pas*. De quel enfant ?

- 1895, *Le violoneux*. Trois petits enfants assis par terre écoutent un vieux joueur de violon » (Lettre de Camille à Paul)

- 1897, *La vague*. « La voûte peu à peu se creuse, elle surplombe, elle s'arme de toutes ses griffes de la ménagerie japonaise. Elle va s'abattre. Non ! dit la petite figure nue au-dessous déjà repliée sur les jarrets, qui appelle, qui attend, attendez que je sois complète, laissez-moi le temps d'avoir mes sœurs avec moi que nous y soyons toutes, ces deux sœurs toutes pareilles que j'ai déjà saisies de la main droite et de la main gauche et qui ne sont autres que moi-même ! » (Paul Claudel, *Ma sœur...*, p. 284).

Camille est sous la vague menaçante, pense son frère, certes, mais comme toute œuvre d'art, cette sculpture ne s'épuise-t-elle pas sous un seul symbole. N'est-ce pas aussi l'enfant, les enfants de Camille, qu'elle sculpte ainsi, bientôt engloutis, ou sa propre fratrie, cette cellule familiale sous la menace d'orages, de retournements de violence imprévisibles ?

- 1898, *Persée et la gorgone*. « Quelle est cette tête à la chevelure sanglante qu'il élève derrière lui, sinon celle de la folie ? Mais pourquoi n'y verrai-je pas plutôt une image du remords ? Ce visage au bout de ce bras levé, oui, il me semble bien en connaître les traits décomposés. Le reste est silence.» (*Ma sœur*, p. 285).

Les ressources créatives des familles d'artistes

Il nous faut rapprocher ces lignes de cet autre commentaire de Paul Claudel sur une série de tableaux, dont *La folle de Géricault* : « La défiance à l'égard de tout, c'est ce qui caractérise le mieux la physionomie de cette épouvantée, de cette réfugiée, vivante, hors de la vie ! Voyez, à sa droite, cet œil à jamais refusé au sommeil qui surveille l'ennemi, et vers nous cet autre œil intense, aiguisé par la peur, qui nous perce jusqu'au plus profond de notre mauvais dessein ! L'horreur l'a replié à jamais dans une attitude défensive !... Et moi-même, ce visage panique, suis-je sûr de ne pas l'avoir évoqué quelquefois devant la glace ? (« Seigneur, apprenez-nous à prier » dans *Œuvres complètes*). Il est évident que Paul retrouve dans cette peinture, le portrait terrifiant d'une sœur persécutée et sur la défensive.

Mais il avoue s'y reconnaître aussi, et apercevoir l'image de ses propres angoisses, de sa propre folie non mise à jour. En cela, tous les écrits de Paul sont émouvants et riches pour notre recherche. Camille est le porteur de symptôme du groupe familial, mais Paul en est le porte-parole, il dit dans son œuvre ce que les autres membres de la famille ne pouvaient voir en face.

Ce rapport au secret, Paul Claudel l'a connu de différentes façons et notamment, en ne pouvant pas avouer aux siens sa conversion religieuse. De 1886 à 1890, il gardera cela secret, de peur de se voir raillé par sa famille. La violence, la passion, il les exprime aussi dans son intransigeance religieuse, sa force de conviction.

De la même manière, l'œuvre de Camille est marquée par l'absence, le vide, la distance, et c'est une constante que nous retrouvons aussi bien chez Paul que chez le père Louis-Prosper. Les biographes s'accordent à dire combien les absences du père ont marqué la vie des enfants Claudel et sans doute aussi de son épouse..., mais Paul fut également souvent et longtemps absent en raison de son travail de consul. Camille a souffert autant de l'absence de son père que de celle de son frère, d'autant qu'elle avait connu avec lui une complicité profonde. Paul, dans un texte intitulé *L'absent professionnel*, nous donne quelques clés pour mieux comprendre le sens de cette absence.

79

« Le professionnel de l'absence, dont le sort, c'est le cas de le dire, étrange, la vocation, la condition même de l'existence, est de ne plus tenir à rien qu'au seul fil qui le transporte... d'un lieu à l'autre, c'est le diplomate et surtout le consul... La place qu'il a laissée vide en France, là-dessus son premier retour a réussi à l'édifier. On se passe parfaitement de lui. Il est hors de la patrie. À la fois bizarrement présent et posthume. On n'a qu'à souffler dessus, il n'est plus là. « He does not belong », comme disent les Anglais... Contre tous les embêtements, le départ est là tout prêt, tout prêt, comme un recours, comme une référence, comme un asile grand ouvert. » (*Œuvres en prose* p. 1248-1249) Chacun semble inconsciemment chargé de revivre dans sa propre vie une absence.

Laquelle ? Nous manquons d'informations sur la vie des grands-parents paternels, mais un tel éclairage permettrait certainement d'effectuer une lecture de ces transmissions généalogiques qui s'inscrivent dans des actes-symptômes faute d'avoir été élaborés en leur temps.

Le père ne se remettra jamais de devoir laisser sa fille dans les conditions d'isolement qui furent les siennes ; plusieurs de ses lettres adressées à Paul témoignent de son souci de rétablir l'harmonie dans sa famille : « C'est avec un crève-cœur que je laisserai Camille à son isolement. Quel malheur que ces discussions, ces discordes en famille, cause d'immense chagrin pour moi. Si tu pouvais m'aider à rétablir l'harmonie, quel service tu me rendrais ! » (Louis-Prosper Claudel, lettre du 2 août 1904).

Il est remarquable de voir comment, dans un texte de 1954, onze ans donc après le décès de Camille, Paul Claudel reprend l'image de Persée et la gorgone, en l'enrichissant d'un symbolisme bipolaire concernant la femme : « Apollon !... Don de mort, à ma place va-t'en faire un autre bien riche ! » Que de fois n'ai-je pas pensé à ces vers effrayants en regardant l'image de ma pauvre sœur Camille décédée après trente ans de captivité à l'hôpital de Montfavet !... Aux dernières lignes de la tragédie se tourne vers nous un visage que pétrifie la même

Les ressources créatives des familles d'artistes

horreur qui pâlissait le visage de Cassandre, celui de la Gorgone que ma sœur à la fin de sa vie consciente a vu se réfléchir dans le bouclier de Persée. »

Et dans une note rajoutée à cette conversation sur Racine, Claudel nous confie comment, depuis sa conversion, il est marqué par le texte des Proverbes, sur la femme symbolisée par la Sagesse. Or il précise que ce texte est aussi l'épître de la fête de l'Immaculée Conception.

Ce n'est certes pas un hasard, si Camille est née un 8 décembre, c'est-à-dire le jour même où se célèbre l'Immaculée Conception ! Dans un mouvement de récréation, Paul métamorphose sa sœur, cette femme redoutable et séquestrée en une Vierge pleine de Sagesse :

« La séquestrée est sortie ! Elle est sortie de sa cellule !... Ce qui émerge, radieux dans le soleil levant, ce n'est plus une folle, une vieillarde terrifiée et cynique, c'est notre âme même sans aucune ride ou tâche, c'est le type à jamais de toutes les âmes, c'est la Sainte Vierge, c'est l'Immaculée Conception, c'est cette figure sublime que l'Eternel avait posée à la rencontre de Ses yeux pour S'encourager à créer le monde ! » (*Seigneur apprenez-nous à prier*).

Où Camille et Paul Claudel ont-ils puisé leur génie, sinon dans ce creuset familial bouillonnant, où les conflits s'expriment violemment, où les parents savent transmettre à leurs enfants le sens de la lignée familiale ? Ils ont favorisé chez Louise et Paul, une identification et une affirmation de ce sentiment d'appartenance sociale, et chez Camille, une contre-identification qui l'a amenée à rejeter de toutes ses forces les valeurs prônées par la famille.

Du moins, pouvons-nous dire, Camille Claudel a pris le contre-pied de ce qui était consciemment exprimé. Mais a-t-elle plus subtilement réalisé certains vœux inconscients : vœu œdipien intense, qui la rattachait à l'inconscient paternel, et vœu de mort, inscrit dans l'inconscient maternel ?

Devant ce tableau familial complexe, qui nous met mal à l'aise, (pensons aux longues années de « folie » qui ont coupé Camille des autres), nous avons de nouveau la preuve que le génie créateur, s'il est dû à certaines dispositions personnelles, est avant tout le fruit de cette capacité à entrer en résonance avec tout ce qui se trame au sein d'un groupe familial, et de la faculté à transposer cette réalité, aussi douloureuse soit-elle, en œuvre d'art !

La question que pose le rapport entre la folie et sublimation des pulsions sur le mode de la création artistique est clairement posée en ce qui concerne la famille Claudel. La création, si elle est le signe d'une vie en mouvement et d'investissements réussis, n'empêche pas pour autant certains créateurs de sombrer dans des formes de passage à l'acte où les processus de dégagement semblent ne plus jouer suffisamment leur rôle.

Camille Claudel rejoint en cela Alice James, Van Gogh, Rimbaud et tant d'autres dont les troubles de la personnalité n'ont pas empêché l'éclosion créatrice, mais dont la pathologie n'a pu, par ailleurs, être emportée par le courant de la création !

Camille Claudel, Rembrandt Bugatti, Vincent Van Gogh, Alice James, se trouvent tous marqués dès l'origine par une mission contradictoire, celle d'avoir le statut d'un mort, tout en demeurant le garant de la vie.

Lorsqu'un tel enfant est emprisonné dans un inconscient parental mortifère, le groupe familial peut-il devenir un élément de rectification de cette pathologie, ou la famille tend-elle à perpétuer cet état de fait ? Toutes ces observations de familles où un créateur de génie s'enfonce progressivement dans la maladie mentale, présentent quelque chose de très émouvant. Partout nous retrouvons non seulement cette lutte entre la vie et la mort, la santé et la maladie, mais aussi le souci de l'un ou l'autre des membres de la famille, de préserver, de soutenir le membre malade.

Théo est un frère aimant pour Vincent Van Gogh, et il n'épargne pas sa peine pour lui venir en aide ; William et Henry James se montrent également très proches de leur sœur Alice, en proie à de

Les ressources créatives des familles d'artistes

graves crises d'hystérie. Ettore Bugatti ne lâche pas son frère Rembrandt, et le courrier échangé entre eux témoigne de cette fraternelle affection qui les unit. Et malgré tout ce qui a été dit ou écrit sur le rejet familial dont Camille a pu être l'objet par la famille Claudel, nous savons que cela est à nuancer et qu'aussi bien le père que le frère de Camille sont restés assez proches d'elle.

C'est ici que l'équilibre des forces du groupe familial se fait le plus significatif: qui l'emportera dans ce réseau complexe fait d'attentes et de contradictions ? Quel degré de souffrance sera porteur de vie, c'est-à-dire ni trop, ni trop peu, mais convertible en travail de création ?

Sous l'emprise de pulsions intenses, le créateur peut supporter d'être traversé par cette écharde qui va dans le sens d'une déliaison, d'une certaine anormalité, mais il est un fait que cette articulation subtile entre plaisir et souffrance semble se métaboliser plus facilement lorsque le groupe familial se trouve pris, en tant que groupe, dans ce travail de création, et que le créateur ne se sent pas autant confronté à la solitude d'un statut unique et trop lourd à porter.

Ainsi donc, prenant le parti du risque et de l'anormalité, les créateurs ne sont pas à l'abri des conflits névrotiques et psychotiques, mais comme l'exprime si bien Joyce Mc Dougall, c'est à ce prix qu'ils sont des êtres de vie. « Quelques artistes, écrivains et savants, seulement, échappent à la douche froide de la normalisation, à la rentrée dans l'ordre, à la perte de la magie du temps où tout était encore possible. Garder l'espoir de tout questionner, de tout bouleverser, de tout accomplir, c'est un défi aux lois qui règlent les relations humaines. C'est en cela que tout art, toute pensée novatrice, est une transgression. De nous tous, qui même est à la hauteur de la créativité de ses propres rêves ? Quelques génies et quelques fous peut-être. » (Joyce Mc Dougall, *Plaidoyer pour une certaine anormalité*).

3.1.3. La famille James

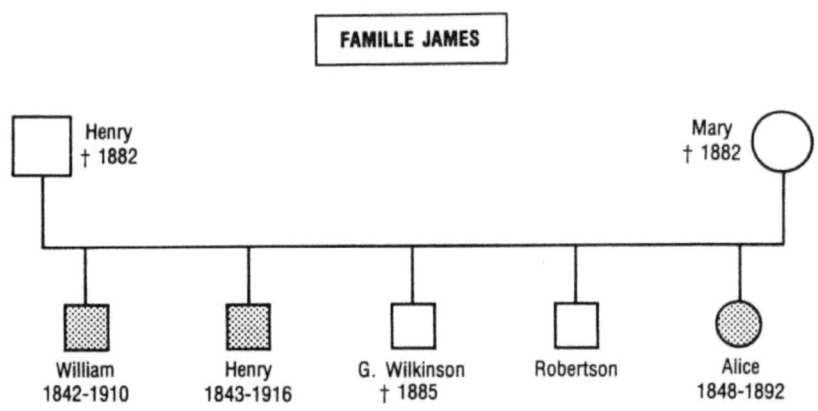

Du fantasme au paradoxe

La famille James, qui comprend une fratrie de cinq enfants, est essentiellement marquée par la forte personnalité du père, Henry James. Cet homme est à lui seul un véritable personnage de roman ! Pittoresque, quelque peu utopiste, profondément réfractaire à tous les conformismes, nous le voyons nourrir une véritable passion pour le « Vieux Continent » que représente alors l'Europe pour un américain.

Il n'hésite pas à promener des années entières ses quatre fils et sa fille à travers l'Europe, développant ainsi chez ses enfants le goût de l'aventure et de la découverte. Cet homme qui vient d'Albany, est à l'origine d'un « roman familial » interprété dans toute sa complexité et sa diversité par ses différents enfants, et notamment par ceux qui sont les plus célèbres : William, Henry et Alice James. Héritier d'une fortune importante, il a pu se permettre de vivre en dilettante, dans un pays où les loisirs étaient pratiquement inconnus ! Donnant libre cours à ses velléités d'écrivain : théologien amateur et philosophe du dimanche, il publie à compte d'auteur, et laisse à sa femme le soin de gérer la maison.

Henry James senior est un rêveur, manieur de paradoxes, à la fois gai et aimant la compagnie d'amis de choix : Emerson, Carlyle, Thackeray etc... Il se montre pourtant perpétuellement angoissé, peut-être trouve-t-il autant dans ses recherches métaphysiques, que dans le spiritisme une forme d'apaisement de cette angoisse ? L'hallucination dont il est l'objet en 1844, (hallucination d'une présence invisible) si elle l'ébranle personnellement, pèse aussi lourdement sur l'atmosphère familiale. Par ailleurs, nous savons qu'au cours d'un accident d'enfance, il a perdu une jambe ; cette mutilation semble avoir été mythifiée au sein de la famille, donnant lieu, ainsi que toutes les autres particularités déjà mentionnées, à ce « roman familial » si présent dans les contes et nouvelles de son fils Henry.

Mary, la mère, est une femme simple et modeste qui sait faire preuve d'une forte volonté pour régenter les aspects matériels de cette famille à la vie si mouvementée.

Léon Edel relève le paradoxe venant du « côté plutôt maternel du père et la tendance à tout régir de la mère ». (Introduction au *Journal d'Alice James*). Elle partage la croyance de son mari sur le fait que le travail est dangereux pour la santé, mais cultive davantage cette attitude chez ses enfants que pour sa propre gouverne ; elle-même se révèle d'autant plus forte et endurante, confrontée à la fragilité de ses garçons ! « Les parents étaient convaincus que l'énergie humaine était peu abondante, devait être dépensée parcimonieusement, et était vite épuisée. Pénurie plutôt qu'abondance, faiblesse plutôt que force, mauvaise santé plutôt que santé», telle est leur prévision naturelle. Leurs fils apprirent bien la leçon.» (H.M. Feinstein, *Blood Brothers*)

Cette croyance profondément enracinée aura des effets durables sur la psyché des enfants James qui trouvent ainsi, dans la maladie, une loupe concentrant les conflits de la famille.

L'influence des parents a fort heureusement d'autres incidences sur ce groupe familial, même si au premier abord leur attitude éducative nous déconcerte : « Ne goûtant guère ce dont les enfants auraient pu se soucier, ils jugeaient que ce qui leur était bon pour eux-mêmes devait l'être également pour leurs enfants. Souvent, on les arrachait à leurs occupations à la maison, à leurs livres et à leurs jouets, pour les emmener dans un monde étrange et mystérieux où toutes sortes de choses extraordinaires se passaient derrière la rampe. » (L. Edel, *Henry James : les années dramatiques*).

C'est ainsi que les parents font partager à leurs enfants le plaisir qu'ils goûtent au théâtre, ce qui fait naître chez William et Henry une véritable passion pour la scène. Les souvenirs des enfants James sont chargés de ces impressions précoces où ils eurent le sentiment de vivre des événements extraordinaires : soirées théâtrales, voyages multiples.

Mais cette famille, loin de nous apparaître comme un groupe idéal par rapport auquel nous pourrions nourrir une quelconque nostalgie d'appartenance, se révèle bien plutôt être un véritable foyer de névroses où la maladie tient une place de choix !

Famille vivante, s'il en est, marquée de façon paradoxale par une pathologie affirmée chez plusieurs de ses membres, et qui tend à donner à l'atmosphère familiale elle-même une coloration morbide. Ainsi, Henry James lui-même nous laisse entrevoir combien la maison familiale est marquée par la mélancolie : elle était « aussi vivante que l'intérieur d'un tombeau. »

Nous avons déjà fait référence aux hallucinations du père ; sa pathologie qui le lie à sa femme dans une dépendance étroite et passionnelle, l'amène à se laisser littéralement mourir de faim lorsque celle-ci décède. Ce deuil lui fut, semble-t-il, impossible à assumer, tant Mary représentait pour lui sa raison de vivre.

Nous retrouverons ce vécu symbiotique lorsque nous analyserons les relations dans la fratrie James. Dans une lettre adressée à son père, Henry fait référence à un « capital familial de névroses » dans lequel chacun puise à sa façon ; il en rend compte en ces termes : « Quand Alice et Willy vont mieux, certaines de leurs maladies se fixent sur moi - ceci afin de conjurer le sort en gardant dans notre famille ces pauvres infirmités sans abri ».

Alice, seule fille de la fratrie, doit affronter les multiples contradictions familiales, et semble se trouver enfermée dans un conflit œdipien dont le père méconnait les effets dévastateurs : « Son égoïsme doux s'est enchanté d'avoir à la maison une femme de plus avec laquelle il pouvait pratiquer innocemment un mélange d'affection et de séduction... La maladie qui s'adresse avant tout au père en est le versant noir. » (R. Bellour)

Cette maladie prend la forme d'une névrose hystérique grave qui empêche Alice d'accéder à l'identité d'un créateur reconnu à son époque. Mais depuis, la publication de son journal et les nombreuses études s'y rapportant ont finalement réhabilité Alice James, par ce qu'elle a su mettre en œuvre et qui s'inscrit dans ce que Bellour nomme un « tableau d'écriture familiale ».

William et Henry, quant à eux, ont toujours somatisé de diverses façons ces conflits familiaux qu'ils ne pouvaient écluser sur un autre mode. Douleurs lombaires de William, mais aussi, comme son père, hallucinations ; la maladie renforçait chez ces deux frères l'expression d'une alliance profonde, une solidarité qui trouvait par là le moyen de se rendre visible. « Quand Henry James, romancier, décrivit la maladie de William dans son autobiographie, il confirma ce lien en glissant naturellement et imperceptiblement du « il » au « nous ». Le lecteur était par-là invité à partager cette croyance qu'il n'y avait réellement aucune séparation entre eux. » (H.M. Feinstein, *Blood Brothers*).

Ce chapitre consacré aux frères James est essentiellement centré sur le processus douloureux de différenciation, d'individuation qui a, de fait, caractérisé leur relation qualifiée par Henry lui-même, de « gémellité mythologique ». De même, en effet, qu'entre Camille et Paul Claudel, ou entre les enfants Brontë, existait une relation de forte complicité, William et Henry connurent non seulement une grande connivence, mais furent en outre, les premiers sujets des expériences éducatives de leur père, et partageaient des goûts communs pour l'esthétique.

« Je vous dis toute la vérité, je dois tenir une double place. Je dois être mon frère aussi bien que moi-même. » (Henry James, 1875, cité dans *Blood Brothers*). Il fallut attendre que cette différenciation entre l'écrivain et le scientifique fût bien effectuée et publiquement reconnue, pour avoir sur chacun un regard différent. Pendant longtemps, il semble que nul n'aurait pu affirmer si ces « jumeaux esthètes » deviendraient artistes en tandem ou non !

Docteur en médecine, William James se fait connaître en tant que philosophe et psychologue. Il introduit une nouvelle conception philosophique : le pragmatisme. D'autre part, il fait de la méthode expérimentale l'instrument privilégié de la connaissance. Membre de la Société Londonienne de Recherches Psychiques, William James tente des expériences occultes en relation avec les morts, les fantômes et autres manifestations parapsychologiques.

L'œuvre de son frère Henry témoigne de l'intérêt que lui aussi porte à ce domaine mystérieux. Cette curiosité commune des deux frères aînés pour les différents degrés de conscience psychique, leur goût du fantastique, traduisent non seulement leur profonde complicité, mais nous renvoie à une réalité familiale plus large.

En étudiant les *Nouvelles fantastiques* écrites par Henry James, nous trouvons trace de multiples événements familiaux et d'une véritable mythologie à l'œuvre dans ce groupe familial. Je ne reprendrai pas dans le détail ce qui a déjà été relevé par des analystes tels que Didier Anzieu ou André Green, à propos des nouvelles *Le coin plaisant* ou *La bête dans la jungle*. Ces études ne souffrent ni résumé, ni plagiat, et je ne peux que renvoyer le lecteur aux articles respectivement publiés dans *Le corps de l'œuvre*, (p. 217-255) et dans la *Nouvelle Revue de Psychanalyse* « L'attente », (no. 34, p. 197-224).

J'ajouterais cependant deux remarques qui concernent directement notre recherche. Comme en témoignent ses écrits, Henry James a nourri pour sa famille et sa généalogie un amour proche de la fascination, au point que ses biographes ne trouvent dans sa vie, d'autre amour que celui qu'il éprouva, adolescent, pour sa jeune cousine Minny Temple. Celle-ci mourut brutalement et cette perte affecta profondément Henry. Il est remarquable de voir comment l'écrivain sut transformer cet événement en l'intégrant de diverses façons à son œuvre. De la même manière, il rend compte avec génie aussi bien des hallucinations paternelles qui ont laissé des traces psychiques dans l'inconscient du jeune garçon de deux ans, que de tout ce qui se renvoie aux « fantômes familiaux ».

Ainsi, dans *Le coin plaisant*, Brydon, le héros, a 56 ans et n'est autre que l'auteur lui-même, alors âgé de 65 ans ! Brydon éprouve une véritable passion amoureuse pour la maison de famille où il est né.

« Il parla de la valeur de tout ce qu'il déchiffrait dans ces lieux, dans la seule vue des murs, la seule forme des pièces, la seule résonance des parquets, le simple contact, dans sa main, de vieux boutons de porte plaqués d'argent, sur les nombreux battants d'acajou, qui suggéraient la pression des paumes des morts ; en un mot, les soixante-dix années du passé que représentaient ces choses, les annales de presque trois générations en comptant celle de son aïeul, celui qui avait fini ses jours ici, et les cendres impalpables de sa propre jeunesse depuis longtemps éteinte, éparses dans l'air même, telles de minuscules phalènes. »

Plus loin, le texte nous convie à participer à la jouissance narcissique que le héros ressent lorsqu'il pénètre secrètement dans cette maison, à la tombée de la nuit. L'érotisme évident atteste qu'il s'agit là d'un déplacement d'objet amoureux venant s'inscrire dans une vie affective et sexuelle dépourvue d'investissement autre : « S'assurant de sa solitude, il se savait certain de la posséder et, comme il l'exprimait tacitement, se laissait aller. »

Ainsi, Brydon - Henry James - « possède » la maison de ses ancêtres et son roman généalogique, comme un homme possède l'objet de son désir, avec cette assurance d'avoir tous les droits face au vide et à l'absence. Nous retrouvons cette même problématique dans *L'autel des morts*, où le héros finit par souhaiter la mort de ses amis, afin de « rétablir avec eux des relations plus charmantes que celles dont il pouvait jouir de leur vivant ». Les pièces de la maison sont alors fantasmées comme des parties érogènes d'un corps de femme, et la mission du héros n'est autre que celle qui consiste à éveiller une jeune-fille timide au plaisir des sens, dans un jeu initiatique.

L'autre remarque concerne le fantasme que connaissent la plupart des personnages d'Henry James : devenir des êtres d'exception. André Green fait alors référence à ce qu'il appelle le « narcissisme négatif » ou narcissisme de mort, dans la mesure où ce fantasme vient compenser le retrait de la libido objectale. Se croire voué à un certain destin exceptionnel, c'est s'assurer d'une revanche narcissique sur un préjudice injuste dont le sujet a été victime. Freud analyse ce processus en ce qui concerne le droit à être scélérat (*Essais de psychanalyse appliquée*). Nous pouvons avancer la même chose par rapport à l'être d'exception qu'est le génie. De quoi Henry James cherche-t-il à se venger en nourrissant de tels fantasmes ? Parle-t-il, à travers ses personnages, en son nom ou au nom de son père, ce « double » dont il porte le prénom ?

« C'était un cas de justice vengeresse, les péchés des mères, à défaut de ceux des pères, retombant sur les enfants » (Sir Edmund Orme). La réponse s'inscrit sans doute chez les ancêtres de l'écrivain, mais nous manquons malheureusement de documents pour décrypter ce qui avait été forclos aux générations précédentes. Seuls les symptômes hallucinatoires et autres symptômes du père, prolongés par ceux de ses enfants, attestent qu'en amont, quelque chose n'avait pas été suffisamment élaboré.

Sir Henry et William ont cherché l'un par l'autre, confirmation de leur propre identité. Alice, à son tour, servit de miroir à ses frères ; Raymond Bellour cite cet extrait de lettre écrite par William à sa sœur :

« D'ici, tu me sembles tellement belle, intelligente et affectueuse, tu es tellement en tous points, la chose qu'un frère désire le plus, que lors de mon retour à la maison je ne pourrai rien faire d'autre que m'asseoir et passer mon bras autour de ta taille, faisant appel à toi pour confirmer tous mes dires, approuver tout ce que je fais, admirer tout ce que je suis et ne jamais, jamais être un seul instant déçu. » (R. Bellour, Introduction au *Journal et choix de lettres* d'Alice James). Dans cette relation incestueuse, Alice n'existe qu'en tant que miroir d'un frère en quête de lui-même. La distance nécessaire pour qu'une véritable relation à l'autre s'établisse se réduit à néant.

Henry, de son côté, n'hésite pas à cohabiter avec sa sœur pendant un an, après la mort de leurs parents, et il parle en termes non équivoques à son éditeur londonien de la parenté intime qui les unit, faisant fi des liens fraternels : « Ma sœur et moi, nous formons un harmonieux petit ménage, et je me sens assez comme si j'étais marié ». Fréquemment, ce thème de l'exaspération des rapports familiaux, de l'inceste et des identifications homosexuelles, apparaît dans l'œuvre d'Henry James ; l'interrogation sur cette relation fraternelle s'inscrit directement dans ce vécu fusionnel de la cellule familiale.

La famille James se présente donc comme une famille de type narcissique, où les différents membres ont une représentation grandiose du soi familial. Ici, l'effacement des identités individuelles va de pair avec la difficulté de respecter l'interdit sexuel. Le mythe qui fonde cette croyance mégalomaniaque d'auto-engendrement semble annuler ipso facto la référence aux lignées paternelle et maternelle.

C'est dans la correspondance que s'exprime le plus ce mode de relation, et nous pouvons voir dans l'importance qu'a revêtu cet échange de lettres entre les différents membres de la famille, un substitut des premiers échanges, des conversations qui marquèrent l'ambiance de la maison James, et auxquels ils ne purent renoncer. « La correspondance exprime l'angoisse de la marginalité, la peur de l'exil loin du centre vital de la famille et de la culture... Elle s'inscrit dans le système du don familial comme prestation symbolique... Cette volumineuse correspondance est commandée encore par le besoin impérieux d'un retour, par l'espérance d'un « contre-don » : la réponse parentale qui comble le vide du héros solitaire ». (J. Perrot, *Henry James et la décadence*).

Alice, clouée à sa chambre de malade, servira ainsi de chambre d'écho, de destinataire privilégié pour permettre aux mots du romancier de résonner librement. Tel l'ami, catalyseur des représentations mentales que le créateur porte en lui, et grâce auquel l'échange intellectuel et affectif s'enrichit et s'amplifie jusqu'à devenir une œuvre de création, la sœur tient là cette place irremplaçable. Alice le sent, le sait, et note dans son journal : « À propos, Henry a enfoui dans ses pages de nombreuses perles chues de mes lèvres, il les vole sans la moindre honte, disant simplement que cela n'a aucune importance puisqu'il sait qu'elles ont été proférées par un membre de la famille ».

Nous le voyons, cette présentation succincte de la famille James a de quoi laisser perplexe, quant aux conditions de vie familiale qui sont à même de favoriser une réponse créatrice aux événements, aux conflits intrapsychiques et interpersonnels qui jalonnent toute existence. Quelle place tient donc la création dans cette famille ?

Avec Didier Anzieu, Jean Perrot et tous ceux qui ont mené une recherche à ce sujet, nous pouvons penser que c'est par la création que les uns et les autres ont pu rester « vivants », principalement Henry qui a su opérer ce retournement décisif.

« L'événement personnel est le triomphe, accompli imaginairement en rêve avant d'être repris activement dans la réalité par celui qui va devenir un artiste, sur les monstres intérieurs ou intériorisés (le père effondré, le frère aîné brillant, le surmoi puritain, les pulsions sexuelles ambiguës et redoutées ?), c'est-à-dire sur une image monstrueuse de lui comme partie prenante de la névrose familiale.» (Didier Anzieu, *Le corps de l'œuvre*).

Ainsi, parvenir à symboliser ce qui apparaît souvent comme un « rien », parvenir à mettre en mot le négatif d'une existence, le non

Les ressources créatives des familles d'artistes

avènement de la sexualité, est sans nul doute, ce qui fait le charme de l'œuvre d'Henry James. Si dans *Le coin plaisant*, le personnage principal donne sens à une vaste maison vide où il n'y a rien à voir, n'est-ce-pas là une métaphore de la vie même de l'auteur ?

De même, nous voyons James aux prises avec le « travail du négatif » dans cette autre nouvelle fantastique : *La bête dans la jungle*. Ici, le héros prend finalement conscience que ce destin sublime qu'il attend passionnément se formule ainsi : « L'homme à qui rien, sur terre, ne devait arriver ». Quoi de plus cruel que de se retrouver devant une telle constatation ! L'homme avait tout désinvesti, pour consacrer sa violence pulsionnelle au « sentiment d'être réservé pour quelque chose de rare et d'étrange, pour une possibilité prodigieuse et terrible. »

Ce qui est merveilleux et qui appartient au romancier qui crée, se retrouve dans l'aptitude à transformer ce destin négatif individuel, en expérience transposable pour d'autres. Non seulement, cette création romanesque sert de suture à la blessure narcissique du héros et de son auteur, mais elle se charge de puissance de vie à l'adresse du lecteur.

Ainsi, l'œuvre d'Henry James nous restitue le sens de ce qui est en creux, marqué par l'absence, la mort et le négatif. Pour certains, nous savons que cet espace est source de folie, d'angoisse insurmontable et peut devenir mortifère. En revanche, tous ceux qui ont accès à cette aire où le réel extérieur n'entre pas en conflit avec la réalité psychique, sont des créateurs potentiels. C'est en articulant entre elles ces deux réalités, que le créateur jongle avec la vie et la mort, le désir et le non-désir. Ce n'est sans doute pas un hasard, si la plupart des personnages mis en scène par Henry James connaissent des moments de folie, des hallucinations qui les terrassent, alors que lui-même en fut préservé !

Le groupe familial tout entier se trouve donc engagé dans l'œuvre des uns et des autres, qu'il s'agisse de l'œuvre littéraire d'Henry, des apports scientifiques de son frère William, ou de ce long travail de trépas qui consiste à « réussir sa mort », ainsi qu'Alice James a elle-même mis en relation la mort qui la travaille et qu'elle travaille, avec l'œuvre de ses frères.

93

Osmose, collaboration intime, autant de traits caractéristiques du creuset familial des James. La famille élargie, qui conservait lettres et documents, n'eut pas de peine à se mobiliser pour contribuer à l'autobiographie réalisée par Henry, et qui reste une « entreprise de glorification concernant l'ancêtre de la lignée (le grand-père paternel)... Mise en chantier comme un véritable roman familial, roman d'une glorieuse réussite, l'autobiographie se veut conte de fée du privilège ». (J. Perrot)

Aurions-nous parlé de la famille James, si, à l'exemple d'Henry, nous laissions dans l'ombre les deux autres frères : Garth Wilkinson et Robertson ? Tous deux ont essayé de gérer une plantation, cherchant dans les affaires et la guerre leur propre définition. Pris dans le même mythe familial, ils ont tenté de se dégager de l'emprise de leur père et de leurs frères en prenant le contre-pied des valeurs prônées dans le clan familial. Leur tentative de se différencier de la sorte n'est pas sans intérêt pour notre recherche, dans la mesure où elle pose avec acuité la question des rapports que les membres d'une famille entretiennent avec le mythe commun, et ce qu'il advient des processus de dégagement utilisés, dans ce combat pour la vie.

Toutefois, si tout est loin de ressortir d'une pathologie grave, cette famille illustre ce que nous retrouvons dans la plupart des familles de créateurs : une atmosphère particulière, que nous pourrions aisément qualifier de néfaste à l'éducation des enfants, ou tout au moins ne favorisant pas l'adaptation des membres de la famille au monde extérieur, au réel, à la société.

La visée de ces familles ne semble pas avoir pour but premier de faciliter l'intégration sociale, mais avant tout de permettre que le travail de création s'accomplisse. Ainsi, par exemple, tout comme Baudelaire et Rousseau ont souffert de ce qu'ils appelaient « l'échec social » de leur vie, les sœurs Brontë elles aussi, considéraient que leur existence n'avait rien d'enviable, et souffraient de leur inaptitude à mener une vie « normale »...

Nous observons quelque chose d'analogue chez les James. Là, nous avons à faire à des parents faisant mener à leurs enfants une vie bohème, où l'éducation est on ne peut plus fantaisiste, loin des mœurs habituelles à cette époque.

Par ailleurs, si la famille s'incarne dans une généalogie bien située dans ses différentes époques, repérables aux dates de naissance et de mort, la création quant à elle, vient s'inscrire dans la rupture du temps.

Entre le temps réel et le temps imaginaire, l'œuvre représente quelque chose qui est à la fois dans le temps et hors du temps, une sorte de configuration inaltérable, éternelle et qui est pourtant le fait d'un être bien réel. Cet acte originel, cette œuvre originale, permet à son auteur de se projeter dans un avenir soustrait au temps, mais contribue également à recréer tout un passé, à l'extraire de l'oubli, à le refaire à neuf.

Ce rapport au temps nous semble être tout-à-fait spécifique chez les familles de créateurs, où les découpes habituelles du temps n'ont pas de prise sur la façon dont les membres de ces familles entendent jouer avec le jour et la nuit, les horaires de sommeil et de veille, le temps du jeu, de la rêverie, de l'élaboration. Un temps élastique qui s'étire aux dimensions que chacun veut lui donner pour le remplir de ses mille et une idées.

Ainsi retrouvons-nous l'ambiance bouillonnante qui régnait chez les James, tout comme chez les Marx, les Perrault ou les Prassinos. Dans ces familles, on peut facilement passer des heures à changer un décor, à fabriquer un objet, même dérisoire, et accorder une importance toute relative au temps du repas ou du sommeil. Nous pressentons bien, alors, comment se trouve bannie la notion même du « trop tard ».

Dans nombre de familles, en effet, il est toujours trop tard pour entreprendre quelque chose, trop tard pour solliciter l'aide des parents sur un point précis : « il fallait me le demander avant, maintenant je n'ai pas le temps... » ou encore « il est trop tard, c'est l'heure de se coucher ; trop tard, le repas va refroidir, tu feras cela après... » et même lorsqu'il s'agit d'une réorientation scolaire ou professionnelle, le « trop tard » intervient encore si souvent, que ce soit de façon implicite ou explicite, que beaucoup de sujets n'osent même plus envisager qu'une autre voie puisse encore leur être ouverte !

Tel n'est pas le cas chez les familles de créateurs, où le possible est toujours d'actualité. Loin de se retrouver prisonniers du temps et du destin, de « l'ananké », les créateurs acceptent de se laisser surprendre par l'impromptu, et voir ainsi se modifier le cours de leur vie. Au lieu de différer l'heure de la jouissance, au profit du réel immédiat, le créateur mise sur l'opportunité de ce qui se présente à lui, hors des catégories habituelles, et qu'il charge d'une promesse d'avenir : reconnaissance, création, transfiguration, métamorphose du déjà-là.

Cette disposition d'esprit rejoint celle des frères Perrault, qui n'hésitent pas à changer de métier après plusieurs années d'exercice, et ce à une époque où cette façon de faire était loin d'être passée dans les mœurs ! La plupart de leurs contemporains avaient un métier pour la vie, et il n'était pas question d'imaginer se « recycler » dans un autre secteur, comme cela se fait plus facilement de nos jours.

Pensons aussi à Paul Claudel, dont les études de droit et les fonctions de consul ne préparaient nullement à devenir poète et dramaturge !

Quant à Henry James, il met souvent en scène des personnages qui ne comprennent que « trop tard » le sens de la vie et la façon d'établir des relations satisfaisantes avec leurs proches ; ainsi en est-il dans *la bête de la jungle* ou dans *l'autel des morts*, cette admirable nouvelle où le principal personnage arrive à souhaiter la mort de ceux qu'il aime, afin de « rétablir avec eux des relations plus charmantes que celles dont il pouvait jouir de leur vivant. »

Rappelons qu'André Malraux a consacré un de ses gros volumes sur l'art et la création à l'intemporel. La marque de l'intemporel s'inscrit donc bien dans la mise en question du temps, de la vie et de la mort ; si chacun porte l'intemporel en soi, il reste que, plus que tous les autres, les créateurs rendent présents dans la vie ce qui appartient au passé et à la mort.

« La création est substitution peut-être, mais elle est surtout transfiguration, métaphore de la vie, plus que retrouvailles avec la vie révolue... Pour le créateur, l'objet est perdu mais un autre objet, l'œuvre, a pris sa place. Ce qu'il en attend, ce n'est pas de retrouver le passé mais de donner naissance à l'avenir. » (André Green, *La réserve de l'incréable*).

Comme nous l'avons observé, l'originalité de l'œuvre passe donc bien souvent, par une définition originale de la vie de famille et des diverses occupations s'y rapportant. Non-conformisme érigé en tradition familiale, tel semble être la clé qui ouvre la porte de la création, et qui se rattache directement à la logique du paradoxe !

Or, chez les James, le paradoxe régnait en maître.

3.1.4. La famille Marx

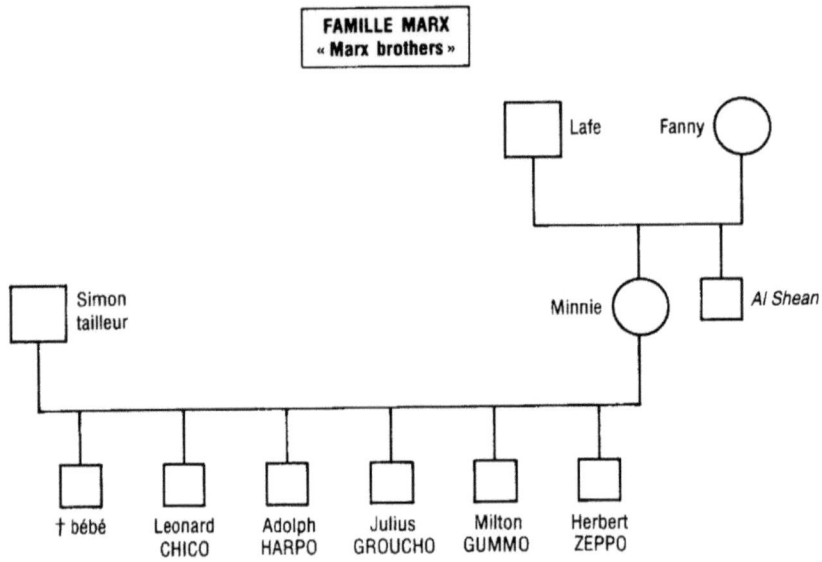

Le « Grand Projet » de Minnie Marx

Parler de la famille Marx pourrait prêter à confusion, si nous ne précisions d'emblée que notre propos concerne ceux que le cinéma des années trente a consacrés sous le nom des « Marx Brothers ». Cette famille est moins connue que la famille Brontë, les Claudel ou les James. Toutefois je n'ai pas résisté à la tentation d'éclairer ma recherche par cette saga familiale on ne peut plus pittoresque, et qui présente certains aspects caractéristiques de tout ce qui peut se jouer dans un groupe familial autour d'un mythe fondateur.

Ce mythe se trouve principalement entretenu par Minnie, la mère des frères Marx, qui l'avait elle-même repris de ses propres parents. Comme chaque fois qu'il est question d'un mythe familial véhiculé à travers les générations, chaque membre du groupe y participe selon son mode propre.

Les ressources créatives des familles d'artistes

Certains adhèrent inconditionnellement à ce qu'ils pressentent être le garant d'une certaine image de leur famille, à ce qui la définit comme telle aux yeux du monde extérieur et aux yeux des principaux intéressés, tandis que d'autres prennent le contre-pied du mythe ambiant. Inconsciemment, ceux-là cherchent à se situer en dehors d'une image familiale vécue parfois comme un enclos étouffant, à l'intérieur duquel il ne peut y avoir de place pour une démarche originale, et donc marginale par rapport au consensus familial implicite.

Comment la famille Marx s'inscrit-elle dans ce processus complexe qui se retrouve dans nombre de familles de créateurs ? Le dosage judicieux entre les forces d'individuation et de cohésion des membres entre eux, la solidarité témoignant d'un fort sentiment d'appartenance au groupe permet-elle à chacun des membres d'une telle famille d'avoir une démarche unique et originale ?

Simon Marx, le père, né en Alsace, et son épouse Minnie Schoenberg, originaire d'Allemagne, sont tous deux des immigrés juifs, débarquant à New-York. Ils sont pleins d'espoir et fermement décidés à prendre leur revanche sur la vie difficile qu'ils avaient connue jusque-là. Simon porte de multiples surnoms, *Sam*, pour être à l'heure américaine, *Frenchie*, en référence à ses origines alsaciennes, *Misfit*, ce qui signifie « loupé », car son métier de tailleur ne semble pas lui avoir vraiment réussi... Simon Marx est certainement resté toute sa vie un des plus mauvais représentant de cette profession, et les gags concernant les costumes qu'il confectionnait sont dignes du sketch de Fernand Raynaud ! Cet homme enthousiaste pour des projets qui n'aboutissaient généralement pas, toujours à l'affût de la bonne aubaine, est ainsi décrit par son fils Julius, dit *Groucho* :

« Mon père était un homme heureux, l'image de la joie de vivre de son Alsace natale. Il aimait rire. Il adorait jouer au bésigue pour de l'argent. » (*Mémoires* de Groucho Marx). Les différents témoignages de ses enfants concourent à dresser de lui le portrait d'un homme peu sévère, plutôt assimilé à une image maternelle, alors que la mère est celle qui tient dans la famille le rôle paternel.

« Minnie, ma mère, était l'homme d'extérieur. Frenchie, l'homme d'intérieur. Minnie combattait le monde entier pour forger le destin de la famille. Frenchie restait à la maison, cuisinait et faisait de la couture.» (H. Marx, *Harpo et moi*).

Nous ne savons presque rien de la famille d'origine du père, alors que nous pouvons mieux situer la mère par rapport à ses propres parents et ses frères et sœurs. Cela est éloquent quant à la prévalence accordée à la branche maternelle.

Qui était donc Minnie, ce personnage essentiel dans la chronique familiale ? Fille de saltimbanques, son père se produisait comme ventriloque et sa mère comme harpiste. Si en Allemagne, tous deux avaient pu vivre de leur art, ils durent, en émigrant en Amérique, se lancer dans la réparation de parapluies. Ces grands-parents maternels ont toujours habité avec la famille Marx, et cela a certainement contribué à donner le ton à la famille, écoutons plutôt Groucho parler d'eux : « Quand ils débarquèrent en Amérique, ma grand-mère jouait de la harpe et chantait tous les jours. Au fur et à mesure que la réparation des parapluies allait à la dérive, elle chantait de moins en moins souvent. Un beau matin, la petite harpe fut remisée dans un placard et on ne l'entendit plus, jusqu'au jour où Harpo la découvrit. »

Les Marx étaient non seulement pauvres, très pauvres même, mais surtout chaque jour plus nombreux à la table familiale. Malgré leurs cinq garçons à nourrir, les parents avaient, en effet, adopté une jeune cousine ; à ce groupe familial élargi à dix membres, venaient souvent s'ajouter une tante maternelle habitant non loin, ainsi qu'un nombre indéterminé de parents et d'amis ! Chacun, semble-t-il, savait qu'il serait accueilli comme le bienvenu, et c'est le père qui se chargeait alors de préparer un repas avec le peu dont il disposait, c'est-à-dire trois fois rien! Ambiance chaleureuse et gaie, compensant les adversités auxquelles se trouvaient confrontés ces immigrés. « Nous avions constamment faim. Et nous étions nombreux. Mais grâce au courage de mon père et de ma mère, la pauvreté ne nous a jamais plongés dans la dépression nerveuse ou dans la colère. Le souvenir de ces premières années de ma vie est assez vague, mais agréable, plein de la sonorité des chants et des rires, sillonné par un tas de gens que j'aimais (*Harpo et moi*).

Cette présentation de la famille MARX débute par l'évocation d'une famille qui se constitue autour d'un mythe organisateur. Le mythe des *Marx Brothers* est ainsi énoncé par Harpo : « Toute sa vie de femme, chaque minute de sa vie était consacrée à la réalisation de son Grand Projet. Minnie avait l'ambition de mener tout plan qu'elle avait conçu, avec suffisamment d'énergie pour nous emporter tous dans son sillage. Son Grand Projet était celui de faire monter son frère cadet et ses cinq garçons sur scène et les rendre célèbres.» (*Harpo et moi*).

Ainsi, cette femme d'action, au regard tendre et à la force de cheval se consacra entièrement à ses enfants, cherchant par tous les moyens à les propulser aussi haut que possible ; cependant, loin de les pousser à faire de longues études, elle les fait monter sur scène dès qu'ils sont en âge de pouvoir tenir un rôle. Aussi Julius a seulement onze ans lorsqu'il trouve une place de chanteur !

Toute la carrière des frères Marx repose donc sur cette croyance invincible de Minnie en ses enfants. Rien ne peut mettre sa foi en doute, pas même le fait que l'un ou l'autre tente de faire valoir son désir de devenir médecin, inventeur ou joueur professionnel. Enfants de la balle, ses enfants sont faits pour le spectacle, et rien ne peut ébranler cette conviction profondément enracinée. Minnie est intimement convaincue que ses fils réussiront sur scène, et ces drôles de garnements se voient portés par cette extraordinaire croyance maternelle.

Investis, chacun et en groupe, comme un seul objet libidinal, comme un phallus manquant, toute la fratrie se met à croire à son tour à sa propre existence, à sa bonne étoile, à l'amour sans conteste qui l'unit au parent porteur, assuré de la réussite de tous les membres du clan.

Par ailleurs, une des caractéristiques de ce clan familial tient aux associations multiples et variées entre les frères. Nous voyons tout d'abord Milton et Julius s'associer en se faisant appeler *les deux rossignols*, mais très vite ce groupe s'élargit et devient *trois rossignols*, *quatre rossignols*, *quatre mascottes*, et pourquoi pas *six mascottes*, puisque maman Marx et sa sœur Hanna n'hésitent pas à se joindre elles aussi au groupe !

Comment ne pas penser aux frères Jackson, dont Michael Jackson s'est détaché, mais qui a longtemps été connu sous le nom des *Jackson-Five*. L'entreprise qui voudrait différencier les frères entre eux serait assez vaine dans la mesure où tout a été mis en place pour gommer les différences. Si les perruques, moustaches et rôles sont là pour définir le look de tel ou tel, en fait, les Marx Brothers formaient la légendaire équipe de l'humour loufoque. « Comme devaient l'être les Beatles un quart de siècle plus tard, les Marx n'étaient pas très bons pris séparément, mais ensemble, ils étaient géniaux. » (K. Wlaschin, *Les stars du cinéma*).

Guy Maruani a lui aussi établi une comparaison entre les Marx Brothers et les Beatles, en soulignant que les deux groupes adoptent pour la scène une attitude opposée : « Les frères Marx sont des frères de sang, des enfants de la balle. Les quatre ou trois s'ingénient, à la scène, à se différencier le plus possible. Chacun a des caractères et même des tics qui ne sont qu'à lui, aucun scénario ne les présente comme frères. Au contraire, les Beatles, qui n'ont aucun lien de parenté, à leurs débuts dépensent toute leur énergie à renforcer leur identification réciproque : même coiffure, même costume, même accent. »

De fait, les enfants Marx sont tellement réunis comme un seul et même homme dans le rêve maternel, qu'ils compensent cette non-différenciation par une pseudo individuation sur la scène.

Si cela a pu leur causer certaines difficultés personnelles, il est indéniable par ailleurs, que ce spectacle d'une famille qui se donne à voir dans un jeu commun a quelque chose de fascinant. « La fratrie introduit la duplication (forme narcissique de la répétition) dans le domaine de l'illusion. » (G. Maruani, « Vrais et faux frères, un des ressorts du show-business », dans *Frères et sœurs*, p. 108)

Il est clair que l'apothéose mythologique des Marx Brothers s'est fondée sur la fabuleuse cohésion de ce groupe familial imposant au public l'image d'une famille qui se suffit à elle-même et prend plaisir à vivre cette complétude familiale. N'oublions pas que le fameux frère cadet de la mère, Al Shean, connut un grand succès comme chanteur et comédien, qu'il écrivit lui-même une pièce musicale sur mesure pour ses neveux, et qu'il était idéalisé par tous les membres de la famille en tant que représentant de la réussite. « L'idéalisation est un processus qui concerne l'objet et par lequel celui-ci est agrandi et exalté psychiquement sans que sa nature soit changée. » (Freud, *Pour introduire le narcissisme*).

Nous voyons ce processus à l'œuvre chez les créateurs qui s'identifient souvent à. l'objet idéalisé. Un ancêtre de la famille, ou toute autre personne extérieure au groupe familial, peuvent incarner cet objet idéalisé, ce qui donne lieu à une filiation spirituelle ou même à la constitution d'un « roman familial ». Tout créateur a son maître, auquel il se réfère comme marquant un moment clé de son existence. L'idéalisation peut aussi avoir pour objet la musique, l'écriture, la peinture, une discipline, un matériau ou un lieu fortement investis par le sujet.

Ici, c'est certainement une idéalisation du spectacle et de la scène qui galvanise chacun, dans le sillage de Minnie et des grands-parents maternels. Dans la passion de créer, comme dans la passion amoureuse, la dimension d'agrandissement s'exprime, en effet, par une certaine exaltation psychique, et s'attache autant à la vie pulsionnelle du sujet qu'à l'objet qui se trouve investi. Tout se trouve en quelque sorte magnifié pour les besoins de la cause, et sans l'objet de sa passion, le créateur se sent en manque. Nous pouvons dire que la découverte de cet objet idéalisé est de l'ordre d'une illumination qui rompt la continuité temporelle dans laquelle le sujet se trouvait jusque-là inscrit. Il y a désormais un avant et un après.

Par ailleurs, nous savons que cette idéalisation détermine la constitution des instances idéales telles que l'Idéal du moi, le Moi-idéal et, pouvons-nous ajouter, le Nous-idéal. Ainsi, chez les Marx, on idéalisait Al Shean, l'oncle maternel qui représentait celui qui avait réussi dans la voie ouverte par ses parents. Chanteur et comédien, il devenait le digne fils d'un saltimbanque et d'une harpiste, en donnant ses lettres de noblesse à la famille.

Les mots-clefs de cette famille pourraient donc bien être ceux-ci : « Enthousiasme », « Croyance », « Mensonge » et « Combine ».

Sans attacher de jugement moral à cette façon de se débrouiller pour vivre au mieux, nous pouvons reconnaître qu'il s'agit là d'un primat accordé à la vie, à la vitalité de l'enfance et au goût du jeu qui lui est associé. Dans cette famille, le bouillonnement d'imagination, de fantaisie mis au service de la vie quotidienne, tout comme l'effervescence créatrice, donnent un ton heureux.

Pourtant, l'enjouement de ces activités qui se situent entre le jeu et le rêve, suppose à la fois une ambiance chaleureuse et paisible, indispensable à la rêverie diffuse, et la stimulation active d'un groupe où chacun peut retrouver les plaisirs de l'enfance, de ce monde où le jeu est roi ! Ainsi Jean-Sébastien Bach était enchanté par le vacarme de sa maison où chacun faisait de la musique. Il a transposé dans la famille qu'il a constituée avec Anna-Magdalena, l'ambiance qui régnait dans sa propre famille d'origine où, là aussi, il fallait jouer, composer et chanter sans cesse.

Bricoleurs, les frères Marx et leurs parents l'étaient jusqu'au bout des ongles, ne craignant pas de démonter un piano pour en faire un xylophone, ou de fabriquer costumes, accessoires et décors de théâtre avec de vieux bouts de chiffons et quelques objets usuels. Leur pauvreté matérielle était donc compensée par beaucoup d'ingéniosité et par une dose de non-conformisme érigée en véritable mythe. Si pour un bricoleur, tout peut toujours servir, chez les Marx, tout servait à la réalisation du « Grand Projet », et les trouvailles de chacun se voyaient toujours bien accueillies.

Si, comme l'affirme J. Guillaumin, le rêve est un des moteurs de la création, nous avons une illustration directe de cette affirmation avec la façon dont maman Marx, et tous ses poussins à sa suite, ont mené à bout ce rêve fou mais payant, ce rêve grandiose, un rêve comme seuls osent en faire les enfants !

Chico, Harpo, Groucho, Gummo, Zeppo, autant de sobriquets plus drôles les uns que les autres, qui leur furent donnés au poker, cinq « *garnements sans foi ni loi, magiciens de l'absurde* et *géants du burlesque* », c'est ainsi qu'Yves Alion, qui leur a consacré un ouvrage se plait à les nommer.

Avec les Marx, c'est dans un véritable tourbillon que nous sommes pris : tempête d'idées, de trouvailles, une ronde infernale d'amis, de famille, où bien malin est celui qui se reconnaît dans cette valse de prénoms, surnoms, petits métiers de toutes sortes. Si les maîtres mots de ce groupe familial sont la combine, le mensonge, l'enthousiasme et la croyance, comment cela ne donnent-t-ils pas lieu à de la psychopathie ambiante ? On y applique la loi du jour, et on tourne en dérision les principes bien établis. Ici, pas d'angoisse, pas de tendances dépressives comme chez d'autres, mais une excitation qui touche plutôt à la manie.

Sans passer en revue les singularités propres à chacune des familles de créateurs que nous avons étudiées, notons que d'une façon générale, nous n'avons pas affaire à un mode de vie bourgeois, stable et enraciné depuis des millénaires dans des traditions immuables. Si toutes les familles de créateurs ne sont pas marquées, et heureusement, par une certaine forme d'échec social au sens où nous l'entendons habituellement, il reste que la plupart se démarquent des valeurs traditionnelles et adoptent plus ou moins clairement des aspects anti-sociaux donnant prise aux critiques de ceux qui se veulent partisans d'une morale bien-pensante.

« Parti de rien je ne suis arrivé à rien » dit Groucho. Un humour qui tire un trait sur l'ambition et nous renvoie droit au but : sa mère, dont l'ambition n'a eu de cesse que de se voir comblée par la réussite du groupe familial tout entier.

Les Marx Brothers ont fait rire des générations de spectateurs sensibles à leur sens du comique et du ridicule. Cela n'a rien d'étonnant dans la mesure où la créativité elle-même s'appuie sur l'effet de surprise, et le refus de succomber au déjà-là. André Haynal franchit un pas de plus, lorsqu'il affirme que « la créativité, ses images prototypiques de paternité et de maternité, se présentent comme des actes divins, création de mondes, mouvements capables de prodiguer une nouvelle existence : la notion d'« origine-alité », fait partie de toute approche phénoménologique de ce concept. » (A. Haynal, *Elan créateur et fugitivité*).

Avec cette référence aux images de paternité et maternité, nous abordons les rivages de l'originaire. « L'originaire donne naissance à l'original », dit André Green, et avec lui, il nous semble effectivement que tout créateur se situe à un point de rupture. Tout artiste, tout inventeur se situe forcément à l'origine de son œuvre. Il doit certainement une part importante de son inspiration aux autres, à ses prédécesseurs, à sa famille, à ses amis, mais quelle que soit la force de cette appartenance et de cette dette, le créateur qui fait œuvre nouvelle, marque une origine, une nouvelle période.

« L'extrême nouveauté s'effectue par un retour aussi complet que possible vers l'originaire ou le fantasme des origines » (A. Green, *La réserve de l'incréable*). Est-ce à dire que les familles de créateurs ne tiennent pas compte de la tradition qui les a précédées, de cette filiation dont nous avons déjà noté l'importance à différents plans, et notamment en ce qui concerne le sentiment d'appartenance au groupe, au clan, à la race ? Certes non ! Mais il s'agit là de ce que nous pourrions appeler une originalité groupale.

Dans les familles de créateurs, il semble moins important de se différencier à l'intérieur même du groupe familial, que de se démarquer en tant que famille, face au monde extérieur et par rapport à ce qui s'est déjà fait. En cela, l'apport de la tradition familiale, quand elle existe, n'est aucunement gênant, bien au contraire !

Ce patrimoine d'inventivité familiale va servir de matrice où vont se générer d'autres créations ; ainsi en est-il pour la famille Marx.

3.1.5. La famille Perrault

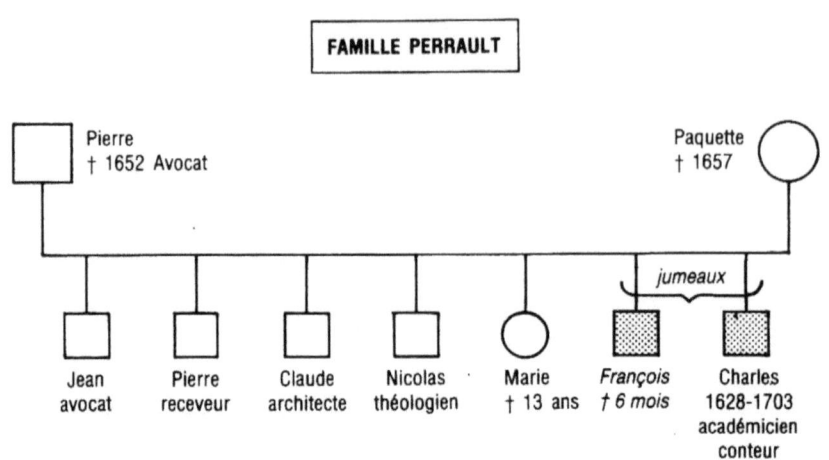

Il était une fois... les Perrault

Qui ne connait Charles Perrault, le célèbre conteur qui enchanta notre enfance de rêveries extraordinaires grâce à une fée-marraine arrivant à point nommé, un Prince charmant venu réveiller la Belle-au-Bois-dormant de sa longue torpeur, ou ce drôle de petit chaperon rouge batifolant après les papillons. Nous savons moins, peut-être, que c'est à soixante-neuf ans que ce contrôleur des bâtiments du roi s'avisa d'écrire des contes de fées, retrouvant par-là les plaisirs d'écriture auxquels il s'adonnait à l'adolescence, dans une création poétique à plusieurs : ami et frères.

Comme l'indique le génogramme de la famille Perrault, Charles est le dernier enfant d'une fratrie de sept, dont une fille, Marie, décédée à 13 ans, et son frère jumeau, François, décédé à six mois.

Si je présente la famille Perrault dans le cadre de cette recherche sur les familles de créateurs, c'est qu'elle correspond d'une part aux critères de reconnaissance sociale de la création (Charles, par ses contes, et Claude, par la célèbre colonnade du Louvre et autres travaux d'architecture), d'autre part en raison de l'esprit propre aux Perrault, qui

Les ressources créatives des familles d'artistes

a inspiré à Boileau cette allusion à la « bizarrerie de la famille Perrault », et qui se caractérise par une profonde croyance des uns et des autres en leur capacité de faire du neuf.

A. Hallays présente ainsi cette famille : « Tous ces Perrault montrèrent dans leurs idées comme dans la conduite de leur vie, quelque chose d'irrégulier, de paradoxal qui devait exaspérer Boileau. D'abord, ils étaient tourmentés d'une passion de la nouveauté poussée jusqu'à la manie. Bien avant que n'éclatât la grande querelle des Anciens et des Modernes, déchaînée par Charles Perrault, Pierre, Claude et Nicolas avaient déjà traité avec la dernière irrévérence les auteurs de l'Antiquité. Autre singularité commune à toute la famille, chacun des Perrault, doué d'aptitudes diverses, se consacra soit successivement, soit en même temps, aux tâches les plus variées. »

- Pierre Perrault s'occupa de finances, d'hydrologie et de littérature. Il avait le goût des opinions nouvelles et entreprit de prouver que les grandes rivières font les petits ruisseaux. C'est ainsi qu'il composa un petit livre sur l'origine des fontaines.

- Claude Perrault fut médecin, physicien, naturaliste, architecte, latiniste, archéologue et rimeur à l'occasion !

- Nicolas Perrault fit ses débuts comme poète burlesque, en parodiant le VIème livre de l'Enéide. Mais en dehors de la parodie, Nicolas se passionnait pour la mécanique et les mathématiques, et finit par devenir un éminent théologien !

- Charles Perrault, enfin, eut une carrière de fonctionnaire irréprochable et de parfait académicien, pour s'adonner ensuite à l'écriture des célèbres contes.

Mais qui donc est à l'origine de cette fratrie ?

La famille des Perrault serait originaire de Touraine, de souche bourgeoise. Le père, Pierre, était avocat au Parlement de Paris. Cet homme qui haïssait les superstitions, tenait à communiquer à ses enfants ses propres sentiments religieux et à « leur ouvrir l'esprit aux plus belles connaissances. » Fidèle au Jansénisme, Pierre Perrault faisait partager sa foi à toute sa famille.

La mère, Paquette Leclerc, elle aussi de milieu bourgeois, est originaire d'Ile-de-France. Nous apprenons par Charles Perrault, comment l'un et l'autre ont contribué aux études de leurs enfants : « Ma mère se donna la peine de m'apprendre à lire, ainsi qu'à tous mes frères, sans que pas un de nous y ait jamais eu le fouet. Mon père prenait la peine de me faire répéter mes leçons les soirs après soupé, et m'obligeait de lui dire en latin la substance de ces leçons » (Charles Perrault, *Mémoires de la vie*).

Cette disposition d'esprit à accorder foi à un principe supérieur, oriente les discussions familiales et contribue sans nul doute à recentrer autour d'une conviction opérante les énergies éparses. Si la création, comme la religion sont une des formes que prend l'activité sublimatoire, nous ne sommes guère étonnés de voir avec quelle fréquence cela se conjugue dans les familles de créateurs.

Au collège, Charles aime déjà argumenter, se montrant le digne fils d'un père avocat ! Or, au cours d'une altercation qu'il a avec un de ses maîtres, Charles quitte immédiatement le collège, suivi d'un de ses camarades, Beaurain. Nous voyons par ce trait l'aspect très indépendant de ce jeune adolescent qui, à partir de cette décision impulsive, va travailler pendant trois ans avec son camarade. C'est à cette période que les deux jeunes gens entreprennent de parodier le VIème livre de l'Enéïde. « Nicolas offre alors sa collaboration, Pierre, puis Claude le médecin, veulent être de la partie. L'ouvrage terminé, Charles le recopie de sa plus belle écriture, et Claude illustre le manuscrit de deux dessins à l'encre de Chine... Si ces gamineries élaborées en famille avaient été un simple amusement, il serait superflu de s'y arrêter. Mais les Perrault récidivèrent. » (A. Hallays, *Les Perrault*).

Nous percevons là, combien cette collaboration fraternelle rend compte à la fois de leurs affinités d'esprit et de leur profonde union. C'est très souvent, en effet, que les uns et les autres s'entraident en mettant en commun leurs idées et leurs talents respectifs. Par ailleurs, il est notoire de voir à quel point les Perrault sont toujours prêts à la polémique et à l'argumentation. Aucun des frères ne se fige dans la routine de sa profession, et cette liberté d'humeur est bien un trait commun à tous, et qui se révèle dès le jeune âge !

Comme bien d'autres familles de créateurs, la famille Perrault se démarque par cette originalité qui favorise chez chacun de ses membres une certaine errance hors des sentiers battus. Au gré de leur fantaisie et de leur imagination, ils s'exercent à différentes disciplines, amateurs passionnés par ce à quoi ils touchent. Ne retrouvons-nous pas là ce sens du « bricolage » qui prend cette fois une forme différente, puisqu'il ne s'agit pas spécialement de fabriquer des objets en tant que tels, mais de « bricoler » entre eux projets, idées et talents, avec autant de curiosité d'esprit et d'ingéniosité que le bricoleur en met à réaliser quelque chose de nouveau.

Chez les Perrault, le non-conformisme est donc prôné comme valeur spécifique, comme orientation de vie. Cette famille atteste que la ligne de partage entre les familles de créateurs et les autres ne passe pas par une différence de condition socio-économique, ou culturelle, ni par l'opposition entre ce qui relève de la pathologie ou d'une organisation symptomatique. Les familles de créateurs ne sont ni plus, ni moins « malades » que les autres familles ! Cette ligne de partage passe avant tout par ce qui est traditionnel, répétitif, voire parfois stérile. Ce qui ne l'est pas, ce qui se situe hors du connu, et souvent aussi hors normes...

Nous avons observé comment, dans la famille Perrault, chacun se montre épris d'une véritable passion de la nouveauté, au point que cette originalité et cette indépendance d'esprit leur furent souvent reprochées par certains de leurs contemporains.

Mais regardons de plus près ce qu'il en est de l'évolution de Charles Perrault lui-même, en tant que survivant à François, son frère jumeau. Marc Soriano a particulièrement bien étudié cette question de la gémellité de Charles, et il déduit de certaines expressions répétées une signifiance non négligeable : *Ma mère se donna la peine de m'apprendre à lire... Mon père prenait la peine de me faire répéter...*

Cette période de son enfance apparaît à Charles sous la forme d'une peine, d'un poids qu'il a infligé à ses parents. Il se trouve dans la situation du jumeau qui a perdu son bien le plus précieux et que l'on oblige pourtant à travailler. L'entrée au collège permet au jeune garçon de rattraper son retard et de faire éclore ses dons. Comment ce rétablissement a-t-il été possible ? Au collège, un de ses condisciples a vraisemblablement joué le rôle de jumeau effectif, ce qui lui a permis de retrouver une position gémellaire comportant en même temps amour fraternel et compétition pour la dominance.

Ainsi, Beaurain devient l'ami qui permet à Charles de retrouver cette complicité gémellaire, cette fraternité faite de connivence et d'affection chaleureuse qui lui sont indispensables pour aboutir à un véritable épanouissement. Nous pensons alors au rôle catalyseur que tient un ami préférentiel pour tout créateur, cet ami qui entre en résonance avec ce qu'il y a de plus profond, de plus inconscient chez l'autre, et qui permet ainsi la révélation de talents cachés.

« Les succès scolaires du jeune garçon, d'autant plus remarqués qu'ils sont inattendus, réagissent à leur tour sur le milieu familial. Les parents Perrault ont tendance à juger Charles à travers l'image de François, mais ils découvrent peu à peu Charles et commencent à l'apprécier. Quelques années après, nous retrouvons Charles apparemment bien intégré au milieu familial : il y reçoit ses amis, partage les sympathies jansénistes de ses frères et les fait collaborer à ses parodies. » (M. Soriano)

Par ailleurs, nous retrouvons chez les Perrault, cette ardeur à défendre l'identité, l'honneur de la famille, lorsque celle-ci se trouve attaquée. Ainsi, aux critiques de Boileau, Charles riposte avec véhémence : « Ma famille est irréprochable et elle l'est à un point que je lui ferais du tort si je me donnais la peine de la justifier de votre calomnie. » (Lettre à Monsieur D.) Il est clair que, comme toute famille, celle-ci présente des aspects critiquables. Si l'enfant pense que sa mère est intouchable, de même, dans les familles de créateurs où le sentiment d'appartenance est très affirmé, les membres ne supportent

Les ressources créatives des familles d'artistes

aucune atteinte à ce qui a représenté pour eux un creuset propice à leur création. Ce cadre familial reste sacré, comme en témoignent les réactions des uns et des autres.

Poussant plus loin encore son analyse de la gémellité de Charles Perrault, M. Soriano interprète la « rencontre » entre Charles et son dernier fils, Pierre-Darmancour, comme un prolongement de cette union primitive avec son jumeau François: « Perrault découvre soudain que son fils a du talent et décide de collaborer avec lui. L'œuvre respire le bonheur retrouvé. Apparemment, pour un temps très court, quelques années ou quelques mois, Perrault a pris son fils pour jumeau, il vit et crée par lui à travers sa jeunesse. » Et, de fait, les *Contes de Perrault* furent primitivement publiés sous le nom de Perrault d'Armancour.

Après toutes ces observations, est-il encore utile d'épiloguer sur les caractéristiques propres à la famille Perrault ? Elle rassemble de façon exemplaire la plupart des traits que nous évoquions dans nos hypothèses sur le fonctionnement des familles de créateurs : importance du cadre familial comme espace transitionnel, perception aigüe de l'identité familiale et du mythe qui s'y rattache, complicité qui rapproche intimement les différents membres, goût du bricolage, et force de la croyance de chacun et du groupe en tant que tel.

Toutefois nous nous priverions d'une source d'analyse précieuse, si nous n'allions poursuivre notre recherche du côté des œuvres des membres de la famille Perrault. Toutes, en effet, semblent puiser à un fonds commun, qui est en quelque sorte le patrimoine réel et fantasmatique du groupe familial. En écrivant les contes, le dernier des Perrault nous livre des clés importantes pour la recherche qui nous occupe.

Dans son étude sur ces contes, Marc Soriano fait ressortir certaines constantes qui se retrouvent dans tous les contes : l'idée de revanche, les dangers de l'amour, la gémellité, l'indignité des parents et l'insécurité des enfants face à des adultes peu fiables. Cette étude s'attache essentiellement à décoder à travers les contes, « l'équation personnelle » de Charles Perrault. Cependant, toutes ces observations évoquent aussi la représentation que Charles Perrault se faisait de la famille, soit qu'il en tire d'acerbes critiques, soit qu'il tente de renforcer certaines images, essentielles à son goût.

Essayons, en poussant encore plus loin cette réflexion amorcée par Soriano, de repérer quelle dynamique familiale se dégage de tous ces contes, et plus particulièrement, de quoi parle le conte intitulé *La Belle au Bois Dormant* ? Plus que tout autre, en effet, ce conte met en scène les ruptures de générations, et tout ce qui se rapporte à l'absent dans une famille.

Le postulat qui préside à cette étude des contes, en rapport à la dynamique de la famille Perrault, est le suivant : bien que l'auteur n'ait pas inventé de toutes pièces ces histoires, son choix et les adaptations personnelles qu'il en a faites traduisent non seulement la résonance que ces contes avaient en lui, mais aussi la façon dont certaines connotations familiales se trouvent en prise directe sur des processus à l'œuvre dans sa propre famille. Ainsi, le conte de *La Belle au Bois Dormant* nous présente d'emblée la naissance d'une famille. Il y est question d'un couple royal extrêmement fâché de ne pas avoir d'enfants (premier symptôme), et qui finalement se réjouit de la naissance d'une petite princesse. Cette fille, véritable enfant-roi, doit être pourvue de toutes les perfections, afin que rien ne lui manque ! C'est ainsi qu'elle a pour marraines toutes les fées du pays, qui sont au nombre de sept.

Pourquoi sept ? Chiffre parfait, s'il en est, selon plusieurs traditions, mais nous pouvons aussi penser que pour l'auteur, ce chiffre correspond exactement au nombre d'enfants de sa propre fratrie. Si l'on remarque que dans *Le Petit Poucet*, il y a aussi sept garçons, le fait semble, en effet, se confirmer. Cependant, les choses ne sont pas aussi claires, car dans ce dernier conte, il est dit ceci: « Il était une fois un bûcheron et une bûcheronne qui avaient sept enfants, tous garçons ; l'aîné n'avait que dix ans, et le plus jeune n'en avait que sept. On s'étonnera que le bûcheron ait eu tant d'enfants en si peu de temps ; mais c'est que sa femme allait vite en besogne, et n'en faisait pas moins de deux à la fois. » Le calcul est vite fait ! Il y a donc eu quatre naissance de jumeaux, ce qui fait huit enfants et non pas sept... Nous trouvons en filigrane la référence à la mort d'un jumeau, comme ce fut le cas chez les Perrault.

Or n'est-ce pas à la place de ce huitième jumeau, que se trouve la huitième fée de la *Belle au Bois Dormant* ? « On vit entrer une vieille fée, qu'on n'avait point priée, parce qu'il y avait plus de cinquante ans qu'elle n'était point sortie d'une tour, et qu'on la croyait morte ou enchantée. » Nous **assistons là au retour d'un fantôme**, à la présence d'un absent, à la résurgence de ce que l'on croyait profondément enseveli et qui, faute de se sentir convoqué au même titre que tout le monde, faute d'avoir droit aux mêmes égards, va se venger contre ceux dont la mémoire est si courte...

Toutefois, ce mort qui vient hanter la famille et qui trouble les vivants, est une vieille fée. Il me semble y avoir là une condensation de plusieurs morts, et sur plusieurs générations. Non seulement, Charles Perrault fait référence à son jumeau mort à six mois, à sa sœur Marie, seule fille de la fratrie, morte à treize ans, mais certainement aussi à des morts qui ont marqué la vie de ses parents aux générations précédentes, et dont le deuil n'a pu être suffisamment élaboré. C'est ainsi, selon la théorisation de Nicolas Abraham, que se creuse **une crypte au sein du Moi**, « crypte qui témoigne de l'existence d'un mort enterré dans l'autre » (*L'écorce et le noyau*).

Cette crypte apparaît symboliquement dans le conte, sous la forme de ce lieu clos inaccessible, où la jeune princesse se trouve endormie pour cent ans ! Perrault note bien que « le roi et la reine, après avoir baisé leur chère enfant sans qu'elle s'éveillât, sortirent du château et firent publier des défenses à qui que ce fût d'en approcher. Ces défenses n'étaient pas nécessaires, car il crût, en un quart d'heure, tout autour du parc, une si grande quantité d'arbres, de ronces et d'épines entrelacées les unes dans les autres, que bête ni homme n'y auraient pu passer. »

Tous les enfants Perrault, curieux et avides de savoir, assez tourmentés, n'eurent sans doute pas besoin que leurs parents leur défendent explicitement d'aller explorer ces régions obscures de l'histoire familiale, car dans cette famille comme dans beaucoup d'autres, **les cryptes impénétrables se font sentir par toutes sortes de symptômes.** Ces nombreuses querelles de paternité qui jalonnent la vie littéraire de Charles Perrault, sont les symptômes apparents d'un doute à ce niveau, et qui renvoie certainement à quelque chose de non élucidé aux générations précédentes. De même, dans la célèbre querelle des Anciens et des Modernes, où les Perrault attaquèrent de façon virulente les Anciens, nous pouvons discerner quelque compte à régler avec des représentants de leur propre passé familial.

Aussi, lorsque Bettelheim (*Psychanalyse des contes de fées*), suggère que ce long sommeil de la princesse symbolise la léthargie de l'adolescence avant la mise en œuvre de la sexualité, il n'aborde, me semble-t-il, qu'un cas de figure. Ces « cent ans de sommeil » évoquent aussi l'éternité, le non-temps, et nous renvoient alors à un blanc, un vide (passage à vide, décompensation psychotique de certains adolescents), avec un retour obligé vers le sommeil, une certaine forme de mort. Mais je dirais aussi que ces cent ans correspondent à une rupture de générations.

Il n'est donc pas anodin d'apprendre que la bonne fée endort de sa baguette tout l'entourage de la princesse « hors le roi et la reine » ! Pourquoi cette exception pour les parents, alors même que ceux-ci avaient tant attendu la naissance de cette fille, et qu'ils savent bien que cette dernière ne se réveillera que dans cent ans, c'est-à-dire longtemps après leur propre mort ? Nous sommes bien au cœur de processus familiaux complexes : un enfant si investi ne peut survivre que s'il y a mise à mort. Mort des parents, mort de leur désir si fort qu'il en devient mortifère, ou comme c'est parfois le cas, mort de l'enfant surinvesti par ses parents.

Cent ans après, un prince d'une autre famille interroge les gens de son entourage sur ces mystérieuses tours au-dessus d'une épaisse forêt. « Chacun lui répondit selon qu'il en avait ouï parler... Le prince ne savait qu'en croire. » Nous voilà questionnés par le problème des transmissions orales et des transmissions psychiques. Que sait-on explicitement et que sait-on au niveau inconscient, sans le savoir ? Peut-on se fier à ce qui se colporte de génération en génération, et à quels signes reconnaîtra-t-on la vérité de l'information ?

Dans le conte, les signes ne se font pas attendre et sont d'ordre corporel. « Le jeune prince, à ce discours, se sentit tout de feu ; il crut, sans balancer, qu'il mettrait fin à une si belle aventure. »

Lorsque le prince ouvrit la crypte, « c'était un silence affreux : l'image de la mort s'y présentait partout ; ce n'était que des corps étendus d'hommes et d'animaux qui paraissaient morts. »

Confirmation, s'il en était besoin, de cette assimilation entre le sommeil et la mort, entre le réveil et l'ouverture d'un tombeau collectif. Tout change alors brusquement. Non seulement le réel reprend ses droits sur les fantasmes mortifères : « chacun songeait à faire sa charge », mais les anciens symptômes deviennent caduques.

Contrairement à Bruno Bettelheim qui pense que Perrault « dévalue considérablement son œuvre en mélangeant la rationalité terre à terre de ces remarques et l'imagination propre aux contes de fées », ces détails nous paraissent signifiants et dignes d'intérêt !

Ainsi Charles Perrault qui s'était toujours élevé avec virulence contre les Anciens, se plaît à introduire dans le conte des remarques étonnantes, faisant l'apologie des goûts, de la mode et des œuvres des générations antérieures : « Il se garda bien de lui dire qu'elle était habillée comme ma mère-grand, et qu'elle avait un collet monté ; elle n'en était pas moins belle... Les violons et les hautbois jouèrent de vieilles pièces mais excellentes, quoiqu'il y eût près de cent ans qu'on ne les jouât plus. »

De la même manière, Bettelheim ne comprend pas les mobiles qui amènent Perrault à faire que le prince tienne secret son mariage avec la Belle au Bois Dormant jusqu'à la mort de son père. Or précisément, dans la crypte il y a toujours une « scène à taire », et ce secret auquel l'enfant n'a pas accès, se traduit par la nécessité inconsciente de rejouer, à la génération suivante, cette scène cachée. Ainsi, c'est le prince qui, dans ce conte, vit ce que Nicolas Abraham appelle une « identification endocryptique ». Lui-même, pris dans la problématique inconsciente de la princesse et son histoire familiale, se voit dans l'obligation de tenir secrète son union et sa filiation. Qui plus est, on assiste à une répétition de ce scénario secret, dans la mesure où, pour empêcher la mère du prince (devenu roi) de dévorer sa bru et ses deux petits-enfants, c'est le maître d'hôtel qui les cache chez lui !

Le conte se termine sur une revanche éclatante. Au début de l'histoire, la jeune fée avait décidé d'être la dernière à parler, afin de réparer le maléfice que la vieille ferait, mais sa réparation n'est que partielle. « Il est vrai que je n'ai pas assez de puissance pour défaire entièrement ce que mon ancienne a fait. » Charles Perrault qui, en tant que dernier enfant de la famille, s'identifie certainement à cette jeune fée, avoue là à la fois son désir de réparation, et son impuissance à tout remettre en ordre dans la famille. À la fin de l'histoire, c'est la mère-ogresse, l'archétype de la mère créatrice et mortifère, qui se précipite elle-même dans la grande cuve remplie de serpents et de crapauds qu'elle avait fait préparer pour sa bru et ses petits-enfants !

De la sorte, ce n'est ni une fée, ni un petit poucet, qui auront raison de toutes ces choses horribles qui habitent les parents monstrueux. Eux-mêmes périssent de leurs propres pulsions. Ce réservoir pulsionnel dangereux où des fantasmes sexuels et archaïques menacent les générations suivantes, va s'offrir en tombeau ultime pour qui trahit la confiance des siens.

Il est regrettable que nous n'ayons pas de plus amples renseignements sur la généalogie et l'histoire familiale de la famille Perrault, car beaucoup de questions s'ouvrent à nous à partir de ces quelques remarques. Qu'ont pu transmettre les parents et les grands-parents sur leur propre histoire, et à quels avatars toutes ces transmissions renvoient-elles ?

Quoiqu'il en soit, il est assez éclairant de voir comment Charles Perrault et, avec lui, chacun de ses frères, ont pu reprendre à leur compte cette histoire familiale en écrivant ou en mettant en œuvre leur propre « roman familial ».

C'est peut-être avant tout grâce à cette capacité de transformation d'éléments bruts, que les uns et les autres ont pu exprimer leurs talents et se trouver un peu moins prisonniers de symptômes irréductibles.

3.2. Les familles d'artistes contemporains

3.2.1. La famille Bonnec

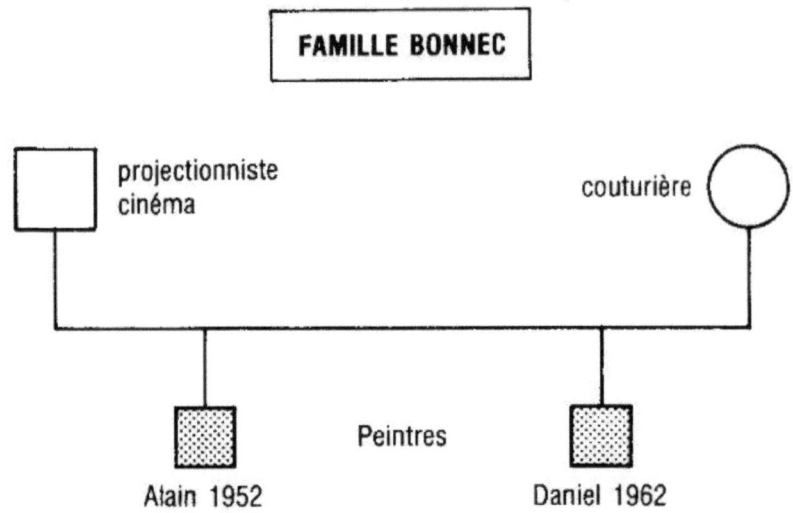

Maman, les p'tits bateaux...

Regardons vivre une famille qui ne se caractérise pas par une vie hors du commun, où l'ascendance généalogique et le patrimoine familial seraient considérés comme une pépinière d'où germeraient nécessairement de futurs créateurs !

À ce titre, cette famille marquée par une vie simple, sans relief véritable, nous permet une analyse des processus qui ne se réfèrent pas aux circonstances de vie particulières de familles telles que celles des Brontë, des Marx ou des Claudel par exemple. Pour autant, les processus créateurs n'en sont pas moins à l'œuvre !

Alain et Daniel Bonnec sont deux frères, connus en peinture sous le nom des « frères Bonnec ».

Respectivement âgés de trente-six et vingt-six ans, ce sont les deux seuls enfants d'un couple dont le père est projectionniste de cinéma, et la mère couturière à domicile. La célébrité des Frères Bonnec se fait jour par des expositions en France et à l'étranger. Il y a quelques années, Jacques Chancel les a découverts en leur confiant les décors de son « Grand Echiquier » consacré aux sœurs Labèque - une belle idée, que celle d'associer la musique de deux sœurs à la peinture de deux frères ! Michel Drucker, à son tour, les présentait à « Champs Elysées », avec le mime Marceau.

(*Le triomphe de Charlot* et *Amadeus*, des Frères Bonnec)

Je les rencontre au café de Flore, où ils me font découvrir certaines de leurs œuvres : peintures, gravures, lithographies et médailles réalisées pour la Monnaie de Paris.

D'emblée, la fraîcheur et la luminosité de leurs créations me frappent ; une technique sérieuse au service d'une sensibilité où passent sentiments, charme et émotion, un optimisme qui se lit dans des yeux rieurs, mais jamais cyniques ou désabusés.

Ainsi, cette lithographie où deux chouettes en tandem, la lune sur le porte-bagages, roulent sur le chemin des rêves... Ou encore ce jardinier qui taille un arc de triomphe dans un arbuste épais... Ou comment construire les villes à la campagne !

Une véritable « mythologie Bonnec » apparaît sous nos yeux, un monde où humour et poésie se combinent harmonieusement pour laisser libre cours à notre imagination. Des clins d'œil auxquels chacun est sensible, s'il a gardé, selon le mot de Francis Blanche, « le coquillage bleu du fond de mon enfance ». Pierre Dehaye, membre de l'Institut Académie des Beaux-Arts, parle aux frères Bonnec en ces termes : « Comme le meilleur humour est inspiré par l'amour, il n'est pas étonnant que vos créations cocasses rayonnent de tendre poésie. »

Dans cette civilisation qui sera plus que jamais une civilisation de l'image, ces deux frères sont poussés par l'envie et le bonheur de partager leurs peintures avec le plus grand nombre. En se présentant intimement liés, ils se montrent confiants dans l'aventure qui est la leur car comme disait Derain : « L'artiste est assis sur un rocher, il fait corps avec, il n'est de vagues qui puissent l'atteindre ! »

Si l'on veut parler de « croyance » à propos des créateurs et des familles de créateurs, c'est bien de cela dont il s'agit là : Alain et Daniel Bonnec croient en ce qu'ils font, ils voient grand, tout comme leurs parents ont toujours cru en leurs fils et les ont constamment encouragés à être les meilleurs en tout. Daniel se souvient que lorsqu'il annonçait à sa mère qu'il était second en classe, sa mère lui disait : « Non! c'est premier qu'il faut être. »

Mais regardons plus attentivement le milieu d'origine de ces peintres, l'ambiance familiale qui était la leur au cours de leur enfance, et comment a pu naître chez eux cette conviction que toute leur vie s'orienterait autour de la création et des images.

Issus d'une famille modeste, Alain et Daniel ont toujours baigné dans le monde du cinéma ; ils avaient en effet l'opportunité de voir de nombreux films grâce à leur père dont le métier consistait à projeter des films en salle. « Ce que nous faisons et le cinéma, c'est quasiment le même métier : d'abord l'image, et si nous avions les moyens de faire du cinéma, nous en ferions. Chaque peinture est une séquence de film. »

Toutefois, ce goût pour les images n'est pas uniquement corrélé à leur père; eux-mêmes se plaisent aussi à évoquer certaines figures familiales qui se sont distinguées dans la création: un des cousins de leur père s'était vu confier la décoration du paquebot *France*, et cela a eu une certaine influence dans la mesure où on parlait beaucoup de ce cousin dans la famille.

Par ailleurs, un grand-oncle, frère dans un ordre religieux, était organiste et faisait sensation dans la famille car il fabriquait des décors de théâtre pour les frères. J'entendrai parler de ce grand-oncle comme d'un personnage pittoresque, petit, avec de grandes oreilles, et qui était certainement le plus lettré, celui qui avait l'esprit le plus fin et qui avait beaucoup voyagé ! Comme Victor Hugo, il s'était exilé à Guernesey au moment de la séparation de l'Eglise et de l'Etat.

Il sera alors question de leur grand-père paternel qui avait lui aussi fait plusieurs fois le tour du monde, était devenu petit armateur pour finir par se perdre en mer ; ou encore de leur grand-père maternel, maréchal-ferrant et forgeron, métier où l'on retrouve ce goût pour l'artisanat et le travail bien fait. Nous voyons comment les uns et les autres restent des figures de proue pour Alain et Daniel, qu'ils les aient connus directement, ou que leur histoire transmise au fil des générations se transforme en légende dont les deux frères Bonnec retiennent essentiellement l'orientation aventurière.

Une idée de la vie qui correspond bien à la réponse que fit un jour Woody Allen à son psychanalyste qui lui demandait :

- Voulez-vous du thé ?

- Ce n'est pas de thé dont j'ai besoin, c'est de rêve, de rire et de risque !

Les frères Bonnec aussi s'affirment avec humour dans leur art.

- Nous tenons à notre indépendance, à notre liberté de création, en étant les plus disponibles et les plus mobiles possible à travers le monde. Chaque exposition est toujours le départ d'une nouvelle aventure.

Cette aventure, c'est déjà celle qu'Alain connaissait, lorsque tout petit, il démontait systématiquement ses jouets ou que, « élevé dans les chiffons » par une mère couturière, il a joué pendant dix ans sous la table avec trois fois rien : des bouts de carton et des chiffons de toutes couleurs, des boites et des bobines, et ainsi que le lui avait montré son grand-oncle, il s'ingéniait à faire des séries de bateaux en papier qu'il mettait bout à bout ! Daniel reprend à son compte ce que me dit son frère à propos des vieux réveils que le père mettait à sa disposition pour qu'il les démonte, en invoquant la dimension imaginaire présente dans tout cela.

Constamment, les deux frères semblent se répondre mutuellement. L'un vient compléter, en le confirmant, ce que l'autre est en train d'exprimer, et il est un fait qu'au cours de ce long entretien que nous avons eu à la terrasse du café de Flore, j'ai pu remarquer que leur communication s'établissait sur un mode complémentaire, ressemblant en cela à leur peinture où il apparaît difficile de différencier ce qui revient à Alain ou ce qui est réalisé par Daniel !

On peut toutefois noter un humour plus large chez l'un, laissant place, chez l'autre, à une poésie plus contemplative. Interrogés à ce sujet, ils ne se posent même pas la question, car ils ont souvent les mêmes idées, les mêmes réactions par rapport à une situation donnée, et ils n'hésitent pas à parler de « complicité » dans l'humour ! Pourtant, il s'agit bien d'osmose progressive, où tous deux se sont nourris, au fil des années, des idées de l'un et de l'autre pour rapprocher leur expression, et finalement imposer cette image des frères Bonnec !

Lorsque le frère aîné, Alain, était étudiant aux Beaux-Arts, Daniel n'avait que dix ans. Mais déjà Alain lui confiait de grandes plaques de cuivre sur lesquelles il gravait ce qu'il voulait. De même, Alain donnait à son frère les papiers les plus beaux : du chiffon d'Arches, pour qu'il s'exerce à peindre comme il en avait envie ! On le voit, cette fraternité et le désir d'associer l'autre à ses activités ont toujours été très actifs dans la famille Bonnec. Ne pas craindre de gâcher du matériel de qualité, alors qu'ils vivent modestement, c'est là encore, accorder toute sa confiance à l'autre et croire que rien n'est trop beau pour exprimer ce qui est en soi.

C'est dans cet esprit aussi, que leurs parents qui habitaient en appartement ont pu accepter qu'Alain transforme sa chambre en un véritable atelier de gravure ! Non seulement, Alain y avait introduit une presse récupérée aux Beaux-Arts, mais il imposait à sa mère un assortiment de tubes, pinceaux, brosses, crayons et papiers qui ne permettait plus de garder à la chambre son aspect premier !

Dans tous ces petits détails de la vie quotidienne, nous percevons comment l'ensemble de la famille a pu contribuer à la mise en œuvre des talents des deux frères, et comment s'est consolidée au fil des années leur complicité. Il n'est qu'à regarder le sigle qu'eux-mêmes ont composé et qu'ils apposent sur leurs gravures : il s'agit d'un kangourou entouré par l'inscription suivante: *Frères Bonnec*.

- Pourquoi un kangourou ?

- C'est un animal qui court vite, qui fait des bonds et surtout... il y en a toujours deux, un dans la poche de l'autre !

C'est une métaphore analogue qu'avait utilisé Jean-Louis Barrault pour évoquer le lien intime qui s'était créé entre lui et Madeleine Renaud, « dans la poche l'un de l'autre ».

Il s'agit là bien sûr, d'une référence au lien amoureux, mais le petit kangourou est aussi dans la poche de sa maman. Ce lien étroit qui unit les deux frères Bonnec n'a-t-il pas quelque chose à voir avec tout cela ? Si nous repensons aux réactions habituelles devant les relations symbiotiques, nous ne pouvons que soupçonner cette famille d'avoir quelques difficultés à bien gérer les séparations... C'est possible, après tout, mais il s'agit moins de chercher un modèle familial normatif, que de repérer comment ce qui se vit dans cette famille contribue à en faire quelque chose de vivant.

Du reste, cette proximité, si elle se manifeste entre Alain et Daniel de façon évidente, s'étend certainement à tout le groupe familial. En effet, tous deux présentent leur famille comme un groupe solidaire et qui n'est pas près de se séparer, puisqu'ils ont acheté en commun une maison où ils vivent ensemble et dont l'intérieur est à l'image de leur goût des couleurs et de leur fantaisie.

Cependant, bien qu'intimement liés, ces deux frères tiennent aussi à garder leur liberté de vivre une vie différente, en ne sacrifiant en rien ce qu'il y a d'original en eux.

Toutefois, nous aurions omis quelque chose de central, si nous ne parlions pas de la motivation essentielle qui conduit les deux frères sur les sentiers de la création. Nous voulons évoquer là leur détermination à « se faire plaisir », leur bonheur de peindre en se renouvelant sans cesse pour garder toujours le même enthousiasme à créer. Une activité qui, étant reconnue par le public, leur permet de partager leur vision du monde. Un monde marqué par la fraîcheur de l'enfance, un monde où les animaux sont des porte-paroles pleins d'humour, un monde où deux chouettes traversent en vélo un paysage nocturne, un croissant de lune bien attaché par un nœud rose sur le porte-bagages de leur tandem...

Les peintures réalisées par ces deux artistes, sont représentatives de leur humour, de leur fraîcheur, de leur poésie. Sous une apparence de tendre naïveté, se cache toute une philosophie du monde dont les accents font penser aussi bien à Prévert qu'à Marcel Aymé ou Spielberg. Ainsi, le jardinier peint par Daniel, sort des figures imposées, pour tailler son arbre en forme d'oiseau. Cet oiseau ne va-t-il pas se mettre à chanter ? Même les autres oiseaux s'y trompent : l'illusion devient pour un temps réalité.

Nous retrouvons ce même espace transitionnel dans cette histoire de violoniste assis sur une branche. À son tour, l'archet est pris pour une branche sur laquelle l'oiseau vient se poser, et le musicien retrouve un orchestre, une chorale en pleine nature ! (*Le printemps*)

Cette autre peinture, toujours œuvre de Daniel, est un autre épisode de l'histoire du violoniste. Le printemps a fait place à l'hiver. Dans ce paysage de neige où tout est endormi par le froid, des oiseaux multicolores entourent notre violoniste triste et seul sur son banc. Une à une, il met dans son escarcelle les notes de musique que lui offrent ses amis musiciens. Par magie, les notes deviennent des objets tangibles, des trésors qu'il pourra garder avec lui, comme l'enfant dont l'objet consolateur est sans prix !

De nombreuses peintures, elles aussi pleines d'humour, nous parlent de la trace qu'a laissé chez ces deux peintres bretons, les récits concernant les bateaux et les voyages en mer.

La pêche mirobolante (1980) d'Alain Bonnec.

Une caravelle de rêve, avec pour figure de proue une licorne, autre animal fabuleux, symbole de puissance et de pureté. Renversement des rôles ! Ce merveilleux trois-mâts est pris à l'hameçon.

« Tel est pris qui croyait prendre » dit le proverbe, c'est « l'arroseur arrosé » etc. L'humour vient du paradoxe de la situation. Peut-être y a-t-il là une allusion à ce grand-père auréolé de prestige, dans son amour pour les bateaux (armateur), sa passion à faire le tour du monde, et qui finit par se perdre en mer ? Le rêve s'écroule devant un réel inattendu, mais le petit-fils s'approprie l'histoire et s'autorise à en rire !

Le tir alcoolisé (1980) d'Alain Bonnec.

Une bouteille jetée à l'eau. À qui donc est lancé ce S.O.S. ? Un paysage tient lieu de manuscrit dans la bouteille. Voici ce qu'en images, il nous dit : Bien qu'imbibé d'alcool, un corsaire tire et fait mouche sur un prestigieux bateau ! Le petit corsaire - petit poucet vainqueur de l'ogre - a construit son univers à l'intérieur d'une bouteille. Son coin de paradis se trouve dans ce contenant bien fragile, qu'il a même dû casser pour en faire dépasser le canon. Mais à l'intérieur de cet univers qu'est la bouteille, il voit loin (longue-vue) et se sent fort (canon). C'est le principe des poupées russes : une petite bouteille dans une plus grande, mais là encore la situation paradoxale nous montre comment le plus petit peut contenir le plus grand (corsaire, terre, canon dans la bouteille !)

Quel appel au secours lance ainsi le peintre? Se fait-il le porte-parole d'un marin imbibé d'alcool, ou est-ce un clin d'œil malicieux, une tacite complicité avec tel ou tel membre de l'entourage familial ou amical ?

La splendeur égarée (1980) Alain Bonnec.

Ici, la carcasse d'un vieux bateau échoué sert de support à une bouteille contenant une splendide caravelle, une dame sans âge, au-delà du temps, belle ou pas, nous n'en savons rien, marche sur les eaux et contemple la splendeur égarée. De quelle splendeur s'agit-il ?

- La caravelle rutilante dont les mâts transpercent la bouteille ? (on sort toujours du cadre chez les Bonnec !)

- L'ancienne caravelle échouée, égarée et dont il ne reste que l'ossature ?

- Cette femme égarée sur la mer, et dont les passagers du bateau peuvent penser que c'est une « splendeur égarée » ? D'où regarde-t-on cette scène ? Que cherche cette femme, cheveux défaits ?

Là encore, nous sommes en plein paradoxe. Le peintre joue avec l'humour, le rêve, l'imaginaire. Dans quelle bouteille, dans quelle enceinte se trouvait pris le bateau de ce grand-père paternel disparu en mer ? Englouti par la mer, égaré en pleine mer... Deuil très proche et douloureux, dont il est sans doute difficile de parler autrement que sous forme d'images, tout cela donne vie à d'autres images, scènes paradoxales où le vrai et le faux n'existent plus, où rêve et réalité se confondent comme peuvent se confondre présence et absence, vie et mort.

Je terminerai par ce poster où nous pouvons découvrir plusieurs aspects déjà évoqués. Une inscription tout en bas : « Dessine-moi la mer. » Nous y retrouvons l'importance de la mer, comme signifiant majeur de l'espace familial Bonnec. Est-ce le père qui demande à ses fils de lui dessiner la mer, cette mère-ogresse qui lui a ravi son père, ou les deux fils qui demandent à leur père de leur parler de toute cette histoire douloureuse, pour l'éclairer, la transformer ? « Dessine-moi la mer... »

Le Petit Prince demandait à l'aviateur « Dessine-moi un mouton » et devant le dessin qui lui était proposé : Non, celui-là est malade ! Non, il est trop vieux ! Non, il ressemble à une chèvre ! Seule la boîte, le contenant à l'intérieur duquel est supposé se trouver le mouton le satisfait pleinement ! De même pour l'éléphant à l'intérieur du boa. L'essentiel est toujours dedans, « invisible pour les yeux » et il faut partager la même croyance, la même illusion pour faire vivre une réalité dont on ne voit que le contenant.

Comment ne pas être sensible à la symbiose matérialisée dans cette œuvre réalisée en commun : le chevalet porte une peinture signée Daniel Bonnec, alors que le poster est signé par Alain. Comme dans ce poème de Prévert où l'oiseau sort de sa cage, après que l'enfant ait effacé tous les barreaux, ici, les oiseaux s'envolent, sortant de la toile de Daniel puis s'échappant même du plus grand cadre, traduisant par là ce goût de la liberté qui anime les deux frères.

« L'art est un jeu, tant pis pour ceux qui en font un devoir ! » Cette phrase de Max Jacob correspond bien à l'enthousiasme et au plaisir de créer qui émane des frères Bonnec. Nous sommes loin des logiques réalistes, mais bien plus proches de ces espaces où rêve, jeu et poésie s'intègrent au réel pour en rehausser les couleurs, toutes les couleurs de la vie !

3.2.2. La famille Groult

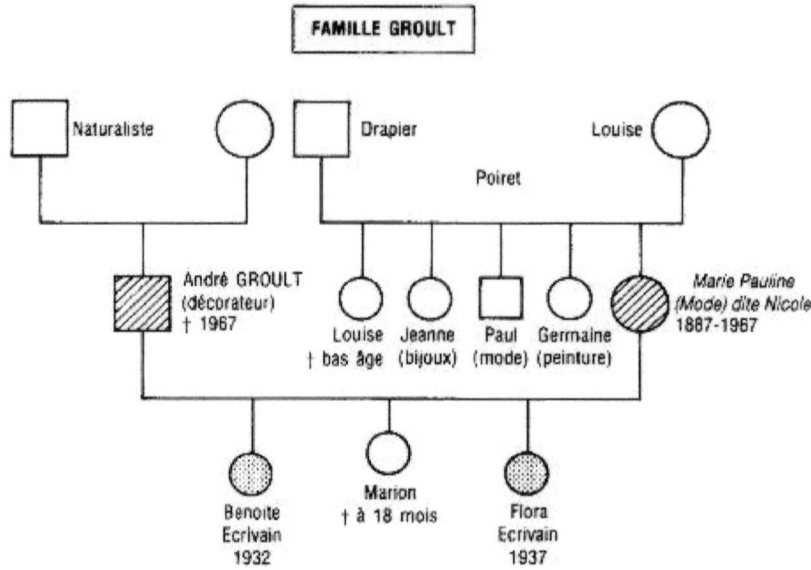

Ecrire, dit-elle

Voilà deux sœurs, Benoite et Flora, écrivains de renom, connues sous leur nom de jeune-fille : Groult. Nous évoquerons donc la vie de famille de Benoite et Flora Groult, tout en sachant que Benoite, particulièrement, affirme plus volontiers son appartenance à la famille Poiret, son ascendance maternelle.

Dans cette famille, c'est sur deux générations que tous les enfants de la fratrie sont des créateurs de renom, ainsi que le dévoile le génogramme familial. Si Paul Poiret, frère de Nicole Groult, a, en effet, marqué la mode des années 1930, imposant au Tout-Paris une mode révolutionnaire aux couleurs de l'orient, Jeanne Boivin (-Groult) a su se faire un nom dans la joaillerie, et Germaine Bongard (-Groult) nous a laissé de merveilleuses peintures à l'image de ce qu'elle était : étrange et renfermée. Quant à la sœur cadette, Marie Pauline Groult, qui se fera appeler Nicole, comme pour mieux surgir d'elle-même, elle sut exprimer ses talents en créant à son tour un atelier de couture et en marquant de son empreinte toute la vie familiale des Groult.

Les entretiens que m'ont accordé, séparément, Benoite et Flora Groult, mettent en évidence la place prodigieuse qu'ont tenu leurs parents, plus spécialement leur mère, tant dans leur rapport à l'écriture, que dans les multiples détails de la vie quotidienne.

Délibérément hors du commun, Nicole Groult apparaît comme une femme passionnée, brillante, qui avait le culte de l'Art, de la Création, du Beau sous toutes ses formes. Avec André Groult, elle formait un couple d'artistes hors-série par plus d'un point.

« Nicole fait tout en bijoux. Elle ne les enlève que pour dormir. Peut-être ma mère fait-elle aussi des confitures avec un chapeau sur la tête ? Il y a tant de chapeaux dans la vie de Nicole, très souvent un peu ridicules, osés en tous les cas.» (Flora Groult, *Tout le plaisir des jours est dans leur matinée*).

Nous pouvons dorénavant admirer au Nouveau Musée de la Mode, à Paris, les robes et les dessins de Nicole Groult et de son frère Paul Poiret. Cette élégance, loin de confiner à la tenue vestimentaire, s'attachait volontiers au langage parlé ou écrit, et à tout ce qui pouvait avoir quelque lien avec l'écriture. Nous verrons combien Nicole et André Groult furent à l'origine du goût d'écrire qui habite si profondément leurs deux filles, et qui continue de germer chez les petites-filles de cette famille.

Ainsi, Benoite et Flora devaient obligatoirement tenir régulièrement leur journal, et lorsque la famille était en voyage, cela se transformait en un « Journal de Bord commun », sur lequel chacun consignait l'histoire des lieux, une description du paysage ou quelques remarques sur tel ou tel.

Chaque soir, le rituel familial mis en place par Nicole et André, invitait chacun à lire à haute voix ce qu'il avait écrit. Pensum parfois désagréable pour les enfants, mais qui, sous le charme de leur mère, la culture de leur père et sans doute aussi, en raison de ce plaisir partagé en famille, deviendra un véritable amusement collectif dont les souvenirs restent encore très vivants !

Mais pour Nicole, la chose écrite était essentiellement celle d'une correspondance raffinée avec des amis tels que Paulhan, Cocteau, Marie Laurencin, Paul Iribe etc. Ecrire, mais sur du beau !

« Bigarrés les papiers. Roses avec des initiales en noir brillant entrelacées au plein cœur de la feuille. Bleu azur où vole une colombe dodue, enveloppe au bec, dessinée par l'illustrateur Charles Martin. Constellés de petites étoiles qui écrivent « *Nicole* » avec la plume d'Iribe. Pages multicolores où l'élégance du graphisme n'admet jamais une défaillance. » (Flora Groult)

Le peintre Marie Laurencin, amie de cœur de Nicole, et marraine de ses trois filles ira jusqu'à écrire cette phrase sur le papier à lettres de Nicole : « J'aime le luxe ». Cette devise, qui pourrait passer pour une provocation de nos jours, traduit cependant bien l'ambiance de l'époque et ce bain où grâce et beauté servaient de supports à une vie centrée sur la création.

Le mari de Nicole, André Groult, dont le père était naturaliste, était d'abord versé dans les sciences. Il doit sans doute à la rencontre de Nicole, la révélation de ses talents artistiques. Lors de notre entretien, Flora Groult se souvient qu'après son mariage, sa sœur Nicole observait d'un regard admiratif les esquisses et les projets de son mari. Aussi, prononça-t-elle souvent une phrase qu'elle lui répétera comme un viatique : « Tu as du talent. C'est beau ! »

C'est ainsi, qu'encouragé par l'estime dans laquelle sa femme tient son talent, qu'André Groult se dirigera vers l'Art, devenant antiquaire, puis se mettant lui-même à dessiner et décorer des meubles (un numéro de la revue *Vogue* présente des pièces du célèbre mobilier en galuchat vert que les collectionneurs avertis se font une joie de posséder !)

Pourtant, de son vivant, il ne semble pas qu'André Groult ait recherché cette reconnaissance du public seul comptait pour lui le fait d'être reconnu par son épouse. « Toute sa vie, même quand mon père ne vendait plus rien, ma mère croyait en lui : c'est lorsqu'elle a commencé à décliner, à perdre de son pouvoir, que mon père a sombré dans le pessimisme le plus noir. Il croyait en ce qu'il faisait à travers la passion galvanisante que ma mère avait pour lui. » (Benoite Groult)

De caractère sérieux, et sans doute plus maussade que Nicole, André a transmis à ses filles le goût du travail et le sens de certaines valeurs traditionnelles.

Toutefois, ne nous y trompons pas ! Cet homme réservé et mélancolique avait ses propres excentricités. N'était-il pas étrange pour son entourage de l'entendre parler des apparitions de *son chinois* - il affirmait recevoir en rêve les conseils artistiques ou les révélations historiques d'un chinois. Assez insolite aussi, d'écouter André lire des poèmes à son chien, se disant persuadé de la réceptivité de ce dernier au lyrisme poétique.

C'est donc dans cette ambiance chaleureuse d'une famille hors du commun, qu'ont grandi Benoite et Flora, des souvenirs pleins leurs poches ! Passionnantes merveilles que Benoite aimait découvrir dans l'atelier de son grand-père paternel : animaux empaillés, planches de papillons, et le célèbre « écorché », fascinant souvenir de nos classes secondaires, très vite devenu son ami de choix !

Les Groult partageaient en famille ou avec des amis, des jeux d'esprit autour d'une table : tirer au sort une question inscrite sur des petits papiers pliés, et prononcer un discours d'une dizaine de minutes sur le sujet, ou « comment l'esprit vient en parlant ! »

Souvenirs émus de la kyrielle de surnoms inhabituels, plus insolites les uns que les autres, dont Nicole aimait parer ses filles : « Ma petite Marmite, ma petite Musique, tu me manques, mon petit bouquet d'amour ! Mais pourquoi m'écris-tu une lettre sans en-tête ? Ce n'est pas bien, ce n'est pas chaud. Aimerais-tu que je débute mes lettres sans un mot ? » Nous trouvons dans cette litanie affectueuse, toute la tendresse et l'audace d'une mère habitée par le jeu de la création et jonglant avec l'humour et l'amour. Un peu plus loin, dans la même lettre adressée à Flora, nous trouvons cette exhortation à écrire bien : « Ange de ma vie, ta description de votre dîner avec P. était très drôle, elle m'a ravie. Tu devrais écrire plus. Ne laissez pas passer vos dons, mes filles, développez-les. Et puis, cher cœur, pour que l'on puisse vraiment apprécier ce que tu dis, tu devrais aussi soigner tes lettres, surveiller ton écriture, c'est très mal d'écrire mou. » (*Tout le plaisir des jours est dans leur matinée*, p. 87).

Interminables conversations avec Nicole, au retour d'une soirée, car cette maman attendait patiemment le retour de ses filles et les invitait à raconter, à s'interroger sur le pourquoi et le comment de la chose, voire à se mettre à nu. Si ces souvenirs-là portent la trace d'une intrusion maternelle imposant ses critères de choix, ses grilles de lecture et sa conception toute personnelle de la sexualité et de l'amour, cette loi du « tout dire » et du « tout partager » traduit bien le degré d'intimité qui soudait entre eux les membres de cette famille.

Pourtant, comme l'exception qui confirme la règle, cette loi fondamentale n'était pas respectée en tous points. Il est frappant de voir comment tout ce qui tourne autour du décès de Marion, fillette morte à dix-huit mois, pèse d'un silence lourd de sens. Nicole, si loquace, n'en pouvait dire mot, et Marion devint vite entre les deux sœurs un personnage mythique dont on ne parlait pas et qui réveillait chez elles la nostalgie de l'absence, voire la culpabilité d'être vivante, alors que Marion ne l'est plus.

Secrets ou pseudo secrets qui ont marqué la vie du couple, et qui trouvèrent dans la capacité de métamorphose d'André et de Nicole une issue satisfaisante. Zone d'ombre aussi, concernant l'amitié entre Nicole et Marie Laurencin ; rien n'étant dit ouvertement, ses filles ont cependant pressenti que la tendresse qui s'échangeait entre les deux femmes n'était pas si transparente. Qu'importe, semble-t-il, puisque dans le même temps, Marie Laurencin adorait André et que, comme Nicole, toutes deux avaient toujours eu une vie affective agitée.

Si nous parlons, dans cette monographie, de ces aspects d'une intimité familiale, c'est moins pour révéler ce qui est longtemps resté dans l'ombre, que pour montrer combien il fut précieux, pour les écrivains que sont devenues Benoite et Flora, de pouvoir accéder aux secrets de famille. Précieux d'y toucher et de les retravailler, chacune à sa façon, faisant circuler grâce à une mise en mots ce qui aurait pu faire l'objet d'un refus, voire d'une crypte mortifère et donner lieu à quelques pathologies.

Pourtant, si les deux sœurs ont su imposer au grand public leur originalité et mettre en mots leurs intuitions féministes, leur engagement pour certaines causes, Benoite surtout nous a bien exprimé combien il lui avait été difficile de vivre dans ce milieu d'artistes, auprès de personnes brillantes et excentriques.

« Je ne me sentais aucun don créateur, j'aimais le latin, le grec ; alors ma mère a écrit une pièce avec moi, quand j'avais douze ans ; on m'a poussé sur la scène, et Paul Poiret a joué cette pièce avec mes cousins et moi-même, mais je savais que ce n'était pas moi qui avais complètement écrit le texte. On m'a présentée comme créatrice bien avant que je ne le sois, et je pensais même que je ne le serais jamais ! » (Entretien avec Benoite Groult)

Au collège, comme en Sorbonne, Benoite voulait surtout passer inaperçue. Au risque de se faire reprocher par sa mère son manque de personnalité, Benoite refusait d'arborer certaines tenues directement issues de la maison de couture de Nicole. Or, pour leur mère, l'originalité était sacrée, comme le non-conventionnel l'était chez les Bugatti. De même, les familles Marx et Prassinos se caractérisent par un refus des idées reçues.

Loin de craindre le ridicule, les enfants de ce type de famille trouvent une certaine fierté à se démarquer des autres, à ne pas être habillés comme eux, à vivre selon d'autres critères moins conventionnels. Et même si l'un d'eux, comme Benoite Groult nous le raconte, s'avisant de manifester sa gêne par rapport aux tenues excentriques que sa mère arborait ou qu'elle-même devait porter au lycée (modèles uniques taillés par la maison de couture de Nicole Groult), sa mère se chargeait de convaincre sa fille que « l'opinion des petits pouilleux » n'a aucun intérêt, et que dans la vie, seuls comptent l'art et l'originalité !

Comment Benoite, cette jeune femme terrorisée par la création, enseignant dans un petit cours religieux et exerçant une activité de journaliste sans ambition, s'est-elle lancée vers quarante ans dans la vie littéraire ? Benoite Groult bénéficia sans doute de circonstances favorables, dans la mesure où Paul Guimard, son second mari, directeur littéraire chez Denoël, l'a encouragée à écrire. Joignant le geste à la parole, c'est ensemble qu'ils ont démarré un premier journal. Le travail d'écriture déjà amorcé par Nicole, se poursuivit alors dans d'autres conditions, pour enfin prendre une forme satisfaisante dans la collaboration avec Flora qui croyait, elle, être seulement illustratrice et décoratrice.

C'est donc une écriture commune qui présida aux trois premiers livres publiés par les deux sœurs : *Le journal à quatre mains, Le féminin pluriel, Il était deux fois*.

Benoite comme Flora m'ont chacune exprimé l'énorme plaisir qu'elles ont eu en écrivant le journal à quatre mains. Ces deux mères de famille se donnaient le droit de « retomber en adolescence », de rire ensemble, de revivre certains événements familiaux, et de se trouver assez drôles dans leur production commune.

Si l'on peut parler à cette occasion d'un retour aux plaisirs de l'enfance, cette régression a une fonction structurante, dans la mesure où elle va de pair avec une progression et favorise l'activité créatrice. Avec R. Barande, nous pouvons dire que « l'émergence pathologique serait plutôt l'inaptitude à la régression, car la régression nous ouvre nos réserves énergétiques. » (Colloque à la Société Psychanalytique de Paris).

Ainsi, ayant vécu très imbriquées au cours de leur jeunesse, Benoite et Flora connaissent alors une nouvelle complicité fraternelle, grâce au jeu de l'écriture partagée. Ces trois expériences d'écritures mêlées, si elles furent concluantes aux yeux des éditeurs, nous acheminent davantage encore vers l'importance de cette **interfantasmatisation** dont nous savons qu'elle est une des sources du surgissement créateur. Régression, jouissance, certes, mais surtout confirmation de soi par l'autre dans une sublimation d'un fantasme de fusion gémellaire.

Pour conclure cette évocation d'un lien fraternel à toute épreuve, donnons successivement la parole à Benoite et à Flora :

« À l'âge où l'on sait enfin ce qui est vraiment précieux. je découvre que l'amour fraternel m'a toujours accompagnée comme un bon chien, le nez dans mes talons. L'amour fraternel est une mer étale, et je n'imagine pas de tempête qui puisse soulever cette mer-là. Depuis toujours nous nous aimons. Nous nous préférons à toutes les autres femmes et nous avons le courage de nos opinions. » (Benoite Groult, préface au *Journal à quatre mains*).

« C'est vrai, nous avons toujours vécu comme les chiens d'une même portée, l'une contre l'autre, nous sommes deux personnes tellement habituées à cohabiter, que nous avons prolongé cette cohabitation à travers la vie en nous retrouvant le plus souvent possible. Nous avons par exemple deux appartements dans le même immeuble. La fraternité c'est le plus complet, le plus inusable des sentiments. Il s'embellit avec le temps. » (Entretien avec Flora Groult)

Les créateurs ont-ils des enfants, ou l'œuvre créée tient-elle la place de l'enfant-roi ? Avec la famille Poiret-Groult, nous avons la preuve que création et procréation peuvent aller de pair. Qui plus est, à chaque génération se lève une moisson de nouveaux créateurs dont les filles respectives de Benoite et Flora assurent que la veine est loin d'être tarie !

3.2.3. La famille Prassinos

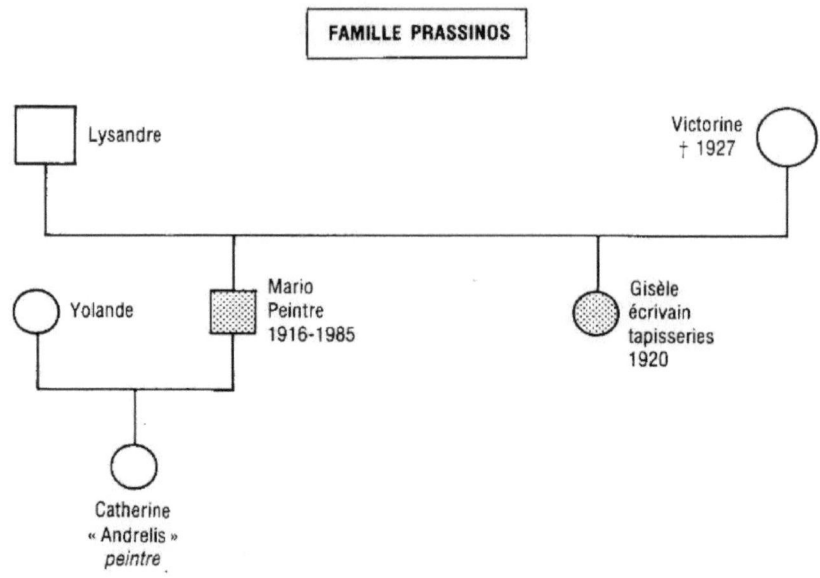

Retour aux plaisirs de l'enfance

Famille grecque, originaire d'Istanbul en Turquie, les Prassinos ont quelque chose d'insolite dont je tenterai de relever certaines caractéristiques. Mais avant d'évoquer l'ambiance familiale et certains souvenirs qui ont marqué l'enfance des deux créateurs que sont Mario et Gisèle Prassinos, prenons le temps de rappeler en quoi le frère et la sœur se sont distingués dans cette aventure de la création.

Depuis de nombreuses années, en effet, Mario Prassinos et sa sœur Gisèle sont reconnus par le public comme des créateurs de renom, dont les œuvres ne peuvent laisser indifférents.

Depuis 1932, Mario Prassinos eut une carrière entièrement consacrée à la peinture, la tapisserie, la gravure et aux décors de théâtre. Il a longtemps été le meilleur créateur français de tapisseries, et un peintre affranchi de toute contrainte dont chaque exposition présente un moment nouveau de sa peinture. Ainsi, par exemple, de celle qui eut lieu à Paris, au Grand Palais, en 1980. Loin d'être une rétrospective de son œuvre déjà importante, cette exposition offrait au public des peintures et des dessins sur la forêt.

Né en 1916, Mario Prassinos vivait en Provence, à Eygalières, où il avait son atelier. Voici ce qu'en dit François Nourissier : « Quand j'entre à Eygalières, dans l'atelier de Prassinos, il me semble toujours surprendre un aventurier dans le frémissement de son aventure. Prassinos n'est pas arrivé : il voyage. » (Catalogue de l'exposition du Grand Palais).

De quatre ans plus jeune, Gisèle Prassinos-Fridas a fait très tôt une entrée triomphale dans la littérature, avec la publication à quinze ans de son premier recueil de poésies : *La sauterelle arthritique*. Sa poésie spontanément surréaliste, faite d'inventions drôles et saugrenues, a tout de suite été repérée par André Breton qui disait d'elle : « C'est la révolution permanente en belles images coloriées à un sou. Tous les poètes en sont jaloux. »

Depuis, Gisèle Prassinos a beaucoup écrit, du roman autobiographique aux textes de pure fiction tel *Brelin le frou*, sans compter les nombreux recueils de poésies pour adultes et enfants. Mais ce serait méconnaître Gisèle, que de la réduire au seul statut d'écrivain. Bricoleuse dans l'âme, et toujours en quête de nouveauté, elle sait mettre son imagination fertile au service de créations diversifiées.

C'est ainsi qu'avec ses « images de feutre » (véritables tapisseries surréalistes), et ses personnages de bois plus désopilants les uns que les autres, Gisèle Prassinos met en scène des personnages légendaires ou bibliques, des héros célèbres qui sortent tous des sentiers battus !

Habitant Versailles, je n'ai personnellement pas résisté à l'humour de ce jardinier affublé d'un large chapeau, d'un tablier et de sabots, l'arrosoir à la main, râteau et faucille sur l'épaule : « Le Nôtre à ses débuts » !

Qui étaient donc les Prassinos, et quel style de vie familiale ont connu Gisèle et Mario, pour être tous les deux de constants agents de métamorphose ?

Lysandre Prassinos, le père, était professeur de français et dirigeait la revue « Logos » à Constantinople. Tout concourt à laisser de lui l'image d'un humaniste artiste : pour son plaisir, il écrivait des poèmes et pour le public, il traduisait l'œuvre de Dante en grec ! Cet homme qui aimait peindre était féru d'art et entretenait de longues conversations avec son fils, lui-même passionné de peinture !

« J'étais subjuguée, nous dira Gisèle, je ne comprenais rien à ce qu'ils disaient, mais je les entendais constamment et il y avait tout-de-même quelque chose qui passait... Ne serait-ce que le climat ! »

Et elle fera revivre pour moi ces délicieux souvenirs où les enfants assistaient, émerveillés, au retour du père qui avait terminé sa semaine de travail ; nous retrouvons ce moment dans le roman autobiographique écrit par Gisèle : *Le temps n'est rien*. « Le samedi, vers deux heures, on sonnait à la porte. C'était le père, les bras chargés de paquets : livres, plantes grasses, bibelots, disques. Deux œufs sur le plat, impatiemment, déballage, papiers neufs chiffonnés dans la corbeille. Les achats brillaient dans nos yeux. La chambre-sanctuaire s'animait. On cherchait la place des nouveaux arrivants, on déplaçait les vieilles choses avec une tendresse confuse, comme pour ménager leur cœur. C'étaient des paires de ciseaux, des canifs, des poignards, des règles ou des stylomines alignés par ordre de taille sur des morceaux d'étoffes précieuses, des coffrets de formes et de matières diverses. »

Pourtant, la famille n'était pas particulièrement riche, mais nous voyons là que les priorités accordées aux choses se situent dans un

Les ressources créatives des familles d'artistes

autre registre que le simple utilitaire, et que le père sait associer ses enfants aux transformations de l'environnement !

Victorine, la mère, tient relativement peu de place dans cette histoire familiale, dans la mesure où elle est décédée à trente-deux ans, alors que ses enfants étaient encore jeunes. En revanche, comme la plupart des orientaux, les Prassinos vivaient en tribu avec les deux sœurs de Victorine et leur propre mère. Cette ambiance familiale était tendue en raison d'une grande rivalité entre ces deux tantes, et des conditions socio-économiques difficiles pour ces exilés pauvres qui devaient gagner leur vie d'arrache-pied. Conflits donc, beaucoup d'énervement, mais de grandes joies dont aussi bien Mario que Gisèle gardent un souvenir inaltérable.

Ainsi, le fait d'avoir vécu près d'un pseudo grand-père (le second mari de leur grand-mère) artiste et touche-à-tout, qui aimait beaucoup les enfants et leur laissait libre accès à son atelier où il faisait peinture et mosaïque, a certainement contribué à cultiver chez ces enfants le goût des couleurs. Dans *La colline tatouée*, Mario Prassinos se souvient : « Ce que Prétextat, à Nanterre, appelait son atelier était une baraque de planches... Dans cette cabane, l'enfant aimait s'accroupir et regarder le vieillard concasser ses tesselles multicolores et les reporter sur carton inversé si péniblement dessiné. Il jouait, lui aussi, avec ces petits cubes approximatifs, parfois minuscules, luisantes pierreries sur le sol poussiéreux... La cabane sentait la cire, la fumée de pipe, la fumée de charbons et l'indéfinissable odeur de l'artiste. » Il est facile d'imaginer l'éblouissement des enfants devant ces petits pavés brillants conservés dans des boites de pastilles Valda, qui pouvaient faire penser à des pâtes de réglisse, ainsi que devant tous les outils de cassage, les colles et tout un attirail propre à faire rêver !

Comme chez les Prassinos, la plupart des créateurs se réfèrent à un aïeul qui a influencé leur création. Cet aïeul a soit lui-même créé quelque chose, soit favorisé chez ses descendants le goût du travail artisanal appliqué à l'art, à l'écriture ou aux sciences. Chez les Bach, c'est bien sûr à l'aïeul qui se prénommait Veit, que chacun se plaît à faire remonter cette dynastie de musiciens : Veit le meunier, jouait de la cithare en écoutant tourner les ailes de son moulin... Les Brontë héritent de leur grand-père paternel, conteur, leur disposition à la fabulation et le goût d'écrire des histoires ; évoquons encore Fanny, la grand-mère harpiste des frères Marx, le grand-père aventurier des frères Bonnec, et ce fameux grand-père Prétextat dont Mario Prassinos nous a tellement parlé !

Si la relation grand-père-petit-fils est importante d'une façon générale, mais tout particulièrement chez les familles de créateurs, n'est-ce pas en raison de l'articulation spécifique que nous pouvons observer, entre la vie et la mort, la création et la mise à mort de l'image du père ? Cette relation médiatrice entre le fils et le père permet sans doute, comme le suggère Guy Rosolato, de tuer le père en faisant œuvre nouvelle, sans que cette culpabilité soit trop lourde à porter :

« Affirmer le rôle de l'ancêtre (du grand-père par exemple) permet au fils de nier le père sans toutefois, comme il se doit, faire porter directement le meurtre sur le père, mais sur une partie de ses fonctions, la fécondation, tout en retrouvant dans le grand-père une image pouvant supporter la paternité et par là en témoigner. » (*Essais sur le symbolique*).

Nous trouvons dans la vie de Freud une illustration assez explicite de la force de cette identification à un grand-père réel et mythique à la fois. Né trois mois après le décès de son grand-père paternel, le rabbi Schlomo, Sigmund Freud porte de surcroît, son prénom. Salomon « sage ». Dans le cas de Schlomo-Sigmund Freud, ce « fantasme d'identification » est fécond, dans la mesure où il contribue à soutenir la mise en œuvre de ses aptitudes créatrices : « Ce qui pouvait être source d'inhibition fut à l'origine d'une œuvre. Freud n'eut de cesse que de réconcilier en lui son grand-père et son père, confondant enfin leurs images contradictoires dans cette statue du vénérable Jacob dont « l'interprétation des rêves » nous fait suivre l'édification. » (A. de Mijolla, *Les visiteurs du moi*).

On assiste alors à une mise en scène d'une filiation où l'ancêtre, père ou grand-père, occupe une place centrale dans l'unité familiale. Il est intéressant pour notre propos, de suivre la réflexion de Dominique Geahchan à propos du parricide. Monique Schneider nous le rapporte ainsi : « Le parricide, interprété comme oubli du culte des morts, serait en quelque sorte postérieur à la mort du père. Le parricide n'est rien d'autre que le refus de répondre à la « faim » de l'ancêtre, refus de connaître cet étrange cordon ombilical institué post mortem, cordon permettant à l'ancêtre de se trouver repris dans un cycle de vie.» (D. Geahchan, *Temps et désir du psychanalyste*).

N'est-ce pas dans cette articulation entre le meurtre du père et sa réintroduction dans la vie familiale, que la création trouve sa place ? Les morts, en effet, ne peuvent s'inscrire dans cet échange constant entre passé et avenir, que si les vivants les convoquent en tant qu'ancêtres.

L'œuvre signée du nom patronymique permet alors de signifier tout à la fois la rupture et le lien. « Aucune permanence ne va de soi, il n'y a pas d'ancêtre, pas de loi immuable, sans la décision, émanant des seuls vivants, de se présenter eux-mêmes comme continuateurs d'un passé. » (D. Geahchan, *Temps et désir du psychanalyste*)

Les enfants pouvaient ainsi s'associer aux plaisirs de Prétextat, ce pseudo grand-père. Quant à leur père, il ne manquait pas de participer aux jeux de ses enfants, surtout lorsque ceux-ci s'ingéniaient à fabriquer certains objets surréalistes, tel ce petit échafaud au pied duquel saignaient deux têtes tranchées, obtenues en malaxant longuement de la mie de pain peinte et vernie à la colle. « Le Père, le Chef, le Muguet, tous s'y mettaient. C'était à celui qui montrerait le plus d'ingéniosité. Je n'hésitais pas à couper des mèches de mes cheveux pour les coller sur les petits crânes. Les hommes ne disposaient que des écheveaux de soie volés dans la boite à ouvrage des tantes. Par contre, ils appliquaient leurs propres découvertes : arracher les poils du balai, en cachette, pour les piquer dans les joues vertes de leurs décapités. » (G. Prassinos, *Le temps n'est rien*).

Si des enfants sentent à ce point que ce qu'ils imaginent et réalisent intéresse les adultes, il est vraisemblable qu'ils garderont toujours cette foi en leurs œuvres. En effet, ce premier public que sont les parents, loin de les décourager, les a, comme c'est le cas ici, suscités dans leur pouvoir de création.

Ce goût du bricolage a, semble-t-il, toujours été très vivace chez les Prassinos, et cela se faisait toujours en collaboration. Ainsi, lorsqu'enfants, Mario et Gisèle jouaient ensemble aux indiens, le frère fabriquait des poignards et des épées en bois, et tous deux les incrustaient de perles qui servaient à enfiler des colliers pour les poupées de Gisèle. Cette enfance est, comme nous le voyons, marquée par une constante invention à partir de tout ! C'est ainsi que les chats de la maison devenaient de véritables personnages : avec un humour à toute épreuve, Mario et Gisèle faisaient parler, agir et même penser leurs chats... Si, en se bagarrant, un chat avait perdu une oreille, la solution immédiate était d'aller mettre une pièce dans les machines à sous des stations de métro, pour récupérer une oreille de rechange !

Toutefois, cette fantaisie, cette complicité dans le rire trouvent leur paroxysme dans un petit personnage à tête de poupée, prénommé Claude, et qui sortait tout droit de l'imagination délirante des deux comparses : « Ce personnage avait un parler tout-à-fait spécial, idiot de préférence, gourmand, menteur, patriote, conformiste ; on affublait ce pauvre Claude de tout ce que nous n'aimions pas, et on inventait des chansons toujours sur le même air, que l'on chantait aux anniversaires. Lorsque mon père qui était un monsieur très sérieux, nous entendait raconter l'histoire de Claude, il riait aux larmes ! Nous avions notre façon de « parler Claude », et personne d'autre ne pouvait apprendre. »

Ce monde clos de l'enfance où nul ne pouvait s'introduire, est à l'image de certaines peintures ou de textes hermétiques créés par l'un ou l'autre, et qui nécessitent une clé secrète pour pouvoir y pénétrer... Toutefois, cette liberté à transposer, à bricoler, ne s'arrêtait pas aux objets, mais pouvait s'exercer à loisir sur les membres mêmes de l'entourage familial. Ainsi, Prétextat fut certainement celui qui donna prise aux sarcasmes les plus divers, et dans le livre qu'il a écrit sur « Les prétextats », Mario Prassinos rend compte de ce que ce personnage a pu représenter pour lui, et nous fait ainsi participer aux métamorphoses successives des portraits qu'il a peints pour faire revivre ce grand-père : « Le premier Prétextat a été un mélange de farce et de malaise et comme la poupée Claude autrefois, un lieu où j'entassais mes détritus, une bienfaisante poubelle... Ce que j'avais conservé de Prétextat, c'était ses ridicules... Ces milliers de points composaient une trame optique en constante métamorphose. Quelques points de plus, et il était différent. »

« Ce bloc d'impotence, ce végétal radoteur... inspira à ses petits-enfants la même tendresse que les personnages imaginaires issus de la combinaison de leur environnement et de leurs rêveries. Il en avait l'immobilité. L'aspect que le temps lui avait donné faisait de lui un personnage pour leur mythologie, compagnon des chats-pansements et des poupées décapitées. Le vieil homme cloué dans l'appartement voisin s'enflait du récit des aventures qu'on lui attribuait, changeait d'âge et de nom... » (Mario Prassinos, *La colline tatouée*).

Il serait trop long de faire place aux multiples exemples grâce auxquels nous saisissons cet imaginaire au galop ; jeux de mots, néologismes introduits par le père, mises en scènes de toutes sortes, tout un trésor de tendresse et de fantaisie, dont se souviennent facilement Mario et Gisèle.

Pour terminer ce rappel riche d'évocations pittoresques, laissons la parole à Gisèle Prassinos, qui nous livre le mythe auquel son père tenait : « L'enfant est souverain, c'est le Père qui leur a enseigné... Il faut que l'enfant soit heureux, à n'importe quel prix. Toute souffrance doit lui être épargnée, tous bonheurs lui sont dus. Et que la Beauté rayonne autour de lui. » (*Le temps n'est rien*).

L'enfant, maître mot de cette histoire familiale. C'est la naïveté de l'enfant, sa capacité à se laisser charmer, surprendre, que nous retrouvons dans les images de feutre, les objets et les textes que réalise

Gisèle. N'est-ce pas aussi son enfance que prolonge Mario par son œuvre ?

« Toute ma vie je me suis émerveillé de pouvoir continuer, en dessinant, en peignant ou en gravant, les jeux stériles et les entreprises gratuites de l'enfance... Pouvoir à mon gré, à ma fantaisie, fabriquer des images comme je jouais, enfant, à façonner des rêves, reste pour moi un étonnement quotidien, presque une cause de malaise, comme si ce privilège était illicite. » (Mario Prassinos, *La colline tatouée*).

Mario Prassinos nous parle de sa peinture comme d'une continuation des plaisirs de l'enfance, un prolongement inespéré pour des adultes, de ces entreprises gratuites dans lesquelles les enfants se lancent à corps perdu... Sa sœur, Gisèle, en s'amusant à réaliser des images de feutre et des objets plus drôles les uns que les autres, en écrivant contes et nouvelles, s'adonne elle aussi à ces plaisirs souvent décriés par les adultes soucieux d'efficacité et conscients du « sérieux » de la vie. Nous observons cette mentalité insouciante et heureuse de vivre chez les frères Bonnec, et chez tous ces créateurs capables de retrouver la capacité d'émerveillement de l'enfant.

Etre capable d'une **régression rapide**, semble être selon Didier Anzieu, la condition même du « saisissement créateur » ; cette première phase du travail créateur permet des rapprochements inattendus, ainsi que des représentations archaïques de processus primaires; ces représentations s'expriment alors sous la forme de rythmes, d'images, de couleurs etc. Cette aptitude à la régression suppose que le créateur puisse larguer les amarres du système préconscient pour se laisser aller à une certaine dérive. Nous le voyons, cette disposition d'esprit se conjugue avec l'apprivoisement de tout ce qui renvoie à l'inquiétante étrangeté, à l'inconnu, à la déraison. Nous comprenons bien de ce fait, comment la résistance au changement ou la crainte de perdre ses limites sont des modalités défensives mettant en échec cette phase si importante de la mise en création.

Si la régression nous semble être un processus créateur, c'est essentiellement dû au fait qu'elle met entre parenthèses tout jugement critique. Cette phase d'associations libres laisse libre cours à la créativité latente, et les entreprises qui pratiquent le « brain-storming » le font dans un souci de création renouvelée.

Lors d'une discussion avec Gisèle Prassinos, j'ai pu me rendre compte de la facilité avec laquelle elle pouvait se permettre de régresser à des stades infantiles où le jugement critique ne retient pas le discours.

N'est-ce-pas le flux verbal de l'enfant que nous retrouvons dans l'écriture automatique de cet écrivain surréaliste ? Les poèmes ou les textes en prose de Gisèle Prassinos ont l'accent de certains contes de fées, traduisant cette plongée dans le merveilleux et le rêve. Il en est de même lorsque cette artiste ose employer toute sa naïveté pour dessiner ses tentures de feutre ou illustrer le livre *Brelin le frou*. Dans toute son œuvre, et quel que soit le matériau utilisé, Gisèle Prassinos ne craint pas de jouer avec les espiègleries de l'enfant : zizis rayés ou en forme de cœurs, portraits de famille dignes d'un « grand » de maternelle, et tant d'autres signes qui font le charme de toutes ces créations !

Cette notion de charme, en jeu dans la plupart des créations, est à la frontière de l'individuel et du collectif. En effet, pour que le charme ressenti par le créateur, et qui s'exprime dans l'objet créé, soit partagé par le public, il faut une participation profonde de ce dernier. La capacité de régression n'est donc pas seulement un processus qui préside à la création initiale de l'œuvre, mais elle est également essentielle au lecteur, au spectateur ou à l'auditeur. Se laisser gagner par l'émotion qui se dégage d'une musique suppose une certaine disponibilité affective et intellectuelle que l'esprit critique entrave souvent.

À l'instar des Prassinos, certaines familles savent favoriser cette coparticipation, dans la mesure où les membres acceptent de se laisser prendre par ce qui s'échange entre les uns et les autres. Personne ne songera alors à reprocher le discours futile ou les erreurs de raisonnement de tel ou tel. Bien plus, le groupe familial va pouvoir mettre à profit cette aptitude à la régression, en valorisant ce qui pourrait donner lieu à des sarcasmes.

Comme des enfants curieux de tout, Mario et Gisèle Prassinos savent se passionner pour beaucoup de choses, et susciter en retour notre propre curiosité, nos interrogations, notre étonnement et certaines passions. Ce qu'ils nous transmettent ne peut laisser indifférent, et chacun est amené à se situer, à prendre position par rapport à cet art qui dérange.

(Peinture du supplice, chapelle Notre Dame De Pitié, à St Rémy)

J'ai pu rencontrer Mario Prassinos quelques mois avant sa mort, en 1985. Je fus frappée de voir combien la peinture des grands arbres sépia l'aidait dans sa lutte contre le cancer qui le rongeait. Arbres décharnés, corps en crucifixion, souffrance exposée sur ses toiles, dernière grande œuvre destinée à ce lieu dont le peintre rêvait depuis longtemps : une chapelle qui puisse accueillir une suite de peintures spécialement faites pour elle en accord avec son espace et sa lumière. C'est désormais à Saint Remy de Provence, à la Chapelle Notre Dame de la Pitié, que nous pouvons admirer *Les peintures du supplice* de Mario Prassinos.

L'œuvre de Mario Prassinos se situe tellement en dehors des idées reçues, que peu de critiques ont encore risqué un dialogue en profondeur avec cette peinture où la jouissance esthétique n'est pas

Les ressources créatives des familles d'artistes

immédiate, mais qui nous aspire vers ces régions invisibles du monde et de nous-mêmes : texture d'un visage, entrailles d'une terre provençale, suspension au-dessus du vide. Une œuvre aride, qui suggère d'autant mieux la fécondité de cet homme de génie qui a su s'exprimer aussi bien dans la peinture, le dessin, la sculpture que la littérature. Rares, sont les créateurs qui se réalisent avec bonheur dans plusieurs disciplines. Mario et Gisèle Prassinos sont de ceux-là, puisque tous deux donnent le meilleur d'eux-mêmes en faisant évoluer leur art dans plusieurs registres.

La famille Prassinos continue de s'engager dans cette œuvre de création, grâce à la fille de Mario Prassinos. Catherine Prassinos, a pour pseudonyme de peintre l'anagramme du prénom de son grand-père paternel, Andrelis. Elle poursuit ainsi la route de ce groupe familial qui rend à travers l'art et l'écriture un hommage à la vie.

(Mario Prassinos à St Rémy de Provence)

Denise Morel-Ferla

IV
OBSERVATIONS CLINIQUES

L'ombre se couche sur nos près, s'allonge dans nos puits, annule nos maisons.
La vie est trop nombreuse, la barque trop fragile
Pour traverser seul les images et le temps.

Mais toujours on trouve une voix
Mais toujours on trouve un regard pour sa peine
Et je chante le visage triomphant.
Andrée Chedid, *Double Pays*

4.1. Talents et symptômes

Porter un talent donc porter un symptôme

Il apparaît comme une conséquence logique, que le fait d'avoir un rôle dans une famille est analogue à la désignation du « porteur de symptôme ». Le génie comme le fou sont des êtres à part, qui se démarquent du groupe. Mais la marge est étroite, qui sépare le déséquilibre interne menant à faire acte de création, de celui qui entraîne une décompensation psychotique. Proximité donc du génie et de la folie, du talent et du symptôme, au point que certains assimilent tout simplement l'un à l'autre !

Porter un talent et porter un symptôme

Le sens de cette proposition, tout en étant voisin du précédent, en diffère cependant légèrement. Nous entrevoyons en effet, que les deux désignations peuvent coexister sans qu'il y ait relation de cause à effet. Plusieurs membres d'une fratrie, peuvent à la fois se révéler créateurs et présenter certains symptômes psychiques ou physiques. En ce cas, la discussion peut porter sur le fait qu'une relation s'établit entre des attributions de rôles.

Porter un talent ou porter un symptôme

L'exclusive nous impose un choix : soit l'un, soit l'autre, mais pas les deux ! Seulement voilà... Le sens est radicalement différent selon que nous choisissons d'accepter le rôle de « porteur de talent » ou celui de « porteur de symptôme » ! Cette nouvelle proposition se décompose donc en deux autres :

Porter un talent sans porter de symptôme.

Certaines observations permettent alors de repérer des familles où la désignation exclusive est du côté de la création, voire du génie, sans qu'apparaisse une symptomatologie importante.

Porter un symptôme sans porter de talent.

Nous trouvons pour cette dernière proposition peu de candidats, mais beaucoup d'élus ! Car c'est principalement avec des familles où la pathologie recouvre toutes les autres potentialités, que nous travaillons. Les symptômes se présentent sous des jours multiples, mais quelle que soit la symptomatologie qui fait souffrir le groupe familial ou le « porteur de symptôme », elle tend souvent à faire écran à l'avènement d'autres processus plus créatifs. Non que dans les familles qui consultent habituellement, il n'y ait pas également un potentiel de création, mais la désignation ne se fait pas à ce niveau-là, et les missions inconscientes se situent davantage sur le réseau névrotique ou psychotique.

Ni porter de talent, ni porter de symptôme

Nous savons aussi que cette typologie familiale existe, même si elle ne figure pas dans le cadre d'une recherche où la désignation de « créateur » est explicitement confirmée par la famille et le public. Nous connaissons tous, en effet, des familles qui, sans se distinguer par le besoin impérieux de faire œuvre de création, se révèlent être tout aussi fonctionnelles et à même de promouvoir la vie. Ces familles ne secrètent pas de « porteur de symptôme », pas plus qu'elles n'amènent un de leurs membres à devenir créateur de renom. Elles trouvent d'autres voies pour faire passer leur créativité dans la vie quotidienne.

Toutes ces considérations supposent que soit bien clair le concept de « porteur ». Ce terme désigne ce qui, du potentiel de base individuel et familial, est actualisé par un ou plusieurs membres. Ainsi, une même famille peut présenter un porteur de talent et un porteur de symptômes, ou encore, un même individu peut avoir la double désignation.

Tel fut le cas de Patrick-Branwell Brontë, le seul frère des sœurs Brontë, qui passait pour le plus génial de la famille mais aussi pour le plus fou ! Nous avons également pu remarquer que cette double désignation s'est appliquée à Camille Claudel, comme à beaucoup d'autres créateurs. Qu'il soit donc clair que notre conviction est la suivante : chacun porte en germe de multiples talents, mais aussi de multiples symptômes.

Loin d'actualiser les possibilités infinies contenues dans ces deux réservoirs - potentiel pathogène et potentiel créatif - certains se défendent contre une attribution de rôles qui leur paraît réductrice, alors que d'autres acceptent une désignation qui les confirme dans un sentiment d'existence, que ce rôle soit celui de malade ou celui de génie !

Cette recherche effectuée sur les familles de créateurs permet donc, grâce aux aspects cliniques et théoriques qui s'en dégagent, d'élargir notre réflexion à toutes les autres familles. Toutefois, en tant que clinicienne, ma préoccupation concerne avant tout les familles qui consultent et que nous suivons dans le cadre d'une thérapie familiale.

Ce sont, en effet, des raisons essentiellement d'ordre méthodologique qui m'ont amenée à choisir comme base de travail, des familles où la création de plusieurs des membres de la fratrie est devenue un fait public et socialement reconnu. Une autre formulation viserait à dire que dans ces familles, le talent est mis au premier plan, avec la possibilité de masquer parfois un symptôme, mais sans que cela soit un fait constant ! Porter un talent, porter un symptôme, ces deux désignations, loin d'être exclusives l'une de l'autre, peuvent s'articuler en de multiples combinaisons plus ou moins heureuses.

Les familles qui présentent un ou plusieurs « porteurs de symptôme » semblent mettre en avant la souffrance qui affecte le groupe familial tout entier. Cela est souvent exprimé en termes de tourment ressenti par le « patient désigné », mais aussi en termes d'impuissance par les autres membres. Le groupe familial voudrait bien pouvoir soulager le « malade », faire quelque chose pour qu'il s'en sorte. Tout le monde s'accorde à vouloir faire disparaître ce symptôme gênant pour le sujet concerné, mais aussi, pour toute la famille. Mais nous le savons, ce désir conscient en cache souvent un autre, plus inconscient, et il n'est pas si simple de modifier ainsi un équilibre familial. Par ailleurs, nous verrons que cela pose avec acuité la question du changement en thérapie familiale.

Les thérapeutes travaillent-ils à un changement, et de quel ordre ?

Les rôles et missions attribués aux uns et aux autres ont chacun des fonctions essentielles. Il peut être difficile d'admettre que le patient désigné, en focalisant sur lui le potentiel pathogène du groupe, permet aux autres d'aller relativement bien et de se trouver mis à l'abri des symptômes les plus graves. Il reste que c'est un fait d'observation courante repéré par tous les cliniciens, et nous savons que c'est souvent au prix du sacrifice d'un de ses membres, que la famille poursuit ses objectifs et ses idéaux et réalise les missions et les mythes qui sont les siens.

Ainsi donc, à quoi vise une thérapie familiale, lorsque la famille comprend un membre malade ou désadapté socialement ? Grâce au rôle tenu par le patient, parents et fratrie conservent souvent un équilibre psycho-physiologique et une adaptation socio-professionnelle satisfaisante. Modifier la distribution des rôles va-t-il avoir pour effet de rendre malades les bien-portants, pour sauver celui qui était désigné comme le malade ? En ce sens, le groupe n'avait-il pas inconsciemment choisi la solution la plus économique, en privilégiant la loi du nombre ? Que peut apporter à une famille, le fait d'envisager les rôles et les missions sous un angle différent ?

Dans les cas cliniques que je présenterai pour illustrer cette interrogation, nous verrons comment peut s'analyser ce rapport de forces à l'intérieur du groupe familial. Nous identifierons également les principaux processus engagés lors d'une thérapie familiale, afin de faire pivoter le groupe autour de l'axe symptômes / talents.

Ces observations ne peuvent retracer le déroulement intégral d'une thérapie familiale, mais permettent de mieux appréhender ce qui fait la différence entre les familles de créateurs et les familles qui ont recours à une aide thérapeutique. Encore une fois, précisons que s'il y a toujours un ou plusieurs « porteurs de symptômes » nettement désignés par le groupe familial qui consulte un thérapeute, cela ne signifie pas pour autant que toute possibilité de création soit exclue, bien au contraire, et c'est ce que nous allons voir dans ces quelques monographies.

Par ailleurs, l'évocation de certains éléments apparus au cours de différentes thérapies familiales n'est pas quelque chose d'unique et d'exclusif, et nous avons retrouvé des traits semblables chez d'autres familles dont le traitement en cours ne nous permet pas de parler dans le cadre de ce travail. Ce qui, en effet, est spécifique, c'est la façon propre à chaque famille, d'agencer entre eux tous les éléments et de présenter ainsi une physionomie et un style de vie familiale uniques.

4.2. On est les meilleurs, mais on ne le dit pas

La Famille Phildon

Cette famille de six personnes dont les quatre enfants sont déjà de jeunes adultes, vient consulter pour un problème de violence. La violence des disputes, essentiellement entre Bernard, le fils aîné et son père, est devenue intolérable et fait souffrir toute la famille, au point de compromettre l'harmonie familiale. C'est donc là le symptôme qui fait engager la thérapie familiale.

- Bernard, le fils aîné, a trente-trois ans. Il se considère comme le « raté » de la famille sur le plan scolaire. Hanté par le mythe du polytechnicien, Bernard se définit comme un esthète et s'oppose constamment à son père dont il voudrait pouvoir refaire toute l'éducation !

Ses frères et sœur ne se plaignent pas d'un sentiment d'échec analogue, mais tous reconnaissent leur manque d'assurance, incriminant en cela l'éducation austère qu'ils ont reçue.

- Michèle, la sœur cadette, souffre de ne pas se sentir comprise ni écoutée par les uns et les autres, comme si ce qu'elle vivait dans son travail, ses divers engagements religieux et humanitaires, et sa vie de famille ne présentaient aucun intérêt. Au cours de la thérapie familiale, Michèle a pu exprimer qu'elle s'était sentie valorisée par le fait que sa famille reconnaisse et apprécie son mari, et réciproquement. Nous voyons là l'importance de ce sentiment d'appartenance, pour soutenir sa quête d'une confirmation narcissique.

- Marc, le troisième enfant de cette fratrie, apparaît comme un homme sensible, particulièrement apte à comprendre de l'intérieur ce qu'expriment et ressentent les différents membres de la famille. C'est lui qui, au cours de la thérapie familiale, se permettra de lancer certaines interprétations bien venues, mais difficiles à entendre, car il a par ailleurs la capacité de soutenir affectivement celui qui pourrait s'en trouvé blessé.

Cependant, Marc évoque la dépression importante qu'il a eue lors de la naissance de son premier fils, c'est-à-dire lorsqu'il a réalisé qu'il devenait le « pilier de sa nouvelle famille ». Se donnait-il le droit d'être père à son tour et de se revêtir de la toge paternelle symbolique? Pater familias, patriarche, tel apparaissait en effet aux yeux de tous le père de Marc.

- Emmanuel, le dernier des enfants, a 26 ans. Il affirme avec force son indépendance et tient à marquer une certaine distance, au prix d'une répression des affects et d'une pseudo rationalisation défensive.

Au cours des séances, nous apprendrons qu'Emmanuel a vécu plusieurs années d'adolescence en adoptant une position de repli; il s'isolait dans sa chambre, volets clos, et refusait que sa mère vienne l'embrasser. Période douloureuse qui inquiétait les parents, et dont Emmanuel sortit en trouvant refuge dans une relation amoureuse précoce, de type fusionnel.

Comment comprendre les différents symptômes qui apparaissent dans une famille ouverte aux autres, une famille chez qui on aime venir et dont chacun parle avec une certaine admiration?

Les parents ont toujours eu à cœur de donner à leurs enfants une éducation solide à tous les niveaux, n'hésitant pas à faire confiance aux enseignants, médecins, religieux et autres personnes habilitées, pour étayer leur responsabilité parentale.

Chef d'entreprise, Mr Phildon se présente comme un patriarche ayant une autorité naturelle et porteur d'un mythe élitiste de perfection. Mythe qu'il tient absolument à transmettre à ses enfants.

- Je voulais avoir des enfants pour la vie éternelle, et faire de mes enfants des « élus », avoue-t-il aux thérapeutes.

En toute circonstance, Mr Phildon affirme dignement sa position avec, semble-t-il, une certaine difficulté à supporter les critiques qu'il estime non fondées. Ainsi, Bernard dira que lors de certaines altercations avec son père, ce dernier sort de table « drapé dans un vêtement de Grand Prince offensé ! »

En réponse à ce père vécu comme intouchable, tous les enfants reconnaissent unanimement leur impuissance à s'affronter positivement au réel.

- On est complètement démontés lorsqu'on n'est plus regardés comme des gens formidables. On a vécu dans un univers idéal et on tombe de haut quand on doit s'affronter à l'autorité !

Madame Phildon est une personne discrète, sensible, mais qui a tendance à retenir toute manifestation émotionnelle. Elle se montre intéressée par le métier à caractère social qu'elle exerce, et où elle sait se faire apprécier. Très préoccupée par le maintien de la cohésion familiale, Madame Phildon souffre de ce climat conflictuel constant, et regrette que dans sa famille ce soient les hommes qui monopolisent la conversation... Sa fille et elle-même ont en effet toujours eu beaucoup de mal à se faire entendre !

Si nous tentons d'établir une comparaison entre cette famille et ce qui ressort des observations de familles de créateurs, où se situent les points de rencontre et de rupture ?

Plusieurs éléments permettent de penser que la famille Phildon a un sentiment très vif de son appartenance familiale, ce qui favorise les multiples expressions du fameux « esprit de famille ». Ainsi, chaque année, tous les membres de la famille paternelle se retrouvent pour une grande fête familiale qui n'est pas sans évoquer les « bacchiades » annuelles si appréciées chez les Bach ! Fraternité, cohésion, solidarité mobilisent les uns et les autres lorsqu'il s'agit de soutenir quelqu'un dans l'épreuve, de faciliter une recherche d'emploi ou de faire face à tout autre événement difficile.

La famille Phildon retrouve en cela un des modes de fonctionnement essentiel aux familles de créateurs, puisqu'elle se présente comme une famille élargie unie, avec une solidarité érigée en principe de fonctionnement idéal.

Comme nous l'avons vu par l'analyse théorique des processus, cela favorise de fait l'investissement du groupe familial comme un corps idéal et induit un fantasme d'omnipotence symbiotique. « L'illusion groupale » qui se trouve à la clé de cet état de fait s'observe chez les Phildon comme chez la plupart des familles de créateurs et s'entend comme l'assurance implicite d'être un bon groupe dont les membres s'entendent bien et qui ont un bon chef !

Mais c'est précisément là que se situe un point de rupture essentiel. Alors que les familles de créateurs n'hésitent pas à affirmer cette appartenance idéale et à conforter de diverses façons le narcissisme de leurs membres, les parents Phildon se font un point d'honneur à ne pas dire.

« On est les meilleurs mais on ne le dit pas ».

Un des motifs de conflit entre Bernard et ses parents consiste à leur reprocher leur « manque de classe », donnant à l'appui de nombreux souvenirs où, jeune adolescent, Bernard ne pouvait présenter à ses copains des parents parfaits, parce que son père n'avait pas une assez belle voiture ou que sa mère ne s'habillait pas chez un grand couturier alors qu'ils en avaient les moyens. Ces reproches apparemment futiles, les parents n'en ont jamais tenu compte car pour eux, l'essentiel était ailleurs, dans des valeurs bien plus profondes.

En thérapie familiale, nous n'avons pu rester insensibles à la quête désespérée de ce fils aîné criant son besoin de valorisation et traduisant depuis si longtemps ce qui lui tenait à cœur : le goût du Beau, avoir de la classe, être le meilleur et se savoir reconnu comme tel.

Tenant ces aspirations comme négligeables et superficielles, les parents semblent avoir toujours exprimé que la préoccupation du Beau était secondaire par rapport au Bien, espérant sans doute confirmer leurs enfants dans quelque chose de plus solide et plus conforme à certaines valeurs religieuses, telles que chercher la perfection, mais dans la modestie et la discrétion, et non dans l'apparat.

Pourquoi pas ? Mais lorsque nous comprenons que les parents accordaient toujours plus de crédit à la parole des enseignants ou des éducateurs qu'aux propos tenus par leurs enfants, nous entendons autrement la rage qui anime Bernard lorsqu'il invective ses parents pour l'avoir maintenu dans un internat religieux qu'il vivait comme une prison.

Cette mythologie où la réalité psychique des enfants est en quelque sorte sacrifiée à la conception que les parents avaient de leur devoir se retrouve dans l'histoire et la préhistoire familiales. C'est ainsi que Marc, se faisant le porte-parole de ses frères et sœur exprime le malaise familial qui les gêne tous.

- On a tous un problème de confiance en soi, un peu comme si nous étions handicapés, écrasés par les autres.

Le « petit dernier » osera davantage s'affirmer, en adoptant une position en marge. Contestant certaines valeurs et usages familiaux, Emmanuel se démarque par ses goûts, son mode de vie (union libre), et se défonce dans le sport, regrettant que ses parents ne l'aient pas poussé dans cette voie.

Toutefois il est assez étonnant de voir comment la dynamique familiale a longtemps focalisé sur Madame Phildon ce manque d'assurance et de savoir-faire !

Elle faisait l'objet de plaisanteries à propos de son incapacité à lire un plan, à faire fonctionner les nouveaux appareils ménagers, à préparer des repas dans les règles de l'art etc. Manifestement, ces reproches ne semblaient pas l'atteindre dans la mesure où elle-même avait une réelle conscience de sa valeur et ne cherchait pas à rivaliser avec un époux habile en toutes choses ! Mais là encore, cette assurance restait implicite et ce n'est qu'une fois devenus adultes, que les enfants découvrirent progressivement la véritable force de leur mère.

Ainsi, au cours d'une séance de thérapie familiale, Monsieur Phildon nous apprit que son épouse obtint le premier prix de piano du conservatoire de musique, et elle-même dit avoir toujours trouvé dans le piano comme dans ses études un espace, une activité qui l'unifiaient et l'aidaient à supporter la séparation d'avec sa famille d'origine.

Une génération plus tôt, Madame Phildon avait donc connu la même situation que son fils aîné, puisqu'elle avait été interne et ne rentrait chez elle qu'aux vacances trimestrielles. Internat où la solitude et la déprime se trouvaient heureusement contrebalancées par l'investissement des études et du piano.

Lorsque la thérapie familiale permit aux uns et aux autres de se situer par rapport à ce problème de la séparation, des choses insoupçonnées purent alors se dire. Ainsi, les départs en colonie de vacances avaient toujours été des séparations très éprouvantes pour tous les enfants. Si Bernard, Michèle et Emmanuel s'entouraient régulièrement d'un « fil psychologique » (fil invisible qu'ils tournaient autour d'eux), ce fil se cassait pourtant dès le premier virage !

Emmanuel principalement, retrouve avec émotion le souvenir de deux ruptures qui l'ont fait beaucoup souffrir. La première correspond à une colonie où il était allé avec Marc, et où il éprouvait tant de chagrin, qu'il ne lâchait pas son frère d'une semelle !

Il avait dix ans lors de la seconde séparation, et pour lui aussi, il s'agissait d'une mise en internat qui dura trois ans (de la sixième à la quatrième), années au cours desquelles Emmanuel a complètement coupé le fil avec sa famille. Solitude et repli sur soi dont le jeune garçon n'émergea que lors de son redoublement de seconde en s'intégrant à un très bon groupe d'amis qu'il considéra comme sa véritable famille.

Du côté des parents, nous apprenons que les fantasmes de mort liés à toute séparation et à tout conflit, ont largement contribué à l'engagement de la thérapie familiale. Nous savions que Madame

Phildon était très préoccupée par le manque d'harmonie familiale et par la violence des conflits entre son mari et son fils aîné.

- Pense à ce qu'il arrivera si papa meurt alors que vous êtes toujours en conflit... C'est cette angoisse, qu'elle put un jour formuler à Bernard, et qui traduisait aussi une véritable mise en garde.

Quel fil d'Ariane nous conduira à travers les dédales de l'inconscient individuel et familial, pour arriver à débusquer le Minotaure qui menace cette famille ? De place en place un mythe apparaît, que nous appellerons « le mythe de la bonne guerre ». Un jour, en effet, Madame Phildon nous dit ceci:

- J'ai vécu endormie pendant toute mon enfance et ma pré-adolescence, et je ne me suis réveillée qu'à l'éclatement de la guerre.

Lors d'une autre séance, Marc continua dans le même sens :

- Il nous faudrait une bonne guerre pour nous réveiller tous !

Disons que ce mythe familial s'appuie sur l'adage consistant à admettre le fait que les guerres assainissent les passions, épurent et mobilisent toutes les énergies. Madame Phildon en a fait l'expérience pour elle-même, mais il semblerait que ce mythe socio-culturel soit moins puissant pour elle que le mythe de la dispute.

Elle utilise donc ses énergies pour que ce soit l'inverse dans sa famille : pas de guerre ! pas de violence ! pas de conflit ! N'est-ce pas dans un mouvement d'identification inconsciente à sa mère, que Michèle reprend l'anti-mythe de la « bonne guerre », en prônant la non-violence et en s'engageant dans ce sens ?

Il nous a semblé intéressant d'utiliser ce mythe en proposant l'interprétation suivante : « Dans la famille Phildon, la violence remplace la déclaration de guerre pour sortir de l'apathie, de la déprime, de la solitude et confirmer chacun dans son rôle. »

Cette interprétation avait pour but de connoter positivement le symptôme « violence », en le rattachant à quelque chose de familial. Une autre intervention visait à pointer le paradoxe suivant :

Les ressources créatives des familles d'artistes

« Une guerre sauve, une dispute fait mourir ».

Chacun dans la famille associa librement autour de cette question essentielle, et nous avons ainsi pu remonter le fil des générations, dans les deux lignées paternelle et maternelle. Nous n'en parlerons pas davantage dans le cadre de cette recherche, mais ce fut un des axes du travail familial. En revanche, notre propos est surtout de souligner qu'à l'instar des familles de créateurs, les Phildon connaissaient tous une angoisse de séparation très vive. Plusieurs d'entre eux trouvèrent dans la musique, l'architecture, l'esthétique ou la religion une certaine forme de sublimation et de conversion de cette angoisse. Cependant, certaines séparations ont laissé des traces douloureuses qui ont entravé le mouvement créateur plus qu'elles ne l'ont favorisé.

Un autre point de rupture avec les familles de créateurs concerne la transitionnalité. Nous avons observé la façon dont les familles de créateurs savaient assurer la médiation entre l'extérieur et l'intérieur et devenir ainsi pour leurs membres un espace transitionnel de choix. Or chez les Phildon, nous repérons que pendant longtemps, l'antinomie entre l'intérieur (la vie de famille) et l'extérieur (les autres, le travail) était indépassable. Chacun se sentait privé de ce que l'autre pouvait donner à l'extérieur.

Ainsi, Monsieur Phildon et les enfants reprochent à Madame Phildon d'être trop altruiste et de se laisser « bouffer par les autres », mais Monsieur Phildon essuie des reproches analogues à propos de son travail où il passe l'essentiel de son temps, ce qui fait dire aux enfants que l'entreprise passe avant la famille.

Le cadre familial pourrait cependant servir de passage entre intérieur et extérieur. Au lieu de cela, l'extérieur est vécu comme le lieu de la menace, d'autant que ce sont les autorités extérieures à la famille qui sont redoutées.

Quant à l'intérieur, il semble bien qu'avant la thérapie familiale, chacun préservait son intérieur du regard d'autrui, craignant sans doute une quelconque violation de son propre territoire.

Si Emmanuel avait dû s'enfermer, Bernard, lui, ne pouvait encore se résoudre à inviter ses parents dans son appartement, comme s'il craignait quelque dépossession.

Il nous a semblé qu'au bout d'un an de thérapie familiale, les uns et les autres étaient plus à même de partager leur vie intérieure, connaissaient mieux les engagements et les centres d'intérêt de chacun et que, de ce fait, une meilleure circulation entre dehors et dedans pouvait avoir lieu. Nous terminerons sur ce rêve que nourrissait Madame Phildon et qu'elle n'avait non seulement jamais réalisé, mais jamais non plus exprimé à sa famille : « Avoir une veillée de Noël où chacun pourrait lire de jolis textes, dire un poème ou une histoire drôle, jouer de la musique, partager avec les autres ce qui lui fait plaisir etc. »

Ne sommes-nous pas au seuil de ce qui anime les familles de créateurs ? Libre échange et diffusion des idées dans une ambiance chaleureuse, paisible et vivante, où les activités se situent entre le jeu et le rêve ? Cette veillée familiale a-t-elle eu lieu depuis l'arrêt de la thérapie ?

Quoiqu'il en soit de cette veillée ou de tout autre rêve exprimé par chacun des membres, nous pouvons affirmer que ce groupe familial s'est progressivement constitué une nouvelle « peau ». Protectrice et contenante, cette enveloppe familiale peut désormais permettre l'expression des affects sans qu'il y ait blessure à vif !

Tissu nourricier par excellence, elle vit grâce à l'enrichissement permanent de l'intérieur par l'extérieur et vice-versa.

Avance, encore et encore

Dans le souffle de nos pères

Et des pères de nos pères.

Cette exhortation des indiens Gitksan proclame avec force le sens de la continuité généalogique, et la certitude qu'hier est présent aujourd'hui, et qu'aujourd'hui sera vivant demain. Cette respiration ancestrale, comme ce « souffle » porteur n'est-il pas celui qui a animé la thérapie familiale, lorsqu'au gré des souvenirs, les personnages du passé familial ont repris vie ?

Violence et dépendance, faux-pas et erreurs, hésitations, symptômes et talents, chaque chose a sa raison d'être et peut se travailler comme on « travaille » les divers éléments d'une pâte pour en faire quelque chose de nouveau, de bon et de souple.

4.3. Un prénom en cascade

La famille Camilleri

Cette famille, dont les parents sont originaires de Malte, vit en France depuis dix-huit ans. L'aîné, Antonio, inquiète ses parents par son échec scolaire et son comportement renfermé. Après avoir redoublé une classe de seconde, il double une première et ne semble pas se soucier de son avenir, du moins aux dires de ses parents.

Lors du premier entretien, Antonio se présente avec une expression figée, se montre mal dans sa peau et peu loquace. Le consultant pense à des troubles psychotiques et conseille d'engager une thérapie familiale.

Dès la première séance, les quatre membres de la famille sont présents. Nous percevons l'importance que revêt l'origine maltaise de la famille. Antonio notamment, ne rate pas une occasion pour introduire dans le discours ses grands-parents ou ses cousins restés à Malte. Bien qu'Antonio soit né en France, il se sent « étranger dans ce pays où les relations ne sont pas aussi spontanées et chaleureuses que là-bas », et il vit dans l'espoir d'y retourner définitivement.

Nous apprenons alors, que l'immigration est imputable au père, directeur commercial d'une entreprise internationale, et pour lequel, le fait de venir en France représentait sans conteste une promotion professionnelle. Monsieur Camilleri s'exprime de façon rationnelle et moralisante :

- Moi je dis que c'est partout pareil, il faut faire de son mieux, travailler, donner le maximum de soi et ne pas se poser trente-six questions comme lui (Antonio). Dans la vie, c'est là où on est qui compte. »

À chaque intervention du père, nous retrouvons ce côté très réaliste qui vise à démontrer que lui, il sait s'y prendre dans la vie, alors que son fils « rêve et se perd dans ses rêveries en coupant les cheveux en quatre. » D'emblée, la relation père fils aîné se définit donc sous forme de disqualification mutuelle. Antonio reproche à son père de se limiter à ce qu'il voit, de regarder la vie avec des œillères et de ne rien comprendre à ce que lui, Antonio, cherche à dire !

Madame Camilleri soutient apparemment son fils contre son mari, mais tient en fait un discours paradoxal où elle disqualifie la façon de parler de son fils, tout en disant qu'elle le comprend de l'intérieur.

- Ils ne se comprennent pas, c'est toujours comme ça. Antonio peut ergoter pendant des heures, même sur un mot qui ne serait pas le mot juste, et ça finit toujours par un gueulante de mon mari et le repliement d'Antonio qui ne veut jamais céder. Avec moi, ce n'est pas pareil, on se comprend de l'intérieur et je n'ai pas besoin que mon fils parle pour le comprendre. Je devine tout ce qu'il ressent...

Le second fils, deux ans plus jeune, se démarque très nettement de son frère. Alors qu'Antonio incarne l'aspect rêveur, sensible, poète et étonnamment complexe de l'être humain, Marc se montre sûr de lui, réaliste, pragmatique et affirme son indépendance avec force. Pourquoi dans cette famille, les rôles sont-ils distribués de façon aussi rigide et antinomique ? N'est-ce pas l'absence de complicité entre les parents qui se répercute sur cette relation fraternelle dépourvue de solidarité chaleureuse ?

Une histoire de prénoms

Arrêtons-nous sur l'attribution des prénoms, et surtout sur le prénom du « porteur de symptôme ». Nous repérons qu'avant la naissance d'Antonio, trois personnes de la famille ont déjà porté le même prénom, et cela, tant dans la branche paternelle que maternelle !

Au cours de la thérapie familiale, nous avons pu décrypter le poids d'attentes et de projections qui s'attachent à ce prénom, et donc au patient désigné. La simple lecture du génogramme indique assez bien les questions brûlantes qui se pose autour de la vie et de la mort de tous ces « Antonio ».

C'est dans le cadre de la thérapie familiale que Marc et Antonio ont appris que le premier mari de leur grand-mère paternelle était décédé de maladie, après six mois de mariage, et que leur grand-père était en fait le frère de ce premier mari.

Bien qu'il ne s'agisse pas d'un secret à proprement parler, il nous a cependant semblé étonnant que ce fait peu banal ait été passé sous silence aussi longtemps ! Non seulement certains fantasmes purent émerger et circuler à l'intérieur de la famille, mais surtout cet « absent » sortit de l'ombre, et permit de mieux comprendre pourquoi le nouveau couple de grands-parents avait prénommé leur premier enfant « Antonio », lui attribuant ainsi le prénom de son père potentiel.

Nous entendons alors tout autrement l'agacement que ressentait le père d'Antonio (celui de la troisième génération), face aux multiples questions que se posait son fils sur les moindres choses.

En revanche, le père de Madame Camilleri avait toujours été présent dans le discours de la mère, et elle tenait à affirmer qu'elle avait voulu appeler son fils du prénom de son père à elle, et sans penser le moins du monde à ceux de la lignée de son mari. Nous lui accordons volontiers cela, mais chez Mr Camilleri, ce prénom a certainement eu d'autres résonances, tout comme chez le fils curieux de tout, et sensible à tous les non-dits !

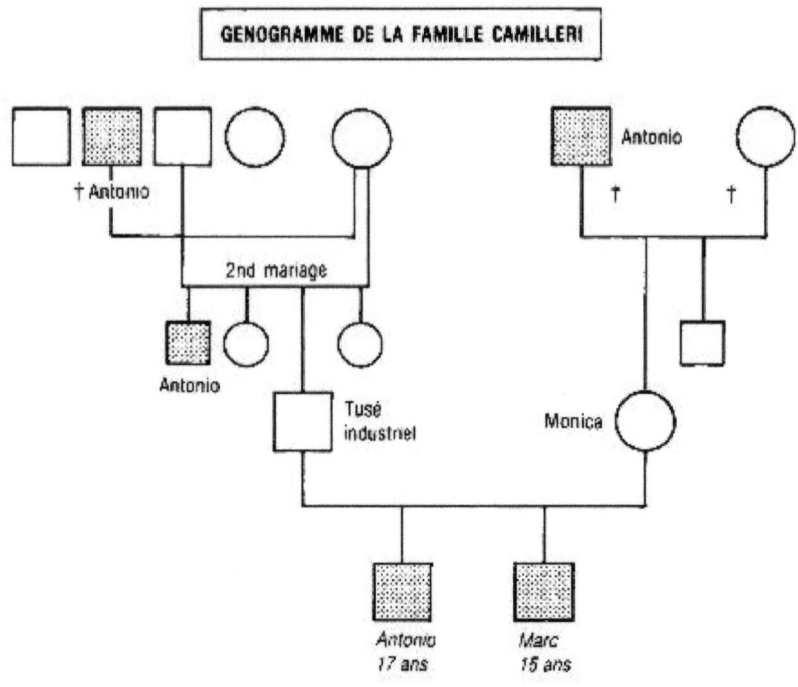

Mais en dehors de ces considérations sur la pathogénie de certains aspects de l'histoire familiale des Camilleri, cherchons ce qui a pu empêcher les uns et les autres d'être de véritables créateurs, alors même que tous les quatre laissaient entrevoir leur potentiel créatif. Ainsi par exemple, l'hypersensibilité d'Antonio, sa capacité à se laisser aller à la rêverie, loin d'être reconnues dans leur puissance créatrice, se voient taxées de « bizarreries de comportement » que l'entourage a du mal à tolérer. Certes, ce jeune homme souffre de troubles d'ordre psychotique, mais l'image que sa famille lui renvoie de lui-même ne contribue qu'à renforcer ses défenses contre un état de non-intégration primaire qu'il a appris à ressentir comme dangereux. Quand Freud disait que le psychotique en sait plus long que chacun de nous sur la réalité intérieure, parce qu'il s'est détourné du monde extérieur, il laissait entendre que l'hyper-adaptation au réel s'effectuait souvent au détriment d'une richesse intérieure.

Il nous a semblé que chez les Camilleri, Marc présentait un grand appauvrissement de vie intérieure, dans la mesure où il se trouvait tellement ancré dans la réalité extérieure, qu'il ne pouvait plus accéder ni à ses sentiments, ni à ceux d'autrui. Tout projet exprimé par Antonio se voyait donc anéanti avant même qu'il ait eu suffisamment de temps pour le mûrir !

« C'est tout vu ! » Telle était l'expression souvent utilisée par les uns et les autres, pour mettre fin au discours estimé « fumeux » d'Antonio. Nous savons tous, par expérience, qu'il n'y a rien de tel pour bloquer l'expression et faire retomber ce qui se dit dans une sorte de néant. Non seulement, chacun était persuadé de l'insanité des propos d'Antonio, mais tous avaient tellement peur de perdre le contrôle du réel, qu'ils refusaient d'accompagner Antonio dans son cheminement, quitte à lui reprocher de ne pas se préoccuper de son avenir...

Ainsi, après avoir finalement réussi à passer son baccalauréat, Antonio annonce fièrement à ses parents le projet qui lui tient à cœur : partir au désert pour s'unifier, s'affronter au réel, se débrouiller seul, tout en ayant la possibilité de vivre une communion mystique avec l'univers. Les parents s'angoissent, essaient par tous les moyens de dissuader leur fils de s'engager dans cette « aventure insensée », tentent de mettre des délais en lui demandant d'abord de passer une licence, autant de stratégies qui révèlent leur difficulté à lui faire confiance, et peut-être, à se séparer de lui.

Croire en son projet comme lui-même y croit est de l'ordre de l'impensable ! C'est pourtant le parti que nous, thérapeutes, avons pris, tant il nous semblait important d'ouvrir largement l'espace des possibles. Certes, il s'agit d'un espace d'illusion, un rêve fonctionnant à la fois comme espace transitionnel, et comme une nécessité d'indépendance. Enfermé dans sa solitude, Antonio n'arrivait pas à maintenir cet espace ouvert.

Pourtant Antonio n'est pas le seul à se mettre en quête d'absolu. Nous avons pu entendre l'écho de ses paroles dans les propos que tient Madame Camilleri.

- L'unique liberté pour moi, c'est ma pensée, mes rêves. J'avais pensé qu'en me mariant, je serais libre, mais le mariage m'a tout enlevé. C'est la guillotine, un étouffoir, alors... C'est à partir du jour où ma mère est morte que j'ai commencé à comprendre la vie et à savoir que la liberté n'existait pas.

Chacun reste coi, après les propos inattendus de la mère.

Chacun a pourtant ressenti une déception analogue.

Le père espérait trouver une femme-servante, aux petits soins pour lui lorsqu'il rentrerait du travail, et sa femme ne se prête pas à cela. Il comptait compenser l'absence de relations affectueuses avec son père, en établissant des relations proches, amicales et complices avec ses fils, mais là encore le rendez-vous est manqué !

En revanche, Antonio exprime sa tendresse envers les enfants de son quartier, ce que ses parents lui reprochent vertement. En dénigrant aussitôt les fréquentations de son fils, le père renforce les rôles rigides de chacun et le manque de solidarité des membres entre eux.

- Tu choisis comme amis des enfants de huit ou dix ans, parce qu'avec eux tu ne crains pas la compétition, tu sais forcément plus de choses qu'eux et ça te flatte, alors que tu ferais mieux de travailler ou d'avoir des amis de ton âge. Tous les enfants du quartier l'adorent, mais ce n'est pas cela qui va l'aider à résoudre ses problèmes...

Crypte, fantôme et transmission transgénérationnelle

Nous devons à Maria Torok et à Nicolas Abraham les concepts de *crypte* et de *fantôme*. Leurs travaux mettent en évidence comment un événement non élaboré, tel un non-dit, devient un événement innommable, pouvant se transmettre à travers les générations, et devenant un « événement impensable » à la génération suivante. À leur insu, les membres deviennent dépositaires, à leur insu, de ce secret.

Le fait que de tels événements n'aient pu être élaborés par ceux qui les ont vécus, conduit à transmettre aux générations suivantes des éléments devenus secrets ou tabous, car non transformés. René Kaes parle alors de « transmissions négatives » ou « transgénérationnelles ». Cet objet transgénérationnel est défini par Alberto Eiguer, comme « un ancêtre suscitant des fantasmes et des identifications chez un ou plusieurs membres de la famille. » C'est alors que se crée une *crypte* au sein du Moi, chez le parent concerné. Mais dans l'inconscient de l'enfant qui se trouve au contact de ce parent, un *fantôme* est à l'œuvre, qui revient le hanter, et qui témoigne de l'existence d'un mort enterré dans l'autre.

Aussi, c'est en permettant aux différents membres de la famille de s'exprimer jusqu'au bout, de nous faire partager leurs espoirs, leurs rêves, leurs convictions et leurs doutes, que cette communication bloquée s'est progressivement ouverte. Ainsi, nous avons appris tout ce qui animait les uns et les autres, et qui dans certains cas était l'objet d'une véritable passion, qu'il s'agisse de lecture, d'aviation, de religion, d'informatique ou de pédagogie. Toutefois, faute de trouver dans le cadre familial une résonance suffisante, tous ces centres d'intérêt devenaient caduques ou objet de sarcasmes. Face à des « mises-en-boîtes » aussi implacables, qui résisterait sans y laisser des plumes ?

Le cadre de la thérapie familiale a sans doute d'abord servi de contenant fiable, comme une invitation à se sentir en confiance, à se laisser aller à ses pensées, à ses émotions, à oser se contredire soi-même, à prendre le risque de ne plus savoir où on est. C'est grâce à ce cadre, à cet espace transitionnel qu'a pu s'établir à la fois une confortation narcissique et une remise en cause des uns et des autres. Antonio n'était plus si fou, et ses projets pouvaient prendre corps, pouvaient être reçus comme porteurs de promesses, comme germes de réalisation authentique. Quand les thérapeutes cherchaient à entendre le sens de ce qui s'exprimait sous une forme parfois délirante, avec des dérapages dans l'abstraction ou dans le raisonnement, quelque chose d'inhabituel se mettait alors à vivre au sein de ce groupe familial. En traduisant au groupe ce que voulait dire Antonio, non seulement nous rendions représentables pour tout le monde les sensations, les images, les affects d'Antonio, mais ce faisant, c'est au patient lui-même que nous les restituions.

Cette fonction de « conteneur », exercée par les thérapeutes, a favorisé l'instauration du « holding » qui avait toujours fait défaut chez les Camilleri. La mère qui disait comprendre son fils de l'intérieur, fusionnait tellement avec lui, qu'elle ne prenait pas la peine de le séparer d'elle en mettant en pensées et en mots ce vécu à l'état brut. Non seulement elle ne le faisait pas assez pour elle-même et Antonio, mais elle ne le faisait pas non plus pour les autres membres de la famille.

Par ailleurs, en travaillant la relation transférentielle établie entre la famille Camilleri et l'équipe de co-thérapeutes, nous avons contribué à dégager la famille des deux lignées immolées : paternelle et maternelle. En évoquant Malte et le berceau de la famille, en faisant circuler les fantasmes s'y rapportant, en restant attentifs aussi bien aux anecdotes de l'histoire familiale, qu'aux événements douloureux vécus par les différentes générations, un tissu humain, à la fois réel et imaginaire s'est tissé entre nous.

Tel ce « pack » (enveloppement humide et chaud) que l'on utilisait parfois pour que certains malades psychiatriques retrouvent leurs sensations et régressent grâce aux soins maternants de l'équipe, ce « tissu de mots » a permis aux uns et aux autres de se sentir plus réels et donc plus vivants.

4.4. Des fantômes omniprésents

La famille Kofskin

Cette dernière présentation clinique nous parle encore d'une famille d'immigrés, un peu comme si le déracinement, volontaire ou pas avait une influence décisive, tant sur la mise en œuvre des talents que sur l'expression de symptômes. L'exil est important chez les familles de créateurs, que cet « exil » prenne une forme géographique ou simplement symbolique.

La famille Kofskin se compose de trois enfants, tous nés en France, ainsi que leurs parents, contrairement aux grands-parents paternels et maternels respectivement originaires d'Italie et de Russie.

Cette famille illustre assez bien la façon dont un groupe peut donner l'illusion que règne en son sein un climat détendu, fruit de relations ouvertes et d'une communication facile entre les membres, alors que... plus profondément se cachent certains conflits majeurs ! Ainsi, les deux aînés des enfants Kofskin connurent une enfance marquée par des symptômes non négligeables, tandis que Benoit, le dernier souffre d'un eczéma très gênant.

Marguerite qui a trois ans de plus que son frère cadet, a toujours souffert d'un manque de confiance en soi qui avait pour conséquences de l'empêcher de mener à terme ses réalisations. Tout ce qu'elle entreprenait avortait donc plus ou moins rapidement, ce qui permettait à sa mère de mettre en avant ce qu'elle appelait « un manque de persévérance » ! Par ailleurs, Marguerite avait tendance à traduire sous forme de troubles somatiques tout ce qui la gênait dans ses relations aux autres. Violentes crises d'asthme et troubles digestifs signifiaient physiologiquement ce qu'elle ne pouvait mettre en mots. Face à une mère que le métier de kinésithérapeute mettait en contact direct avec les corps, cette fille donnait un corps à soigner, retrouvant pour dire sa souffrance un langage que la mère était sensée comprendre.

Serge eut un cursus scolaire assez difficile, car marqué de nombreux renvois dus à son caractère fougueux et révolté. Adolescent, Serge ne manquait pas d'idées et préférait assister aux transactions des salles de vente, plutôt que de suivre des cours où il s'ennuyait ! Il pouvait dévorer des bouquins entiers, car la lecture était vraiment une de ses passions, mais cela se faisait dans le désordre, c'est-à-dire en ne tenant aucun compte des suggestions des enseignants, ce qui ne manquait pas de lui attirer les foudres de sa mère... Lui aussi était considéré par ses parents comme celui qui n'arriverait à rien et qui mettait en échec leur projet éducatif.

Benoit avait trouvé comment bénéficier d'une présence maternelle privilégiée. Il devait, pour soigner sa dermatose, se rendre à des lieux de cure où sa maman l'accompagnait toujours ! Cela faisait donc partie des bénéfices secondaires de la maladie, ce qui n'empêchait pas ce garçon d'être accablé de honte lorsqu'il sentait s'attarder sur lui le regard des gens dans la rue.

Il fallut attendre longtemps, pour que ces divers symptômes cèdent la place à un mode d'existence plus heureux, permettant à chacun des enfants de réaliser ce qui lui tenait à cœur et qui, comme nous le verrons, s'inscrit dans le domaine de la création.

Une certaine symétrie apparaît à la génération des grands-parents, qu'il s'agisse de l'origine géographique, du choix professionnel, des dates de décès ou des remariages. En effet, aussi bien dans la branche paternelle que maternelle, nous avons affaire à des émigrants dont la première femme est décédée autour de la trentaine. Deux jeunes veufs qui ont chacun formé un ou même deux nouveaux foyers, avec tout ce que cela peut entraîner pour les enfants, et en l'occurrence, pour Pierre et Jeanne.

Quant au choix professionnel, nous savons que les deux grands-pères avaient tous deux un commerce, mais si cela n'avait posé aucun problème pour le grand-père paternel, il n'en fut pas de même pour Giovanni, le père de Jeanne. Car cet homme possédait, de l'avis de tous, et notamment de personnes éminentes en la matière, une des voix les plus extraordinaires de ce siècle ! Il fut cependant amené à refuser toutes les propositions qui lui furent adressées, pour respecter la promesse faite à sa mère, sur son lit de mort.

Cette arrière-grand-mère estimait déshonorant que son fils pût vivre une carrière d'artiste lyrique. Cela ne l'empêcha pas de connaître tout le répertoire de bel canto et de s'accompagner lui-même au piano, sans avoir jamais pris de leçons de solfège, de chant ou d'instrument.

Une passion et des talents qui ne lui permirent pas de connaître le succès sur les planches, mais dont les enfants et petits-enfants connaissaient les avatars et ne manquaient pas d'évoquer certains souvenirs prégnants.

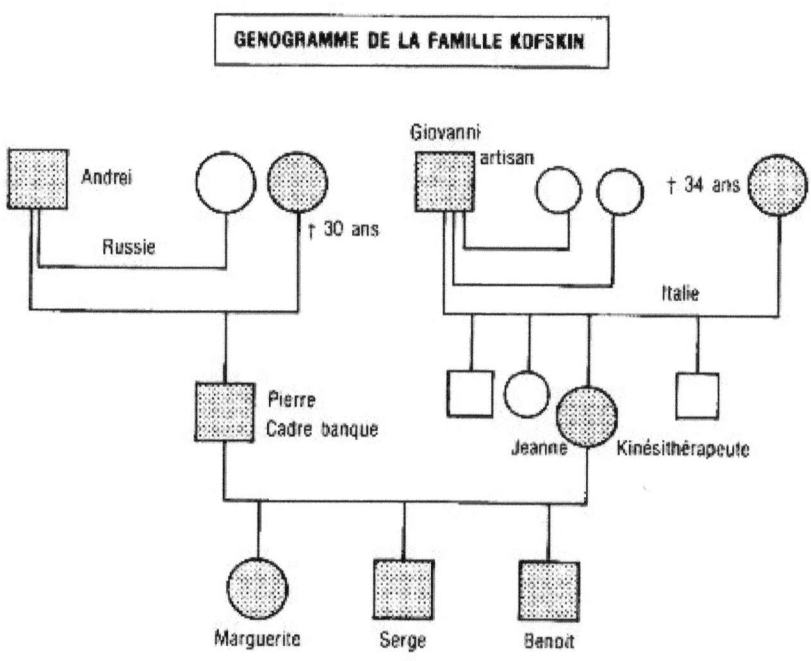

De la sorte, ce grand-père à la vocation artistique contrariée, devint pour ses petits-enfants encore plus auréolé de prestige ! Imaginons Giovanni couvrant de sa voix puissante le vacarme d'un torrent de montagne et chantant un air de Wagner, ou faisant trembler les vitres de sa maison. Comment ne pas être fasciné par ce grand-père qui pouvait capter pendant des soirées entières l'attention d'un public d'amis, ou par ce grand voyageur qui n'hésitait pas à courir les capitales d'Europe pour entendre ses opéras favoris ?

Giovanni se fit un nom dans le textile où il put exercer sa sensibilité et son goût artistique, ce qui lui valut de travailler avec les plus grands couturiers parisiens. Toutefois, le décès précoce de sa femme fut pour lui non seulement un drame, mais provoqua une rupture d'équilibre. Celle-ci en effet, atténuait par sa présence le caractère fougueux et prodigue de son mari. Veuf une seconde fois, il épousa en troisièmes noces une femme aussi passionnée que lui, et tous deux s'adonnèrent au jeu au point de s'en trouver complètement ruinés !

Si le tempérament enjoué et fougueux de ce grand-père enchantait ses petits-enfants, il en était tout autrement pour ses propres enfants, et notamment Jeanne. Depuis la mort de sa mère, le comportement inconséquent de son père était devenu source d'angoisse et d'insécurité, si bien que non seulement elle n'encouragea pas ses enfants à suivre une voie peu ou prou artistique, mais elle ne pouvait supporter de reconnaître en eux des traits rappelant son propre père.

Du côté paternel, Pierre est un fils unique dont le père était un homme austère et silencieux, qui avait le sens du devoir et respectait les valeurs établies. Moins brillant que le grand-père maternel, Andrei laissait cependant planer un souffle de mystère sur ses espaces lointains chargés d'exotisme. Sa vie en Russie était toujours évoquée avec nostalgie, comme le berceau d'une richesse insoupçonnée. De fait, il connut une vie d'émigrant assez modeste, et avait à cœur de favoriser au maximum la réussite professionnelle de son seul fils.

Pierre Kofskin semble avoir répondu à l'attente de son père, puisqu'il occupe une position socio-professionnelle très honorable. Mais comment ne pas être marqué par le décès de sa mère, alors que l'on a tout juste neuf ans ? Comme son père, lui aussi adopta une position de repli qui contribua à le tenir à l'abri d'émotions trop fortes.

Ses trois enfants connurent donc un homme extrêmement pudique, silencieux, consciencieux et laissant volontiers à sa femme le soin de leur éducation. Cherchait-il à compenser par là l'absence de sa propre mère dans sa vie d'enfant ? En tout état de cause, il se situait en retrait par rapport aux décisions de son épouse, et celle-ci en arriva à considérer qu'elle n'avait pas trois, mais quatre enfants ! En aucun cas, ce père ne se serait donné le droit de se montrer en désaccord avec Jeanne, et si cette coalition conjugale présentait aux enfants un front uni, il reste que Marguerite, Serge et Benoit n'ont pas trouvé auprès de leur père ce tiers susceptible de rendre l'emprise de leur mère moins étouffante.

Nous avons déjà parlé de l'enfance dans laquelle vécut cette mère, mais il faudrait ajouter que malgré son attitude défensive à l'égard des arts et des lettres, Madame Kofskin se montre capable de parler avec enthousiasme d'œuvres littéraires, musicales ou picturales, laissant entrevoir avec quel plaisir elle peut s'y plonger ! Marguerite affirme même que non seulement sa mère peut faire preuve d'une culture musicale très sûre, mais qu'en entendant quelques mesures d'un air d'opéra diffusé sur les ondes, celle-ci peut chanter avec le ténor, ne se privant pas de critiquer les aigus pris en demi-teinte, la couleur de la voix ou le manque de coffre d'un ténor pourtant renommé !

Ne sommes-nous pas là devant un paradoxe difficile à résoudre ? Une mère qui vibre à tout ce qui est artistique, mais qui ne veut à aucun prix voir un seul de ses enfants accorder à l'art une place centrale dans sa vie. Pour corser davantage ce tableau familial, ajoutons que ce n'est qu'une fois bien engagés dans la vie adulte, que l'aîné des enfants reçut de son père la confidence qu'il aurait volontiers tout sacrifié au piano, afin de devenir concertiste, mais qu'il avait bien senti l'insécurité que cela représentait pour son père !

Ainsi, Jeanne avait-elle épousé un homme qui, comme son père à elle, s'était soumis au désir parental en renonçant à faire carrière dans la musique.

Tout cela contribua à l'instauration d'une atmosphère familiale peu évidente à définir en quelques mots. L'école, le travail, la réussite scolaire et professionnelle étaient certes mis en avant des préoccupations et discussions familiales, avec comme l'on peut s'en douter, des remarques critiques voulant stimuler les enfants, et qui traduisaient toutes l'insatisfaction et la déception des parents.

Par ailleurs, les Kosfkin menaient une vie ouverte sur l'extérieur, invitant facilement des amis et se montrant alors brillants dans toutes sortes de sujets de conversation, y compris lorsqu'il était question d'art.

Pourtant dans le cercle familial, on considérait que le fait de dessiner, de peindre ou de chanter était une perte de temps. Aussi, les enfants se trouvaient-ils soumis à un paradoxe qui, pour être subtil, n'en était pas moins difficile à résoudre. Tous les trois jubilaient littéralement, lorsque leur mère déchiffrait avec eux une partition de chant et trouvait plaisir à chanter une œuvre, mais chacun guettait avec angoisse le moment où, en bonne mère de famille, Jeanne interromprait brutalement ce moment délicieux, pour s'en aller à la cuisine préparer le repas ou s'adonner à d'autres activités ménagères. Il leur semblait alors que leur mère s'en voulait de s'être laissée aller à ce mauvais penchant, et qu'elle se devait de retrouver son rôle de maîtresse de maison, sans perdre de temps à ces choses secondaires qu'elle s'interdisait profondément.

Comment eux-mêmes pouvaient-ils se sentir autorisés à répéter longtemps une pièce musicale, alors, que leurs devoirs scolaires étaient bien plus importants aux yeux des parents ?

Un autre trait caractéristique de cette famille concerne le manque de complicité ou de solidarité des membres entre eux. En effet, même à l'intérieur de la fratrie, les enfants faisaient cavaliers seuls. Chacun se trouvait étroitement attaché à une mère toute-puissante qui régissait tout, mais sans pouvoir expérimenter les effets d'un ciment familial. En effet, le travail de liaison ne peut se mettre en place que si les parents ou tout au moins un des deux parents l'amorce et le rend vivant, ce qui ne fut jamais le cas dans cette famille.

Certes, la musique aurait pu devenir un objet commun au groupe, un objet transitionnel, mais elle représentait trop d'interdits et de menaces pour être vécue comme un « bon objet » autour duquel aurait pu pivoter une interfantasmatisation créatrice. Disons que de multiples fantasmes s'ordonnaient autour du chant, de la musique, du jeu, de l'art, mais leur portée restait limitée et paralysante, faute d'une communication suffisante entre les membres de la famille.

Le symptôme que mettait en avant Marguerite à travers ses crises d'asthme peut alors s'entendre comme le symptôme du groupe familial. Chacun sait que pour chanter, il est nécessaire de respirer large, d'inspirer et d'expirer, de ne pas fermer ces bronches faites pour s'ouvrir au passage de l'air ! Dans l'étude que François-Bernard Michel a menée sur l'asthme chez les écrivains, il s'attache à comprendre le sens de ce symptôme : l'asthme pour exister, l'asthme pour ne pas mourir. « L'asthme altère essentiellement l'expiration de l'air. Un peu comme si l'asthmatique refusait de se séparer de l'air alors qu'il étouffe. L'asthmatique allergique, que son hypersensibilité transforme en un véritable détecteur des agressions de l'environnement, argumente ce refus. D'une certaine manière, il refuse cet environnement. » (F.B. Michel, *Le souffle coupé*).

Faute de mettre des mots sur cet indicible, Marguerite exprimait son refus par le corps, tout comme son frère Serge refusait l'environnement scolaire en se révoltant plus ou moins ouvertement. Quant à Benoit, de quoi avait-il honte, au-delà du fait de se sentir défiguré par ses crises d'eczéma ? Mais les uns et les autres ne pouvaient nommer le véritable objet de leur refus ou de leur gêne, et le déplaçaient sur l'école ou le corps propre. De fait, il s'agissait moins de rejeter les parents ou la mère, que de vomir ce qui se transmettait depuis des générations sans qu'aucune élaboration ne pût en être faite.

Ces « transmissions négatives » revêtaient donc un caractère d'autant plus pathogène, qu'elles arrivaient en ligne directe, à travers les inconscients parentaux et grand-parentaux, sans subir aucune transformation structurante pour le psychisme des uns et des autres. Ainsi, ce refus ne pouvait se dire que par la voie d'une expression symptomatique, grâce à quoi les enfants se conformaient le plus possible à ceux qu'on attendait d'eux.

Ceci se vérifie entre autres au niveau des choix professionnels : Marguerite entreprit des études de langues pour enseigner les langues étrangères, ce qui lui permit de faire un compromis astucieux entre sa passion pour la Russie, terre de ses ancêtres, et l'école, tellement sacralisée par les parents !

Serge s'orienta dans la publicité où il réussit en mettant en œuvre ses idées foisonnantes et sa force de conviction.

Benoit put enfin travailler le bois « sérieusement », en devenant ébéniste.

Toutefois, il fallut encore attendre quelques années pour voir se dessiner les véritables profils de ces trois frères et sœur. Tous trois s'ingénièrent à articuler leur métier avec un travail de création dans un registre plus artistique. L'aînée poursuivit sa formation en entrant aux Beaux-arts et en réussissant brillamment son diplôme. Il semblerait qu'elle ait, de ce fait, acquis beaucoup plus d'assurance et que les crises d'asthme aient fait place à une parole pleine.

Elle est devenue une artiste renommée.

Serge est copropriétaire d'une galerie d'art et se fie à son œil, pour acheter les toiles qu'il collectionne. Contrairement à son grand-père Giovanni, qui avait ruiné la famille par goût du jeu et des plaisirs esthétiques, Serge aime s'occuper de la promotion financière d'affaires touchant au monde artistique ! C'est ainsi qu'il est devenu le manager de sa sœur si brillante.

Quant à Benoit, lui qui avait la faculté de tirer spontanément une mélodie de n'importe quel instrument, il sut mettre à profit sa formation d'ébéniste et ses talents musicaux, en devenant facteur d'instruments de musique.

Chacun cependant a souffert, non pas tant d'avoir un grand-père aussi doué que l'était Giovanni, mais d'avoir pour grand-père un homme tellement idéalisé par leur mère ! En effet, faute d'avoir pu mettre suffisamment à distance son objet œdipien, Jeanne transmettait à ses enfants des injonctions contradictoires, témoignant par là d'une ambivalence non résolue, et qui laissait cet ancêtre idéalisé à la première place !

En happy end à ces observations cliniques, nous voyons qu'heureusement les symptômes peuvent progressivement céder le pas aux talents et à la mise en œuvre effective de celle-ci. Encore faut-il qu'un travail d'élaboration soit engagé, afin que les « fantômes » ne continuent pas à venir hanter les descendants sur plusieurs générations !

4. 5. Thérapie familiale et création

Nous venons de nous pencher près d'une vitre, à regarder longtemps vivre quelques familles. Familles de créateurs, familles en souffrance, toutes ces scènes de la vie familiale suscitent chez le thérapeute différents désirs. Toutes nous interrogent dans nos conceptions, notre idéologie, notre pratique.

Dans *Les nourritures terrestres*, André Gide n'est pas tendre pour ces foyers qui semblent retenir l'enfant prisonnier : « Familles, je vous hais ! Foyers clos ; portes refermées ; possessions jalouses du bonheur... Le père était là, près de la lampe ; la mère cousait ; la place d'un aïeul restait vide ; un enfant, près du père étudiait ; - et mon cœur se gonfla du désir de l'emmener avec moi sur les routes. »

Notre désir de thérapeute ne s'inscrirait-il pas aussi dans ce fantasme de libération ? À regarder de près certains éléments contre-transférentiels, nous y trouvons des accents de révolte devant ce qui nous apparaît être le théâtre d'une comédie familiale. Comédie burlesque où parents et enfants jouent à tenir leur rôle sans savoir qu'ils jouent, ce qui donne alors au spectacle l'allure d'une véritable tragédie. Comment ne pas interroger l'incidence de la famille sur le développement de l'individu et sur la pathogénèse des troubles ?

« Tout le monde ne peut pas être orphelin ! » s'écrie avec regret Poil de Carotte, mais aussi insuffisante que puisse nous apparaître une famille, c'est dans ce creuset irremplaçable que l'enfant apprend à vivre. La lecture de ces différentes observations familiales éclaire certains points que nous allons reprendre brièvement.

La plupart du temps, l'enfant « porteur de symptôme » est celui dont les difficultés viennent entamer l'idéal narcissique des parents. La souffrance devient, de fait, une souffrance partagée par le groupe familial. Dans toutes les familles que nous suivons en thérapie familiale, le patient désigné révèle par ses troubles d'anciens traumatismes de l'histoire familiale. Bernard Phildon, Antonio Camilleri, Marguerite et Serge Kofskin expriment, chacun à leur façon, ce qui n'avait pu être suffisamment élaboré par leurs parents.

Quand une famille trouve un consensus rigide en prenant trop le parti de la réalité au détriment du rêve, du jeu, de la fantaisie, un des membres réagit en questionnant le réel sur un mode plus ou moins délirant. Cela est, en effet, particulièrement évident pour la famille Camilleri, mais nous l'avons également observé dans d'autres groupes familiaux. Il est donc dangereux pour une famille de ne pas permettre un fonctionnement mental qui intègre des niveaux où le vrai et le faux n'existent plus, comme dans le mythe ou toute autre forme de rêverie.

C'est dans le jeu, que l'enfant reconstruit le monde ; les travaux de Winnicott ont révélé que loin d'être un simple amusement, le jeu est un facteur essentiel dans la croissance physique et affective de chacun de nous. L'aspect ludique des périodes de vacances aide chacun de nous à se libérer de certaines contraintes et de peurs souvent non exprimées. Nous savons tout l'intérêt que peut prendre le jeu dans une thérapie d'enfant; de même, en thérapie familiale, il est absolument nécessaire de mettre en place une aire transitionnelle, un espace où jouer devient apaisant et créatif. Mais de quel jeu s'agit-il ?

Certes, en thérapie familiale, il nous arrive de proposer au groupe de « jouer » en séance ce dont il vient d'être question. Ce recours au jeu de rôle permet une plus grande souplesse dans les identifications, facilite une perméabilité entre les membres, et élargit les possibilités d'expression à d'autres modalités qu'au seul niveau verbal. Pourtant, le jeu auquel je fais référence va beaucoup plus loin, puisque la boîte de jeu contient des objets généalogiques, des souvenirs, des mémoires transgénérationnelles, des mythes et des rites familiaux ; mais dans tout ce matériel figurent aussi le coupable, le séquestré, l'exclu et le mort.

Grâce au soutien des thérapeutes, la famille va « jouer » avec la réalité affective qui lui est propre, elle va apprivoiser des symptômes en les faisant circuler dans le groupe comme on jouerait avec une balle lancée plus ou moins fort, plus ou moins haut. Nous le savons, cela suppose une accommodation sensorielle et affective permettant de jongler avec tout cela. « La psychothérapie se situe en ce lieu où deux aires de jeu se chevauchent, celle du patient et celle du thérapeute... Là où le jeu n'est pas possible, le travail du thérapeute vise à amener le patient d'un état où il n'est pas capable de jouer, à un état où il est capable de le faire. » (D. Winnicott, *Jeu et réalité*).

Ce cadre thérapeutique dans lequel il est important que famille et thérapeute se sentent bien, ouvre le champ des possibles. D'une part, le travail en co-thérapie favorise une plus grande créativité et facilite la circulation des pensées, des affects, des fantasmes divers, d'autre part, cet étayage mutuel s'accompagne d'un plaisir mutuel à travailler ensemble. Cela permet à chaque thérapeute de se sentir libre d'intervenir ou de garder le silence. Ce parti-pris de confiance qui existe entre les thérapeutes, s'applique aussi à la famille et contribue à conforter narcissiquement chaque membre de ce nouveau groupe.

Lorsque la famille a pu intérioriser ce cadre comme le lieu d'un espoir, et en faire un espace ouvert à l'imaginaire et au réel, à la souffrance et à l'humour, alors peut s'effectuer un travail d'interprétation. Considérons d'abord ce terme au sens d'une « traduction » de ce qui est inintelligible par l'ensemble du groupe familial.

Lorsque nous avons affaire à des productions délirantes, il est particulièrement utile de lancer un processus de décodage, en faisant associer les membres de la famille sur ce qui vient d'être dit. Parfois même, nous proposons notre traduction, dont nous veillons à ce que la formulation reste la plus ouverte possible.

La façon dont les thérapeutes de famille vont pouvoir commenter des conduites, analyser certains symptômes ou soutenir ce que tel membre de la famille n'ose exprimer, toutes ces interactions vont permettre à la famille de donner du sens à ce qui demeurait hermétique, honteux et douloureux.

Sollicité dans sa capacité d'interprète, le thérapeute l'est, de fait, dans sa capacité de créateur et d'artiste. Une traduction appropriée d'un comportement est un art, et nécessite une grande prudence dans l'interprétation qui en sera faite par la famille; car elle inclut l'expérience symbolique de la transposition. Traduire, c'est comprendre, serrer au plus près le texte original, pour le transposer en une autre langue et en faire véritablement un nouveau texte. Ce travail de traduction devient pour les thérapeutes et la famille une œuvre de ressourcement où les uns et les autres portent un autre regard sur eux-mêmes, en symbolisant ce qui ne l'avait pas suffisamment été.

Cette fonction créatrice de la thérapie familiale peut s'étayer sur **le mythe d'Hermès**, ce messager bien connu de la mythologie grecque. Cet enfant qui utilisait sa ruse à voler sans scrupule ou à tromper les autres par de belles paroles, a su se servir de ses « vices » pour devenir un artisan ingénieux et même un véritable créateur. Les grecs lui attribuaient l'invention de la flûte de Pan, de la lyre et de l'écriture et le consacraient ainsi dieu des brigands et des marchands, mais aussi dieu des communications et des échanges.

Hermès se montre, en effet, habile à passer d'un plan à l'autre, d'un lieu à l'autre. En tant qu'envoyé des Dieux, Hermès porte toujours un message inattendu et peut être considéré comme l'agent du changement.

C'est en ce sens que toute interprétation visant à dégager le sens latent d'un discours manifeste, ou à traduire autrement ce qui se dit, a un effet mobilisateur et devient facteur de changement thérapeutique. Un des objectifs de la thérapie familiale est donc de permettre que le groupe familial, lui aussi, change de plan et porte un autre regard sur ce qui était jusque-là source de conflits ou de souffrance. Cette préoccupation ne vise donc pas d'abord à faire disparaître le symptôme, mais à chercher ensemble le sens qu'il prend pour le patient désigné et pour son entourage.

Le délire qui est annoncé par la famille comme une production anormale et inquiétante, nous apparaît représenter l'ultime tentative du psychotique pour introduire dans l'hyper-réalisme de sa famille, la dimension fantasmatique qu'elle ne connaît pas ou presque pas. Dans notre souci de libérer les processus créateurs du groupe familial, nous accordons par conséquent une place de choix à cette création individuelle délirante, en la connotant avec autant de gratitude que nous le ferions face à une œuvre d'art : l'espace de la rêverie et de l'illusion s'ouvre, invitant chacun à se laisser aller à ses propres fantasmes ou interprétations.

Notre présence, comme garant du cadre, a une fonction rassurante qui libère les parents de ce qu'ils considèrent être leur mission principale : contenir tout débordement. Si le cadre est ressenti comme un contenant fiable, nous pouvons alors développer davantage la fonction de « conteneur » de l'espace thérapeutique, comme celle de la famille. Ce contenant doté d'une capacité de rêverie va, en effet, faciliter le processus de transformation des éléments bruts et permettre l'accès à la symbolisation.

La famille arrive alors à repérer l'écart qui existe entre l'image d'elle-même que les thérapeutes lui renvoient, et l'image qu'elle est habituée à percevoir. Cet écart permet d'accéder à la différence et au manque, et c'est ainsi que le groupe familial peut réécrire son histoire sous forme de palimpseste.

Le manuscrit original ne pourra plus être lu de la même manière, puisqu'il se trouve en quelque sorte corrigé, remis en question par le travail thérapeutique, mais le parchemin de départ reste bien le même. Si les palimpsestes sont généralement des textes éminemment riches, cela tient au fait que le nouveau texte est en rapport direct avec ce qui se trouve caché, et depuis longtemps, tenu secret. À partir de ce matériau de base, un lent travail de découverte, d'appropriation et de digestion peut désormais donner naissance à une création proche de l'original, mais si personnalisée qu'elle en diffère par bien des points.

C'est donc une nouvelle fonction dont la famille fait l'expérience en thérapie : la fonction poïétique. Cette poïétique familiale, ou travail de création à l'intérieur de la famille, relance le processus de symbolisation et fait de cet espace où la création est désormais possible, un espace transitionnel. Les co-thérapeutes deviennent alors plus sensibles aux initiatives prises par les familles, ce qui permet à la thérapie familiale d'exercer la fonction structurante dont elle avait besoin.

Pour signifier cette appropriation du cadre comme espace de partage, de jeu et de rêverie, la famille Camilleri avait apporté en séance un gâteau pascal, spécialement ramené de Malte à notre intention. Il ne s'agissait certes pas d'un « repas totémique », toutefois cela s'est inscrit dans un rite familial, religieux et culturel. Cela prit sens à plusieurs niveaux, et compte tenu de l'importance que tenait ce pays dans la vie psychique d'Antonio, ce fut pour nous l'occasion d'en parler autrement et d'élaborer ensemble la relation transférentielle qui sous-tendait ce désir de partage.

La fin de la thérapie de la famille Phildon prit un aspect festif, grâce au champagne que nous avons bu ensemble, et que la famille avait, à l'avant-dernière séance, proposé d'apporter. Ne s'agissait-il pas d'une véritable fête de famille à laquelle étaient associés les thérapeutes ? Dans le cadre même qui recueillit tant de paroles émouvantes, nous célébrions une naissance, l'avènement d'un nouveau mode de relations entre l'intérieur et l'extérieur d'une famille.

Certains thérapeutes peuvent critiquer une telle façon de faire, dans la mesure où il est de règle de privilégier la mise en parole à la mise en acte de transfert. Toutefois, loin de faire de cela une règle générale, il semble que les thérapeutes doivent être en mesure d'adapter leur réponse à chaque cas particulier.

Si nous regardons maintenant la dynamique familiale des Kofskin, nous ne pouvons rester sourds à cette nécessité incoercible qui pousse les enfants Kofskin à faire œuvre de création. Il semble bien en effet, que toutes les transmissions psychiques se réaménagent dans l'après-coup, grâce aux processus créateurs. La fonction que tient la création dans cette famille est liée aux effets de rupture qui se sont produits dans différents registres : exil, deuils rapprochés, interdit posé sur toute carrière artistique etc. Les actes créateurs sont sans doute les plus à même de favoriser l'élaboration de ces failles, dans la mesure où ils transforment l'interrogation posée sur le réel, en œuvre de création.

Aussi, nous ne saurions dire si les familles suivies en thérapie familiale se présentent comme des familles où le risque psychique est plus grand que chez les familles de créateurs reconnus. Au terme de cette recherche, cette interrogation nous semble vaine, et nous rejoignons en cela la position que défendait Colette Chiland, lors du Congrès de psychanalyse familiale de Grenoble : « La condition humaine est à risque psychique, à proportion de l'étendue, de la richesse, de la vulnérabilité de la psyché humaine. C'est un risque psychique de ne pas développer son potentiel intellectuel, de ne pas réussir à l'école. Et c'est un autre risque psychique d'être hyperdoué, premier à l'école, polytechnicien, et de s'effondrer quand il n'y a plus de concours à passer. C'est un risque psychique d'être un médiocre « heureux ». C'est un autre risque psychique d'être un artiste, un créateur tourmenté. C'est un risque psychique de n'avoir aucun trouble mental, aucun symptôme névrotique... d'être actif, hyperactif et d'avoir à répétition des accidents ou des maladies graves. »

Concluons notre réflexion par cette litanie sur le risque psychique, car elle résume ce que nous voulons démontrer : une famille vivante est une famille à haut risque ! La ligne de partage passe donc moins par l'axe symptôme ou talent, autant que par celui du risque ou de son évitement.

Mais le prix de la vie n'est-il pas dans les risques que chacun de nous doit savoir prendre ?

Denise Morel-Ferla

V
LES PROCESSUS CREATEURS

> *Je le savais jadis*
> *Je le saurai plus loin*
> *Sous sa gangue d'argile*
> *La vie toujours s'explore*
> *Et se retaille Vie.*
>
> Andrée Chedid *Un autre sang.*

5.1. S'exiler pour créer

Poser d'entrée de jeu, comme nous l'avons fait, qu'une famille génératrice de vie favorise toutes sortes d'investissements, c'est considérer la création comme un des effets de ce que nous pourrions appeler une famille « ouverte ». Ainsi, une famille qui n'enferme pas ses membres dans un ghetto étouffant, favorise la circulation entre l'intérieur et l'extérieur, et ce, dans les deux sens :

- accueil, réceptivité à ce qui vient du dehors, et dont les membres ne cherchent pas à se défendre comme d'un mauvais objet.

- production, publication de ce qui a germé à l'intérieur de l'individu et du groupe familial, sans crainte de le voir abîmé ou détruit par les autres.

Si cet échange, moteur de toute création, s'avère nécessaire, il n'est certes pas suffisant à déterminer la portée d'une œuvre, ni surtout à affirmer qu'une famille de créateurs favorise davantage la vie que la mort. Tout créateur qui porte en lui les germes d'une création à venir, connaît, en effet, la souffrance, l'angoisse, le doute, et accepte d'être traversé par le travail de mort, en ce que cela implique comme mouvements de dé-liaison, de destruction, et de perte des limites.

Imaginons alors une famille où cohabitent plusieurs personnes de ce type, c'est-à-dire qui consentent à vivre cette régression vers des structures archaïques qui, comme Michel Tournier l'exprime, ont leur « pente funeste qui descend vers la souille ». Ces individus se livrent alors à une destruction de la matière, de l'environnement et d'eux-mêmes. « Le peintre coupe, perce, scie, poignarde, écartèle, déchire, étrangle. » confirme Bernard Cendrars. Nous savons que tout créateur a ce rapport à la matière, qu'il s'agisse du matériau utilisé (terre, tissu, bois, papier, film, livre) ou de l'objet même de l'œuvre !

Quel créateur n'est pas amené à tuer père et mère, à tordre le cou aux idées reçues, à déchirer l'enveloppe familiale, à craquer sa coquille pour naître enfin ! Cette rupture des évidences provoque des remous, creuse des précipices, sépare des continents, alors comment ne mettrait-elle pas à mal une famille ? À quel prix peuvent se monnayer de tels déchirements, autant de luttes intestines contenues par une seule « peau » familiale ?

Certes, la famille est peut-être vivante, mais c'est aussi une famille à hauts risques, où l'échec et la mort sont toujours possibles, où les angoisses dépressives, paranoïdes ou de morcellement peuvent prendre le pas sur la création de structures nouvelles. La famille reste le lieu où il devient difficile d'articuler mort et vie, travail de déliaison avec liaison de l'énergie libre, où l'union sacrée entre Eros et Thanatos se célèbre dans des funérailles regrettables...

Tout semblait pourtant bien en place ! On avait convié à ces noces entre la vie et la mort des invités de choix, on avait veillé à ce que les processus nécessaires fassent partie du cortège, on avait... on voulait... on pensait... on savait... Mais que savons-nous de cette chimie subtile nécessaire à toute mise en création ? Pouvons-nous identifier sans coup férir les processus créatifs à l'œuvre dans un groupe familial où coexistent plusieurs créateurs ?

Certains de ces processus ont déjà été étudiés par les théoriciens qui ont mené une recherche sur la création. Depuis les premiers textes de Freud, en effet, de nombreux analystes ont cherché à se repérer dans les dédales souterrains de la création d'une œuvre. Nous tenons donc le plus grand compte des travaux de tous ces prédécesseurs, et cette partie a pour but de rappeler sommairement autour de quels processus essentiels l'œuvre se crée, tant il est vrai que les observations menées auprès de familles de créateurs ont bien mis en relief l'importance de certains processus.

5.1.1. L'exil

Avant de rappeler certains référents analytiques classiques, nous pouvons souligner que tous les créateurs accordent une place importante à l'exil. C'est souvent, en effet, au prix d'une déchirure, que la création se fraie une place, et cette rupture des liens prend souvent la forme d'un exil ; s'il est géographique pour nombre de créateurs, cet exil peut aussi être symbolique, et prendre la forme d'une toile pour le peintre, de la pierre ou d'une feuille vierge pour le sculpteur ou l'écrivain.

Quitter ses repères, son pays, famille et amis, pour trouver dans le matériau servant de support à la création un autre espace que le créateur peuple selon son imagination, c'est se donner **une autre terre d'élection.**

Le migrant, cet homme du voyage se profile alors comme un être de vie, en route vers, mais n'oublions pas pour autant qu'il s'agit tout-de-même de rompre des liens, de s'éloigner du connu, de laisser derrière soi un monde d'appartenances.

Or c'est dans les pulsions de mort que le créateur trouve la force de tuer d'anciennes représentations, et de rejeter ce qui n'est que scories. L'exil est alors d'ordre psychique, et cela suppose que le sujet puisse supporter de se démarquer des autres et de vivre une certaine solitude.

Mais l'exil peut aussi revêtir d'autres formes. Ainsi le fait de se retirer temporairement de la vie familiale, pour mener une réflexion solitaire afin de se retrouver au calme, suppose certaines dispositions égocentriques. C'est en fait ce qui fait dire à Suzanne Horer, que les femmes ont moins que les hommes, la possibilité de réserver leur temps à l'œuvre : « Le lot ordinaire des femmes, c'est le temps haché menu dès l'enfance... soins aux enfants, au mari, au ménage. » (*La création étouffée*).

S'isoler, s'exiler volontairement, est sans doute un processus qui participe de la pulsion de mort, mais n'est-ce pas aussi un luxe dont nous pouvons parfois rêver, lorsque le temps de nos journées ne nous laisse pas ce loisir ?

D'autre part, pour que la créativité se transforme en création véritable, il est nécessaire que le sujet puisse élaborer, en les transposant, fantasmes et affects qui lui sont apparus comme pouvant faire l'objet d'une œuvre. Les créateurs socialement reconnus sont effectivement capables, non seulement d'élaborer leur monde interne, mais arrivent à se détacher de leur œuvre lorsque le moment est venu. Ces deux observations méritent d'être regardées de plus près, avant d'avoir recours aux notions plus psychanalytiques concernant l'appareil psychique du créateur.

L'idée si répandue, que l'artiste est un être sensible, et que son art coule de source, trouve son démenti auprès de tous les véritables créateurs. Sans doute, une sensibilité affinée éclaire-t-elle autrement certaines perceptions, mais que personne ne s'y trompe : la fameuse « inspiration » de l'artiste ou de l'inventeur, faute d'être mise en forme par un important travail d'élaboration grâce auquel l'œuvre se construit véritablement, risque fort de rester en friche !

Cette capacité à structurer, à agencer entre elles des représentations appartient au travail de symbolisation. Nous décelons tout l'aspect progressif de cette démarche qui met en œuvre des processus secondaires et s'appuie essentiellement sur les pulsions de vie du sujet. Nous pouvons penser que sans ce travail d'élaboration qui préside à la grammaire de l'œuvre en lui donnant un code, une syntaxe, un style d'écriture propre, le créateur en puissance ne dépasserait pas le stade de la créativité. Il risque alors de ne pas parvenir à prendre suffisamment de distance par rapport à une imago maternelle toute-puissante, pour arriver à vivre une gestation qui lui permettra de donner naissance à l'œuvre qu'il pressent, et à faire vivre une véritable création.

Cette œuvre que le créateur porte en lui pendant des mois, voire des années, doit comme l'enfant en gestation, se détacher de l'enceinte porteuse pour naître enfin !

Certes, l'œuvre en cours de création est bien vivante à l'intérieur du créateur, mais le resterait-elle s'il l'a gardait indéfiniment en lui comme un bon objet à préserver des attaques extérieures ? De même, une œuvre ressentie comme un mauvais objet qui risque de lui attirer des critiques, et entamer son narcissisme, peut ne jamais voir le jour! Tous les efforts du créateur s'appliqueront alors à contrôler l'œuvre de l'intérieur, en ne l'exposant pas au public.

De cette dialectique entre le bon et le mauvais objet, peut naître une résistance face à la publication de l'œuvre créée. Là encore, il faut que le créateur soit suffisamment conforté narcissiquement, pour pouvoir prendre le risque d'affronter les différentes réactions, les critiques ou pire, l'indifférence du public.

Mais avant d'arriver à cette phase finale du processus de création, voyons quels mécanismes entrent généralement en jeu dans le travail de création.

5.1.2. Déliaison, désinvestissement

Un créateur expérimente toujours l'importance de l'activité de déliaison, comme un mouvement nécessaire au renouvellement de son énergie créatrice. *Détruire, dit-elle* ; ce titre d'une œuvre de Marguerite Duras s'applique aussi bien à l'héroïne du roman qu'à l'auteur, dans la mesure où la mort naît de la vie. Celui qui ne prend pas le risque de tout remettre en chantier, de se séparer de ses vieilles peaux, de ses attaches antérieures, verra s'ankyloser une partie importante de son potentiel créateur.

Etre capable de tourner en dérision aussi bien des valeurs établies, que ses propres certitudes, est une des modalités qu'utilise le créateur pour aller de l'avant, imaginer d'autres structures et continuer sa marche. Pourtant, cela suppose qu'il n'ait pas peur de voir s'effondrer son assise, et que loin de s'accrocher à de fausses assurances et à une toute-puissance défensive, il puisse larguer les amarres !

Le créateur, cet être capable de s'exiler loin de ses frontières natales, devient un « étranger », un être séparé, un homme habité par sa propre cassure, et par là même, il se constitue en être de désir. Entendons bien qu'il ne s'agit pas d'accorder une prévalence aux pulsions de mort sur les pulsions de vie, mais il appartient au créateur d'articuler au mieux Eros et Thanatos, dans sa vie comme dans son œuvre.

« Musil compare le plaisir de faire un croc-en-jambe aux idéaux et aux certitudes acquises, à la maligne tentation qui vient à l'esprit devant un beau grand vase de cristal qu'un seul coup de canne briserait en mille morceaux. Cette destruction a toujours une double portée et elle est simultanément orientée vers l'autre et vers soi-même. » (Sophie de Mijolla-Mellor, *Sur l'intellectualité*).

Cette agressivité suscitée par le travail de création est le signe que l'acte même de créer correspond à une phase de crise pour l'appareil psychique, phase d'autant plus difficile à assumer, qu'il s'agit, la plupart du temps, d'une mise à mort des images parentales ou surmoïques, et que le risque pris en l'occurrence pèse sur le sujet.

« Créer, c'est toujours tuer, imaginairement ou symboliquement, quelqu'un, le processus étant facilité si ce quelqu'un vient de mourir car on peut le tuer avec de moindres sentiments de culpabilité. L'œuvre se construit souvent sur la destruction d'une des figures constituant le

Surmoi, figure inhibitrice et réprobatrice, mais surtout d'une insurpassable fécondité. » (D. Anzieu, *Le corps de l'œuvre*).

La création, en tant que mouvement supposant une part de sublimation des pulsions sexuelles, se présente nécessairement comme le fruit d'un sacrifice, et l'aboutissement d'un renoncement à un plaisir immédiat. Cela est suffisamment clair aujourd'hui, pour que nous n'ayons pas besoin de l'expliciter davantage dans le cadre de cette recherche.

Pourtant, la souffrance et le manque qui se trouvent à la clé de tout mouvement créatif, pour nécessaires qu'ils soient, risquent de venir inhiber la capacité d'investissement de l'objet, investissement sans lequel il ne pourrait y avoir de création menée jusqu'à son terme !

Nous le savons, un des effets de la pulsion de mort se manifeste par un mouvement de désinvestissement de l'objet, au point que « tout acte de désinvestissement réussi ne laisse aucune trace, aucun signe qui viendrait témoigner que quelque chose avait été investi. » (Piera Aulagnier, *Condamné à investir*). C'est là que les processus mis en jeu dans toute souffrance, quelle qu'elle soit, sont essentiellement dynamiques pour le sujet, et débouchent souvent sur un travail de création.

S'il y a souffrance, c'est qu'il y a encore trace d'un quelconque investissement d'objet. Confronté à une perte douloureuse, ou à une déception, le sujet devra alors métaboliser ses affects, et se servir, le cas échéant, de ses réserves libidinales pour métamorphoser en plaisir ce qui n'était que souffrance.

Le chemin de croix s'ouvre alors sur la passion proprement dite, entendons par là, le double sens du mot *passion*, à savoir souffrance et investissement amoureux extrême. « Non seulement tout objet source de plaisir peut devenir source de souffrance, mais plus l'objet est nécessaire au plaisir, plus s'intensifie son pouvoir de souffrance, chaque fois qu'il refuse sa présence ou qu'il rejette l'investissement qu'on lui demande de partager. » (Piera Aulagnier)

Aussi, c'est à un véritable paradoxe que se trouve confronté le sujet, et le créateur tout particulièrement : souffrir par la présence de cet objet fortement investi, et par lequel lui advient quelque plaisir, ou se galvaniser contre cette souffrance, mais au risque de perdre ce qui donne son charme à la vie.

Si nous considérons ce qui se joue sur la scène familiale autour des ruptures, des deuils ou autres événements impliquant un désinvestissement, il est remarquable de voir à quel point de tels drames deviennent la pierre d'angle d'une mise en création. Nous en avons longuement parlé en ce qui concerne la famille Brontë ou les Claudel, mais cela se retrouve souvent dans les observations qui ont été faites.

Pensons à Mallarmé qui a perdu son fils Anatole, âgé de huit ans, et qui a alors senti l'impérieuse nécessité d'écrire sur cet enfant. L'enfant vivant n'aurait peut-être pas stimulé le père dans son génie créateur; en revanche, cette mort devint féconde et donna naissance au *Tombeau d'Anatole*.

5. 2. Reconstruire, ailleurs

Quitter, détruire et prendre le risque de tout perdre ne sont que les premiers temps d'un cheminement créateur qui, pour aller jusqu'à son terme, doit se prolonger par un travail de reconstruction. Cette nouvelle création s'appuie sur plusieurs processus. Je parlerai de trois d'entre eux : réparation, conquête et sublimation.

5.2.1. La réparation

Ce mécanisme essentiel à toute création, tend à recréer à l'extérieur du sujet, sous la forme d'une œuvre, l'objet préalablement détruit ou perdu. Ce faisant, le créateur embellit ou idéalise cet objet, et le préserve d'un mort définitive. Didier Anzieu exprime tout-à-fait clairement ce qui fait l'intérêt de ce mouvement réparateur, lorsqu'il écrit :

« Créer, Mélanie Klein l'a compris la première, c'est réparer l'objet aimé, détruit et perdu, le restaurer comme objet symbolique, symbolisant et symbolisé, c'est-à-dire assuré d'une certaine permanence dans la réalité intérieure. C'est en le réparant, se réparer soi-même de la perte, du deuil, du chagrin. On se dégage de la position dépressive par le travail de la réparation, qui est le même que le travail de la symbolisation ou encore de la sublimation.» (D. Anzieu, *Le corps de l'œuvre*).

Ce processus s'inscrit directement parmi les pulsions de vie, dans la mesure où il fonctionne comme un principe de liaison, qui structure le réel marqué par le manque ou la perte. Nous voyons ce mécanisme de réparation à l'œuvre chez les Brontë, précocement frappés par des deuils rapprochés. Réparation encore chez Charles Perrault, Camille et Paul Claudel et tant d'autres créateurs dont l'œuvre atteste la présence de ce processus structurant.

5.2.2. La conquête

Fréquemment observé chez les créateurs, ce processus mettant en jeu l'idéal du moi et les identifications à des personnalités de renom, apparaît avec évidence dans la plupart des monographies que nous avons rapportées. En effet, qu'il s'agisse du désir de conquérir la scène, qui animait la famille des Marx Brothers, ou de la revanche que d'autres créateurs prennent sur leur passé ou sur la société, la création se présente comme une conquête nécessaire à la survie de l'individu et de son groupe familial : « C'est une revanche pour moi de pouvoir écrire ! C'est un plus par rapport aux rois, aux princes, aux présidents, aux milliardaires ; c'est quelque chose que j'ai de plus qu'eux, et qui me console de ne pas être prince.» (Olivier Poivre d'Arvor)

Les figures d'identification, pour nombreuses et variées qu'elles soient, en fonction de la quête de tel ou tel créateur, de son histoire personnelle et familiale, sont toutes marquées par quelque chose de grandiose, voire mythique.

Cette filiation symbolique, ou pour reprendre le terme employé par D. Lagache, ces « identifications héroïques » fonctionnent un peu comme des lettres de recommandation, sorte de laisser-passer permettant de repousser les inhibitions et de transgresser les préjugés tabous, les appartenances peu glorieuses héritées d'un milieu familial non conforme aux aspirations du créateur. Ainsi Freud, dont les parents ont dû quitter Freiberg, s'identifie à Enée, le héros de « *La descente aux enfers* », qui a fui Troie.

Comme le note à juste titre Anzieu, « l'idéal du moi du génie créateur est doublement conquérant : conquête sur l'objectif (il suscite le désir d'effectuer une découverte, une réalisation qui apporte quelque chose aux autres), mais aussi conquête sur soi .» (*Psychanalyse du génie créateur*).

Toutefois, il serait abusif de penser que tous les créateurs sont habités par ce fantasme d'un « Moi triomphant ». Certes, cela existe, mais il apparaît que ceux qui s'adonnent à la création par nécessité vitale, c'est-à-dire poussés par un besoin impérieux de suturer une souffrance aiguë sont nombreux. Van Gogh notamment l'a exprimé dans sa correspondance. Chez lui, nulle trace de conquête, ni de fantasme de toute-puissance, mais un doute constant, une humilité, le sentiment d'une impossibilité à sortir de cette crise intérieure qui l'obsédait.

L'œuvre devient alors le signe d'un interdit de jouissance. Elle marque d'un trait rouge le sacrifice répétitif que l'artiste se doit de faire à sa vie pulsionnelle. Loin de devenir, comme l'affirme Winnicott, ce lieu de repos, cette « aire de compromis » qui aide le créateur à faire face au réel, la création se charge de toutes les angoisses non intégrées, et contribue à désigner l'écharde que le sujet porte en lui.

C'est là, que nous observons une différence essentielle entre un individu qui se trouve seul dans sa famille, aux prises avec la nécessité de créer, et ceux qui partagent ce goût de la création au sein de leur fratrie. Nous avons noté, lors de notre réflexion sémiologique, l'importance que tient pour chacun des membres, le groupe fraternel engagé dans une épreuve de création. Cette dimension de partage, de résonance fantasmatique est sans conteste un support qui, loin de marginaliser le créateur, l'aide à trouver dans son milieu familial un contenant efficace et rassurant.

5.2.3. La sublimation

Nous sommes ici en présence d'un processus-clé, toujours en jeu dans la création. Que pouvons-nous en dire, aussi brièvement, lorsque l'on sait que des livres entiers traitent de cette question ?

Sublimer les pulsions sexuelles et les pulsions agressives, en les dérivant vers un nouveau but où l'objet (œuvre d'art, invention etc.) est valorisé au niveau social, c'est à cela que s'appliquent les créateurs. Toutefois, comme le proposent Laplanche et quelques autres théoriciens, il est important de pluraliser la notion de sublimation.

Le concept de *sublimation* n'est-il pas assimilé à une « valeur », en ce sens que le corps social accorde à toute activité sublimatoire une place élevée dans la hiérarchie des valeurs ? Certains parlent même volontiers de « don », pour désigner cette aptitude particulière qu'a un individu à sublimer ses pulsions en les intégrant dans une œuvre de création. Dans son étude sur l'esthétique freudienne (*L'enfance de l'art*), Sarah Kofman critique vivement cette visée théologale de l'art : « Ces "dons" inexplicables seraient dus à la générosité d'une bonne nature, sorte de Providence bienveillante à l'égard d'un certain nombre de privilégiés. »

Or il ne s'agit pas de poser les questions en termes d'inné ou d'acquis, de dons ou de conditions favorables à la création, pas plus que de privilégier l'activité artistique ou scientifique à l'activité sexuelle ! La question qui nous importe, et qui interroge directement le processus de sublimation, est de savoir comment passer d'un mode de fonctionnement psychique donné à d'autres modalités de relation à l'objet.

Il est certain que le plaisir de créer trouve, comme substitut de jouissance sexuelle, toutes les formes d'expression de l'activité ludique. « Le pouvoir créateur n'a pas de finalité, il ouvre les horizons, transforme les visions. Il est avant tout jeu et plaisir » (S. Horer et J. Socquet, *La création étouffée*).

Cependant, le fait de trouver du plaisir à travailler et à créer n'empêche pas le sujet de souffrir, ni d'avoir à se débattre contre certains symptômes. L'individu qui s'adonne à une activité sublimatoire n'abandonne pas pour autant ses investissements sexuels et narcissiques, et peut avoir le sentiment de sacrifier une part importante de sa libido au service d'un dieu tyrannique, la création ! « On est souvent en droit de penser que le masochisme moral du créateur a gauchi sa postulation sublimatoire pour le réduire finalement à une production symptomatique. » (C. David, *La sublimation, concept ou valeur ?*)

Rembrandt Bugatti, Vincent Van Gogh ou Camille Claudel par exemple, ne se sont pas trouvés comblés par leurs réalisations sublimatoires. Tous ont fait preuve de grand talent, d'une passion pour leur art, tout en présentant des distorsions psychopathologiques qui les ont amenés au suicide ou à la folie. Ce sont ces vicissitudes des mouvements d'intégration qui conduisent de nombreux artistes au suicide, dans la mesure où les stimulations sensorielles et pulsionnelles sont parfois excessives. Elles ne trouvent alors pas toujours la dérivation et l'expression sublimatoire suffisantes pour contenir ces effets destructeurs.

D'autre part, nous savons que la sublimation implique toujours l'existence d'un processus de déliaison et de détachement. Dans son article sur la *sublimation*, Christian David souligne le risque qu'il y aurait à ne voir que « les aspects syntones à la pulsion de vie. Ne serait-on pas conduit à minimiser les composantes destructrices et anti-sexuelles des processus sublimatoires ? » Et poursuivant cette ligne de pensée il écrit ceci: « Le reflux de l'énergie libidinale sur le moi peut en effet ne pas se trouver employé au seul bénéfice du narcissisme vital et des intérêts du moi. Il peut être détourné au profit du narcissisme léthal. »

L'analyse sommaire du concept de « sublimation » nous invite à garder en mémoire que tous les processus en jeu dans le travail de création se situent au carrefour des pulsions de vie et des pulsions de mort, les unes s'éclairent et prennent sens, grâce aux autres, dans une interaction continuelle.

Par ailleurs, la notion de « partage » est inhérente au processus de sublimation. Piera Aulagnier en fait même l'aspect prédominant. Il est un fait que l'intégration socio-culturelle invite tout individu à contribuer à l'enrichissement du patrimoine humain, en faisant œuvre de création. Cet aspect des choses est particulièrement manifeste chez les frères Lumière, où l'invention et la recherche de nouveaux procédés photographiques s'inscrivaient dans un désir de participer à l'évolution scientifique du monde.

En tout état de cause, il semblerait que plusieurs mobiles entrent en ligne de compte dans l'activité sublimatoire. Le désir de communiquer, de partager avec d'autres ce que l'on a soi-même découvert, n'est pas parmi les moindres, mais nous devons y ajouter ce que Freud a lui-même souligné : l'articulation entre sublimation, identification et narcissisme.

Dans *Le Moi et le ça*, Freud se demande si le moyen de sublimation le plus général n'est pas celui qu'utilise le « Moi transformant la libido sexuelle dirigée vers l'objet, en une libido narcissique, en posant à celle-ci des buts différents. » (*Essais de psychanalyse*).

En ce sens le sujet narcissique se sert de l'identification à autrui pour devenir lui-même son propre objet d'amour. C'est ce point de vue que développe Guy Rosolato, dans son analyse sur la solitude narcissique, et les rapports qui se nouent avec les sublimations.

« Le Narcisse, pour préserver son unité oscille entre la conduite hystérique et la conduite obsessionnelle, corrigeant les identifications partielles de ces deux névroses l'une par l'autre. De sorte que cette unité préservée entretient la solitude... Cette solitude narcissique participe au mécanisme d'oscillation : elle joue un rôle dans la symbolisation esthétique et dans la sublimation qu'elle réalise. » (G. Rosolato, *Essais sur le symbolique*).

Lorsqu'un individu ou a fortiori, tout un groupe familial s'engage dans un tel travail de reconstruction, c'est avec l'espoir d'y trouver un plus, pour eux-mêmes et éventuellement pour d'autres. Laissons la parole à Didier Anzieu qui sait si bien dire à quel point l'œuvre est, pour le créateur, ce « plus de vie » qu'il cherche et qu'il donne au public, lorsqu'il parvient à la mener jusqu'à son terme.

« L'illusion propre au travail créateur, c'est de croire et de faire croire que ce que je suis, ce que vous êtes, ce qu'est le monde et aussi ce qu'il n'est pas ; oui, que cela peut à la fois être infini et unique, c'est-à-dire tout. Ces tensions apportent à l'œuvre une multiplicité suffisamment croisée de dynamiques internes pour qu'émane d'elle un sentiment de vie -le sentiment que l'œuvre est à la limite plus vivante que la vie. Car elle est la vie qui se reconnaît et qui se représente à elle-même comme vivante, les vies de plusieurs êtres condensées en une seule vie, les multiples moments d'une même vie ramassés en un tout qui serait le tout de cette vie. » (*Le corps de l'œuvre*).

5. 3. Du Je au Nous

La réflexion sur les processus que nous venons de dégager n'est pas spécifique au groupe familial, mais se rapporte davantage au substrat de la création, dans l'expérience que chaque individu peut en faire. Mais lorsqu'une famille permet à plusieurs de ses membres de s'adonner à la création, elle présente certains aspects que nous ne retrouvons pas forcément dans d'autres familles.

Le sentiment d'appartenance au groupe, le mythe constitutif d'une famille, les caractéristiques grâce auxquelles une famille se fait identifier, tout cela contribue à la constitution d'un « Nous ». Chez les familles de créateurs, il apparaît que le processus même de la création trouve place dans la formation de ce « nous ». En effet, c'est aussi bien l'œuvre en cours de réalisation, que l'œuvre achevée qui tisse la trame de ce tissu familial.

5.3.1. Narcissisme du couple

La collusion, ce processus de type symbiotique, est définie par Jürg Willi comme le jeu commun des partenaires autour d'une problématique inconsciente commune, avec deux façons opposées d'y réagir. Les liens inconscients qui fondent le couple contribuent non seulement à instaurer une zone commune entre les partenaires, mais peuvent aussi maintenir chacun d'eux dans une relation fantasmatique avec un partenaire idéal.

Ce processus permet ainsi de méconnaître l'écart entre le conjoint réel et l'image idéalisée qu'on a pu projeter sur lui.

Pourtant, même si ce processus collusif entraîne parfois quelques distorsions pathologiques à l'intérieur du couple, ou, par voie de conséquence, chez les enfants, il reste qu'il s'agit d'un phénomène général, perceptible à un degré ou un autre chez tous les individus, et dans tous les couples. « Tous participent plus ou moins à des processus de collusion, mais ceux qui ne sont pas gênés par des obstacles d'ordre pathologique le font avec une grande souplesse, ce qui leur permet de réaliser cette collusion à différents niveaux de maturation successive. » (J. Lemaire, *Le couple, sa vie, sa mort*).

Nous savons qu'après la phase d'instauration d'une relation amoureuse - moment où les bénéfices collusifs sont les plus grands - le couple cherche à renforcer les différents types de collusion, voire à en organiser d'autres. La visée de ce processus est de protéger les partenaires contre la désillusion amoureuse qui menace l'image idéale du couple fusionnel. Or, devant la difficulté à réorganiser leur collusion, les parents vont avoir recours à un autre processus inconscient. Ils projettent sur les enfants des affects, des attentes qui s'adressent en fait au partenaire.

Cette notion a été suffisamment développée par Jean Lemaire, pour que nous n'ayons besoin de rajouter quoi que ce soit à cette réflexion si finement élaborée. En effet, comment étudier les processus à l'œuvre dans le groupe familial, sans tenir compte de ce qui est à l'origine la famille : le couple parental, et avant lui les couples de grands-parents, voire d'arrière-grands-parents ?

« Autour de l'enfant sont désormais polarisés un certain nombre d'affects qui ne circulent plus librement entre les partenaires... Tout se passe parfois, comme si, pour survivre, le couple avait besoin de dériver sur un tiers, également investi par chaque partenaire, tout un ensemble pulsionnel dont l'expression n'est plus possible directement entre eux. » (J. Lemaire)

Les observations menées auprès des familles de créateurs nous renvoient à cette question centrale: à quelle dynamique inconsciente relative au couple, répondent les enfants, lorsqu'ils s'adonnent à la création ? Quel désir commun aux deux parents, mais encore inconscient, s'actualise chez les enfants ?

Il ressort de ces différentes observations, que dans la plupart de ces familles, les enfants permettent au couple de transférer sur eux la collusion narcissique qui préside à leur relation amoureuse. Jürg Willi montre, en effet, comment dans la collusion narcissique, l'amour-fusion et l'idéalisation entre les parents règlent les rapports conjugaux. Les enfants qui sont pris dans cette dynamique inconsciente, vont chercher à confirmer leurs parents dans ce mouvement d'idéalisation.

Chez les familles de créateurs, nous remarquons qu'en faisant œuvre de création reconnue, les enfants deviennent pour leurs propres parents, un prolongement narcissique gratifiant. C'est là une des façons de mettre en œuvre l'idéalisation naturelle du couple, ainsi que celle qui s'applique à telle discipline particulièrement investie: idéalisation de la musique chez les Bach, du spectacle chez les Marx, de l'écriture et de l'esthétique chez les Groult etc.

Notons que les enfants Renoir, tout comme les enfants James et Perrault ont manifestement servi de substituts narcissiques à leurs parents.

Ainsi, par exemple, Pierre-Auguste Renoir a-t-il trouvé, en épousant Aline Charigot, une jeune fille qui le révèle et l'idéalise inconditionnellement. Beaucoup plus jeune que lui, et d'origine sociale inférieure, l'épouse du peintre n'avait pas d'exigences propres et permit à Renoir de faire un choix amoureux narcissique. Leurs enfants s'inscrivirent tous les trois dans cette collusion narcissique initiale.

Pourtant, à la différence de ce que nous pouvons observer chez la plupart des autres couples narcissiques, il semble que chez les familles de créateurs, le couple narcissique soit plus à l'abri du conflit conjugal lié à cette collusion même. J. Willi a, en effet, bien explicité comment un conflit se déclenche lorsque le partenaire narcissique devint prisonnier des représentations idéalisées de celui qui est en position complémentaire.

« Il cherche à se défendre en l'humiliant, en l'écartant de lui et même en le brisant. Celui-ci ne réagit pas aux coups qu'il reçoit, car il n'est que l'image vivante et le représentant des idéaux de l'autre. » (Willi, *La relation de couple*).

Or, lorsque l'investissement narcissique se trouve réparti sur plusieurs enfants et non plus focalisé sur le seul partenaire, la frustration et la revendication sont moins actives et laissent place à d'autres processus.

C'est ainsi que la mère peut mieux accepter de jouer un rôle de vestale, si elle a le sentiment d'accomplir sa créativité à travers ses enfants. Ainsi, ce qui n'est plus supportable dans un couple, lorsque le narcissique complémentaire se désespère de n'avoir vécu que pour l'autre et se trouve déçu dans ses espérances, se vit tout autrement dans la relation parent-enfants.

De même qu'une « mère-porteuse » se retire à la naissance de l'enfant, afin que ce dernier investisse au mieux son milieu adoptif, de même des « parents-porteurs » doivent se retirer du devant de la scène, pour laisser vivre les talents de leurs enfants.

La gratification narcissique qui en résulte, compense alors largement les restrictions imposées par ce processus collusif.

5.3.2. Investissement narcissique du groupe familial

« Héros de légende, héros d'hier, hommes d'aujourd'hui aux identifications héroïques ont en commun un rapport privilégié au narcissisme et à ses failles.» (René Kaes, *Crise, rupture et dépassement*).

La plupart des cliniciens s'accordent à dire que la pathologie du groupe familial est une pathologie du narcissisme et de la communication. Lorsque les canaux de communication sont bloqués, ou lorsque la famille se vit en état de démembrement, avec comme conséquence une disconfirmation narcissique mutuelle des membres et du groupe en tant que tel, les forces de déliaison sont telles, que nous voyons apparaître des angoisses de type psychotique.

En revanche, les familles que nous avons étudiées présentent toutes une configuration narcissique, et travaillent à valoriser l'image du groupe familial.

Si le narcissisme représente le prototype de la tendance qu'a l'appareil psychique, à mettre en œuvre ses forces de liaison, nous pouvons y rattacher toutes les familles de créateurs qui se présentent comme des familles unies, avec une solidarité érigée en principe de fonctionnement idéal.

Toutefois, même dans certaines familles, où de toute évidence, la désunion familiale a fait souffrir les membres du groupe (famille Claudel par exemple), nous pouvons retrouver des remarques faites par l'un ou l'autre des protagonistes, exprimées sous forme de regrets, voire d'espoir que l'idéal d'union familiale reprenne le dessus sur les dissensions.

Cet **investissement narcissique du groupe en tant que corps idéal**, induit chez les membres de ces familles un fantasme d'omnipotence symbiotique, et la certitude d'appartenir à une famille dont on puisse être fier. Ce sentiment d'appartenance traduit l'amour et l'admiration portés à la famille, et en retour, chacun des membres se trouve conforté narcissiquement quant à la solidité de ses racines.

Nous avons déjà eu l'occasion d'évoquer **l'importance de ce sentiment d'appartenance** chez les familles de créateurs ; c'est une des composantes du «soi familial», défini par Alberto Eiguer « comme l'investissement perpétuel par chaque membre de sa famille, lui permettant de la reconnaître comme sienne dans une continuité temporo-spatiale. » (*Un divan pour la famille*).

Pourtant, nous savons que ce sentiment d'appartenance existe aussi dans d'autres familles. Ainsi, celles que l'on nomme « les grandes familles », cultivent le sens de la lignée chez leurs membres, et cela induit certaines règles à respecter pour éviter toute mésalliance. Dans ce cas, il apparaît que le respect de l'identité familiale ait des effets restrictifs sur les investissements amoureux, culturels ou professionnels des membres du groupe.

Ce processus n'est donc pas propre aux familles de créateurs, mais soulignons que ses effets sont différents, selon que ce sentiment d'appartenance se conjugue ou non avec d'autres processus essentiels au travail de création. Ainsi, le sentiment d'être reconnu pour ce qu'on est, d'être confirmé dans une mission valorisante pour soi et pour le groupe, le fait d'être éventuellement identifié à tel créateur vénéré de la famille, tout cela tend, bien sûr, à gratifier l'enfant, et à lui donner **une enveloppe narcissique structurante**.

« L'enveloppe narcissique correspond à l'image idéale que la mère a rêvée consciemment pour son enfant... Elle est une image héroïque et l'ombre parlée le répète :

- Il ne t'arrivera rien, sois-en certain.

- Tu seras plus fort que tout le monde.

Evoquer ainsi l'enveloppe narcissique idéale de la famille, fait résonner en écho l'invulnérabilité des héros mythologiques, ses limites, ses ressorts. » (René Kaes, *Crise, rupture et dépassement*).

Si Kaes considère l'enfant dans son individualité, nous avons nous-mêmes pu observer que chez les familles de créateurs, cette

« enveloppe narcissique » s'étend à tous les enfants de la fratrie, car c'est l'ensemble qui tient lieu de support narcissique aux rêveries parentales.

Qu'il y ait deux enfants comme chez les Prassinos, les Groult, les Bonnec, ou que la fratrie en compte beaucoup plus comme chez les Perrault, les Marx, les Brontë ou les James, l'investissement narcissique porte sur le groupe en tant qu'entité prise dans le Moi idéal parental. Toutefois, cela n'apparaît pas aussi nettement chez les Claudel où les clivages entre les enfants sont très prononcés.

Sans doute pouvons-nous y voir une des manifestations de ce qui donna lieu à cette exclusion de Camille Claudel.

Mais quand l'investissement narcissique du groupe existe, l'enveloppement est nécessaire jusqu'à ce que les enfants puissent se passer de ces confirmations narcissiques prodiguées par l'entourage, bon public.

Eux-mêmes pourront alors imprimer à leur vie la marque d'un narcissisme bien intégré. Les créateurs trouvent, en effet, dans l'acte même de créer, un travail qui se situe entre le jeu, le bricolage et le travail proprement dit. Le travail de création est donc toujours fortement investi narcissiquement, permettant de la sorte au sujet adulte de trouver un compromis entre les satisfactions qu'enfant, il obtenait de sa famille, et les contraintes de la vie sociale.

Dans un article de Didier Anzieu sur « les antinomies du narcissisme dans la création littéraire », il fait référence à la restauration narcissique que l'œuvre accomplit pour l'auteur.

C'est en se composant une peau imaginaire, une peau symbolique de mots, d'images plastiques ou sonores autour de l'impensé, que le créateur soigne ses blessures narcissiques. Cet innommable est constitué par des représentations inconscientes encore enkystées dans une crypte secrète.

Les ressources créatives des familles d'artistes

Il s'agit là d'une zone écartée de soi-même, qu'André Green nomme « la réserve de l'incréable », zone formée par le noyau maternel, c'est-à-dire l'affect, la trace mnésique du rapport au corps de la mère. Chercher à représenter cet affect, est une façon d'élaborer la perte de cet objet maternel primaire. « C'est le mouvement narcissique de cette relation au corps de la mère qui perdure comme un noyau protégé, dynamiquement actif et inabordable. Seul ce qui se passe à la périphérie de ce noyau va être l'objet d'une intense élaboration dont la représentation est le résultat. » (A. Green, *La réserve de l'incréable*).

Cette approche de la création, à partir de ce « noyau d'indifférenciation primaire » (pour reprendre le terme employé par Bleger), est tout-à-fait intéressante pour notre propos, dans la mesure où cela permet de rendre compte de ce que nous avons pu observer, concernant l'illusion groupale qui caractérise les familles de créateurs, et leur propension à vivre sur un mode symbiotique.

Ainsi, c'est cette indifférenciation primaire qui constitue ce que l'on nomme généralement « l'esprit de famille », entendu comme cette reconnaissance d'une fantasmatique commune, dont l'origine se retrouve dans ce dépôt mutuel de la part la plus primitive du psychisme.

Le phénomène d'élation narcissique, évoqué par B. Grunberger, trouve également son origine dans une région très retirée du psychisme, celle où se réalise l'illusion d'une parfaite homéostase.

Il s'agit, alors, d'un sentiment de bien-être absolu. Nous comprenons mieux, alors, à quel point les membres appartenant à des familles de créateurs expriment spontanément ce plaisir à se retrouver ensemble, dans un cadre favorable au repli narcissique et donc à la création.

5.3.3. Symbiose et individuation

Toute famille assure (ou devrait pouvoir assurer) une double fonction : protéger ses membres contre les blessures infligées par le monde extérieur, et favoriser l'autonomisation des siens en étant ouverte sur l'environnement. Pour tenir ces rôles complémentaires, la famille joue à la fois sur le fonds commun symbiotique et sur sa capacité à permettre l'individuation.

Cette sécurité affective que les membres d'une famille trouvent en son sein, fait du groupe familial une véritable communauté affective. Freud analyse ainsi le processus qui est à la base de ces liens affectifs : « L'attachement réciproque qui existe entre les individus composant une foule doit résulter d'une identification fondée sur une communauté affective. » (S. Freud, *Psychologie collective et analyse du Moi*).

Ce processus d'identification qui apparaît donc comme la manifestation la plus primitive de l'attachement affectif à autrui, peut donner lieu à diverses expressions dans les relations familiales. Dans le cas où l'identification reste partielle, elle favorise l'acquisition d'une identité personnelle différenciée.

L'individuation qui en résulte n'est donc pas le fruit d'un clivage défensif, où la différence avec l'autre est radicalisée ; elle s'appuie au contraire sur le processus identificatoire qui constitue le fonds symbiotique de la famille. Mais dans certains cas pathologiques, l'identification est totale et contribue à tisser un réseau fusionnel de relations non différenciées.

Dans *Symbiose et ambiguïté*, J. Bleger analyse ce qui se passe dans les groupes familiaux narcissiques et ou symbiotiques, en fonction du « non-Moi » déposé dans la psyché familiale. Ce noyau indifférencié, appelé aussi « noyau agglutiné », dont le destin est d'être déposé chez l'autre, maintient, en effet, une fusion entre déposant et dépositaire, ce qui permet alors de parler de symbiose.

« La symbiose est une relation permettant l'immobilisation et le contrôle de l'objet agglutiné. Le groupe symbiotique a, en tant que totalité, les caractéristiques de l'objet agglutiné. » (J. Bleger, *Symbiose et ambiguïté*).

Notons que les implications du concept de symbiose dans la famille sont très complexes, et que le processus d'individuation est une dialectique entre l'autre et soi.

Nous devons donc envisager tous les concepts constellés autour des notions de dépendance-indépendance, comme faisant partie de l'ensemble Soi-Autre. Nous ne reprendrons pas les conséquences pathologiques qu'entraîne une relation symbiotique indépassable, car nous le savons, la psychose est à la clé de ce modèle relationnel. Ce qui nous intéresse dans le cadre de cette recherche, est de voir en quoi, chez les familles de créateurs, le système transactionnel caractérisé par le concept du « Nous » met en jeu à la fois des processus de type symbiotique, et permet une relative différenciation des membres grâce à la mise en création des uns et des autres.

« La nature de l'expérience du « Nous » et ses vicissitudes caractérisent une famille comme système relationnel. Finalement, une famille entière sera ressentie comme étant à l'intérieur des frontières d'un Nous. » (Boszormenyi-Nagy, *Psychothérapies familiales*).

Nous avons pu remarquer que chez les familles de créateurs, ce « Nous » est particulièrement fort ; il constitue pour ses membres quelque chose de cohésif où la solidarité familiale ne souffre pas la moindre critique concernant le groupe. Boszormenyi-Nagy reprend les nombreuses études effectuées à ce sujet, et qui mettent en relief l'importance de la symbiose, comme ce qui est à la base du pouvoir de cohésion de la famille.

En ce sens, H. Searles a, lui aussi, donné un éclairage à toute une série d'attitudes et de comportements que la théorie psychiatrique et psychanalytique a longtemps décriée comme hautement pathogène. C'est ainsi que le fait de se rendre dépendant ou de rendre l'autre dépendant de soi, peut être considéré comme une aliénation du sujet - et c'est en partie vrai -, mais nous savons aujourd'hui que des distinctions s'imposent.

En premier lieu, il convient de se référer à tous les théoriciens qui ont insisté sur l'importance d'être plongé dans une première relation symbiotique structurante avec la mère. Bion, Lebovici, Mahler, Winnicott connotent positivement cette toute première dyade mère-enfant, celle qui donne accès au noyau maternel, à ce vécu psychotique brut constitutif de toute mise en pensée ultérieure.

En second lieu, cette non-différenciation peut rester circonscrite au groupe familial en tant que tel, et ne pas se manifester dans le cadre d'autres relations extérieures. Ainsi, l'aspect fonctionnel de ce manque d'individuation apparaît beaucoup plus, et se retrouve aussi bien dans le phénomène amoureux de type passionnel, que dans ce qui nous occupe, à savoir le phénomène créateur, lui aussi passionnel.

« Ce serait donc une désindividuation fonctionnelle, en tout cas réversible, une non-individuation focalisée. Au sens habituel de ces mots, cela signifie normal, par comparaison à ce que l'on observe chez d'autres sujets notamment les membres d'une famille à schizophrènes, où ce défaut d'individuation reste présent hors de la relation familiale. » (J. Lemaire).

Enfin, nous pouvons dire que cette aliénation symbiotique réversible peut s'entendre comme une forme de régression, c'est-à-dire un recours à un mode relationnel plus ancien, dont le sujet parvient à s'extraire dans certaines conditions, mais qu'il retrouve volontiers lorsque le cadre le lui permet.

Ce cadre familial qui favorise chez ses membres des relations symbiotiques, sans que chacun d'eux se sente menacé dans son existence même de sujet, est constitué par un entourage capable de tolérer l'ambiguïté.

Rappelons ici la définition qu'en donne Bleger : « L'ambiguïté n'est pas une confusion, mais le maintien ou la régression à un état de fusion primitive ou d'indifférenciation. »

Anzieu et Racamier ont d'ailleurs bien souligné les conséquences heureuses de cette capacité de tolérance à l'ambiguïté, de la part du

Les ressources créatives des familles d'artistes

proche entourage, dans la mesure où cela favorise les rapprochements inattendus, l'humour et toute une démarche divergente proche à la pensée créatrice.

« La symbiose dans laquelle se meut le génie est précisément une symbiose dans laquelle il se meut, c'est-à-dire que, sur un fonds symbiotique important qui lui donne une grande capacité d'insight (ou empathie), l'affirmation de soi sur le mode œdipien comme père de ses œuvres lui permet d'élaborer, à partir de ses insights, des produits culturels. » (D. Anzieu, *L'auto-analyse de Freud*).

Cette notion de **mobilité** est de toute importance, car elle suppose une souple articulation entre passivité et activité, processus de filiation et de paternité, engrangement d'affects et travail d'élaboration pour parvenir à leur représentation.

Souvent, la symbiose est associée à quelque chose de passif, de statique. Or, lorsque la symbiose est prise au sens d'ouverture à soi et à l'autre (noyaux psychotiques ouverts dans une réciprocité), nous percevons ce qu'il peut y avoir de dynamique dans cette disposition relationnelle.

Les sujets créatifs sont, en effet, facilement enclins à admettre une certaine complexité et même des perceptions désordonnées, chaotiques, sans manifester d'anxiété majeure. « Les personnes créatives préfèrent la richesse du désordre à la nudité de la simplicité », écrit D. W. Mac Kinnon dans l'ouvrage collectif sur « La créativité », dirigé par Beaudot.

D'autres chercheurs, comme Safan-Gérard, ont également tenté de comprendre l'alternance du chaos et du contrôle dans le processus créateur, et remarquent, à juste titre, que les individus créatifs semblent avoir moins peur d'aspects mal compris de leur personnalité.

La symbiose nous attire, comme elle nous effraie, car elle nous renvoie à la peur de perdre nos limites. Si dans les familles de créateurs, ces processus ont plus facilement droit de cité que dans d'autres familles, n'est-ce pas dû au fait que la création sert d'interface entre les membres de la famille, et qu'elle garantit les uns et les autres contre une désagrégation irréversible ?

Le sentiment océanique bien connu comme un des attributs du mode de relation symbiotique, est une des conditions de la création, comme nous l'avons déjà vu à propos de l'élation narcissique. Cependant, pour accueillir sans angoisse ce sentiment océanique, les membres de la famille doivent pouvoir compter sur la capacité du groupe à contenir le « chaos », et sur leurs propres capacités à contrôler ce processus maniaque où s'estompe la frontière entre soi et les autres.

Comme l'a démontré Thierry Gaillard (*La renaissance d'Œdipe*, Ecodition), un même processus caractérise l'histoire d'Œdipe. La première partie de la vie d'Œdipe était aliénée puisqu'il ne se connaissait pas lui-même, victime d'un secret sur l'identité de ses parents biologiques. Le héros a du repasser par la symbiose, symbolisée par les retrouvailles avec Jocaste (La Mère-Terre), pour, d'une part lever les effets du secret, et, d'autre part, naître véritablement, comme sujet, comme créateur de sa propre vie. Un processus qui ne saurait se faire à l'encontre de cette symbiose originaire, mais qui l'intègre, comme un arbre qui ne saurait grandir sans avoir de racines.

Bien évidemment, toutes les familles ne sauraient tolérer ce type de symbiose symbolique et les ambiguïtés qui l'accompagnent. Cela suppose un environnement susceptible de constituer un « espace transitionnel », ce qui est le cas chez les familles de créateurs.

5. 4. Partager et transmettre

Répartition des rôles dans la famille, espace de rêverie, plaisir à vivre ensemble, constitution d'une mythologie commune, et reconnaissance du potentiel créatif des uns et des autres, tout cela favorise l'alliance et la transmission qui apparaissent clairement chez les familles de créateurs.

5.4.1. L'espace transitionnel familial

Nous savons, en effet, que toute création dépend du cadre, du groupe dans lequel elle a pris naissance, et que certains groupes ont plus d'effets créatifs que d'autres.

« Pour qu'un travail créatif s'effectue, un conteneur, un écho transformateur, un espace transitionnel doivent exister. Ce néo-environnement favorable est souvent la relation privilégiée avec un ou une ami(e). Ce peut aussi être un groupe : le groupe des impressionnistes, celui des surréalistes, ou celui des américains à Paris. » (R. Kaes, *Esprit de corps et création mythopoétique dans le processus groupal*).

Ces groupes auxquels Kaes fait référence, tout comme les salons littéraires ou les cafés où aiment à se retrouver certains artistes, ne sont-ils pas des substituts de ce qui se vit dans les familles où se côtoient plusieurs créateurs?

Dans ces groupes, comme dans les familles de créateurs, l'environnement permet une **mise en place d'un espace de jeu** qui favorise l'élaboration des ruptures et des pertes, qui encourage l'accès aux trésors supposés interdits, qui tolère les replis narcissiques des uns et des autres, et fonctionne comme une caisse de résonance par rapport aux fantaisies qui naissent au sein de ce groupe.

Comme tout espace transitionnel, la famille est là, pour assurer la médiation entre l'extérieur et l'intérieur. Elle constitue donc cet « espace potentiel » nécessaire à l'aménagement d'une expérience de rupture dans la continuité.

Ainsi que nous l'avons souligné à propos de la tolérance à l'ambiguïté et à la symbiose chez les familles de créateurs, nous observons que dans ces groupes familiaux peuvent coexister un climat de jeu, de plaisir, et une certaine tension paradoxale tolérable, par les membres. La famille est alors un lieu de présence affectueuse, et espace de solitude où l'autre peut aussi manquer.

Dans l'analyse du processus de transitionnalité, il m'apparaît utile de souligner deux aspects: **présence et absence**. Non seulement les phénomènes transitionnels servent, en effet, de pont entre la présence et l'absence de l'objet aimé, mais il serait erroné d'assimiler l'espace transitionnel au seul espace du jeu et du plaisir.

En ce sens, une famille vivante n'est pas nécessairement une famille où règne une animation perpétuelle ! L'absence, la solitude, la rêverie tranquille sont également des aspects constitutifs de ce processus.

Une autre dimension importante de la transitionnalité concerne le jeu d'étayage et de désétayage qui se retrouve dans les situations de crise et de changement. René Kaes, qui a finement étudié ces processus dans les groupes, nous donne la définition suivante du « contrat d'étayage » :

« La qualité de l'étayage en appui mutuel dépend de l'espace libre d'étayage. Cet espace psychique est celui du contrat d'étayage : j'entends par là le rapport de réciprocité dans le plaisir et le bénéfice de l'appui mutuel. Une base analogique du plaisir d'étayage peut être trouvée facilement dans le plaisir de l'agrippement et dans le plaisir d'être en groupe. » (*Crise, rupture et dépassement*).

Nous avons déjà noté avec quel plaisir les membres des familles de créateurs se retrouvent et savent pouvoir compter les uns sur les autres. En revanche, dans les familles à fonctionnement psychotique, cette absence d'étayage est manifeste, et nous voyons là encore un des points qui différencient les familles de créateurs fonctionnant selon des modalités de relations symbiotiques, d'avec les familles où émerge de la psychose.

Eprouver du plaisir à être ensemble, à créer quelque chose en commun (creuset d'écriture pour les enfants Brontë, les sœurs Groult, les frères Perrault, espace de création musicale ou picturale chez les Bach, les Duchamp, les frères Bonnec, jeu scénique commun chez les

Marx Brothers, les frères Taviani, toutes ces activités créatrices supposent un échange et une circulation fantasmatique réelle.

C'est grâce à la potentialité transitionnelle du groupe familial, que le fantasme personnel de chacun se continue dans le fantasme des autres, et qu'il s'enrichit à son contact.

Ainsi, l'aptitude des parents ou des substituts parentaux, à mettre en place une ambiance « good enough », à tolérer des espaces de doute et à ouvrir le champ de l'illusion, est certainement fondatrice de la famille comme espace d'élaboration et de création. Confrontés à leurs enfants, les parents sont alors amenés à recréer quelque chose de leur propre histoire, et à entrer à leur tour dans cet espace d'illusion où, pour un temps, le fils devient père de son père, et où une génération toute entière fait place à l'autre.

Nous voyons par là l'importance que joue le rapport au temps dans la famille, et comme il y a loin du temps strictement chronologique (temps réel ou temps conscient), au temps inconscient ou mythique qui a le pouvoir de bousculer les repères temporels les plus précis !

Pourtant il serait abusif de considérer la famille comme un simple groupe. Le groupe familial, en effet, est marqué par des liens spécifiques où la sexualité et l'interdit de l'inceste tiennent une grande place dans la fantasmatisation. Aussi, lorsque nous évoquons comment les familles de créateurs favorisent ces échanges à l'intérieur du groupe, nous ne pouvons laisser de côté la dimension incestueuse de ce type de relations familiales.

Didier Anzieu a su mettre en relief les deux grandes formes du désir incestueux, et leur correspondance avec les deux types de création : les créateurs qui ont créé avec l'aide de leur mère, son soutien affectif ou matériel, ou qui ont créé pour conquérir son admiration, tel Sartre, Romain Gary, les frères Marx, ainsi que ceux qui se sont attachés à des substituts maternels. Ces derniers trouvent alors chez une sœur (Alice James), une belle-sœur (Mina Bernays pour Freud), ou une amitié homosexuelle, le soutien, la résonance fantasmatique indispensable au mouvement créateur.

« Freud prend progressivement sa belle-sœur à la place de Fliess comme interlocuteur privilégié auquel il soumet ses idées à l'état naissant, à commencer peut-être par l'idée que le désir incestueux stimule le travail créateur...

L'interdit de l'inceste est moins fort à l'égard d'une sœur (à plus forte raison d'une belle-sœur) qu'à l'égard d'une mère. La figure de la sœur jumelle, ou un peu plus jeune, est l'égérie par excellence : à la fois double narcissique, complément féminin, pourvoyeuse de l'illusion nécessaire au créateur, de pouvoir s'accomplir comme un tout et de pouvoir concrétiser ce tout dans son œuvre. » (D. Anzieu, *Le corps de l'œuvre*).

Cette cybernétique des relations familiales où la création commune d'une œuvre permet de sublimer des pulsions incestueuses difficiles à gérer, est une richesse pour les membres de telles familles, mais réactive aussi chez le public **ce fantasme d'une complétude narcissique familiale.**

L'illusion de former un tout et de se suffire en tant que tel est récurrente. Lorsque nous voyons sur scène les Marx Brothers, lorsque nous écoutons jouer le trio Fontana-rosa ou les sœurs jumelles Labeque, quand nous lisons un livre écrit en commun par Flora et Benoite Groult, ou par Olivier et Patrick Poivre d'Arvor, comment ne pas retrouver cette illusion de la duplication, de l'entente parfaite, comment rester insensible au plaisir que prennent ces créateurs à partager la même activité, à donner ensemble naissance à une œuvre ?

Tout semble si simple à deux, tout est si naturel et évident, que le « travail » créateur cède facilement le pas au talent. L'heureuse hérédité familiale, favorise ainsi une expression commune à laquelle amis, spectateurs ou lecteurs se trouvent comme magiquement associés, grâce au jeu d'une identification inconsciente aux créateurs.

Cette circulation fantasmatique peut donc, dans certaines familles, donner lieu à des œuvres communes, sans que l'imaginaire incestueux qui les sous-tend ne vienne paralyser l'émergence de la création. Cela suppose évidemment que les frontières à l'intérieur du groupe familial ne soient pas trop marquées, mais qu'elles existent tout-de-même, comme garde-fous contre ces passages à l'acte culpabilisants.

Pouvoir traduire sous la forme symbolique que prend toute création, cette intimité dans le partage fantasmatique, est sans nul doute, une façon de déplacer la scène du réel sur celle de l'imaginaire et du symbolique, et de renoncer à un rapproché trop angoissant entre membres d'une même famille.

Cet espace intermédiaire de la création est central dans l'étude de la transitionnalité familiale, dans la mesure où nous y voyons la possibilité d'un rapprochement dans le maintenu-séparé. Cette instance de communication maintient un écart, une ressemblance et une différence ; en tant que médiation entre frères et sœurs, parents et enfants, l'œuvre ainsi créée entre dans la sphère des phénomènes transitionnels, tels qu'en parle Winnicott.

Toutefois, pour que soit possible cette mise en création des relations familiales, il est nécessaire que les membres de la famille puissent reconnaître cette zone commune. Les liens sous-jacents constituent le processus collusif à l'œuvre dans le groupe familial. Nous avons déjà noté avec quelle sensibilité, les créateurs expriment l'intensité des relations qui les unissent à l'intérieur de la famille.

Mais ils franchissent un pas décisif lorsqu'ils parviennent à **s'approprier cette zone commune**. C'est ce que Maurice Berger analyse en ces termes : « C'est grâce à cette représentation suivie d'appropriation, que l'organisateur commun de l'appareil psychique familial deviendra transitionnel, commun à tous et en même temps propre à chacun, à la fois Moi et super-Moi... L'appropriation de la zone commune va permettre de défaire les clivages existants, d'empêcher que d'autres s'installent, et de réduire les phénomènes symbiotiques. » (M. Berger, *Entretiens familiaux et champ transitionnel*).

Cette réflexion rejoint la nôtre, et vient confirmer les observations faites dans le cadre de cette recherche. Encore une fois, retrouvons Henry James et l'extrait du *Coin plaisant* cité dans la monographie des James. En prenant possession de la maison de ses ancêtres, sa maison natale, le héros s'octroie tous les droits. Or cette maison tant investie, ce « coin plaisant » amoureusement retrouvé, n'est-il pas le représentant de l'espace transitionnel par excellence ?

De même qu'un enfant tient et suce son « doudou », le salit et l'abime en le trainant partout, ou en le mordant, sans pour autant détruire vraiment cet objet transitionnel auquel il tient, de même le créateur se donne-t-il le droit de déchirer l'enveloppe familiale sans atteindre à son intégrité.

C'est à ce prix que la famille devient « sa » famille, dans la mesure où les uns et les autres ne se sentent pas menacés intrinsèquement par les attaques de ce qui est commun au groupe.

5.4.2. Une mythologie commune

Le mythe s'inscrit directement dans cet espace transitionnel, dans la mesure où il véhicule de l'illusion, et se situe au carrefour de l'être et du non-être.

« Le mythe appartient en partie à la réalité psychique par les relations qu'il entretient avec le rêve, le fantasme et les autres formations de l'inconscient individuel ; il se rattache de manière évidente à la réalité extérieure, par son insertion dans la réalité sociale et par le consensus dont il est l'objet. » (André Green, *Le mythe : un objet transitionnel collectif*).

Ainsi en est-il de la famille, pour chacun de ses membres : à l'instar de l'objet transitionnel, elle est et n'est pas ce qu'elle représente. Nous sentons profondément cela lorsque nous tentons de parler, comme nous le faisons dans cette recherche, de familles extérieures à la nôtre. À fortiori, cela se vérifie lorsque les membres de la famille s'essaient à parler eux-mêmes de leur groupe familial.

Personne n'est dupe, et si les projections personnelles transforment certaines représentations de ce groupe donné, ces altérations n'en sont pas moins précieuses, dans la mesure où elles contribuent à révéler une des facettes de cette réalité familiale !

Nous rejoignons par là ce que souligne Jean Lemaire, lorsqu'il écrit : « Dans le registre symbolique, ce qui marque le mythe, c'est un rapport multiple du signifié au signifiant. De multiples signifiés évoqués par un seul signifiant, ou de multiples signifiants renvoyant à un même signifié ». (*La réalité informe, le mythe structure*).

Les mythes que nous avons repérés chez les familles de créateurs sont d'ailleurs très souvent proches d'une croyance partagée par le groupe familial :

- Chez nous on a le culte du Beau, le culte de l'Art sous toutes ses formes.

- Dans notre famille, il faut chanter, composer, jouer, toujours mieux et toujours plus, c'est plus qu'une tradition, un véritable mythe familial.

- Chez mes cousins, le mythe consiste à « être seulement quelque-chose », mais chaque membre de la famille sait bien que ce *quelque-chose* implique qu'il s'agit d'être quelqu'un d'extraordinaire !

D'autres mythes concernent essentiellement un personnage important de la famille, et nous avons vu qu'il s'agit assez souvent d'un ancêtre auquel se rattache sinon une légende, du moins certains récits allégoriques mettant en relief ce qui, dans son caractère, servira de mur de soutènement au mythe familial.

Quoiqu'il en soit des diverses voies qu'il utilise pour se frayer un passage et se transmettre à travers les générations, le mythe permet d'affirmer une appartenance, et constitue pour les membres de la famille une référence idéologique qui tend à établir une nette démarcation entre « sa » famille et toutes les autres.

Nous sommes alors en présence d'un mode de pensée spécifique au groupe. Cela s'apparente à un discours paralogique où les contradictions inhérentes n'empêchent pas le mythe de continuer à fonctionner : « même si ça n'existe pas, on fait comme si ! »

Toutefois, si à l'intérieur de familles à fonctionnement rigide, le mythe familial est vécu comme l'obligation de se conformer aux normes en vigueur dans le groupe, il n'en va pas de même chez les familles de créateurs.

Là, chacun se rattache plus ou moins directement au mythe fondateur du groupe, mais en prenant la liberté d'exprimer ce mythe à sa façon et selon ses propres aspirations. Ainsi, chacun peut donner une réponse créative en fonction de ses propres fantasmes, sans perdre son identité individuelle ni familiale.

C'est sans doute une gageure que de pouvoir concilier les deux, mais c'est ce à quoi parviennent les créateurs, alors que chez des familles plus perturbées, un choix indécidable semble s'imposer entre le fait d'être soi, en trahissant le groupe, ou de se fondre dans l'ensemble familial, en se perdant en tant que sujet.

Tout mythe peut donc avoir une portée créatrice, à condition que soit respecté l'espace intermédiaire nécessaire, espace de création dont nous avons déjà parlé à propos de la transitionnalité familiale.

Tolérance à la pluralité des styles, possibilité de rester ambigu ou de se contredire sans se voir dénoncé comme tel, capacité à reconnaître l'expression de chacun comme une production à la fois individuelle et groupale, telles semblent être, en effet, les conditions essentielles pour que cette croyance commune au groupe n'aliène pas ses membres, mais favorise au plus haut point leur liberté et leur expression personnelle.

Cette liberté par rapport à l'objet-famille sera interpellée par le travail même de création. Lorsque l'enfant, futur créateur, s'attaquera au trésor familial, quand il observera les membres de son entourage avec des yeux neufs, quand il touchera aux événements, aux anecdotes

Les ressources créatives des familles d'artistes

familiales pour les réécrire à sa façon, ce bricoleur d'affects, cet artisan d'idées risque de se heurter à son groupe d'origine.

En cherchant à donner un autre éclairage aux événements familiaux, il prendra le risque de dévoiler quelque chose de l'intimité commune. Lui-même, comme nous l'a exprimé un des créateurs interviewés, peut craindre de « piller le trésor familial », et de se retrouver sans rien par la suite !

Du mythe au fantasme, il n'y a qu'un pas, et il en va de l'image que le créateur a de sa famille et de ses réserves, comme de son rapport à ses propres objets internes, précieux trésor s'il en est...

Allons-nous épuiser toutes les sources qui sont à notre disposition, en buvant à pleines gorgées à cette vie jaillissante, ou a-t-on acquis au fil des ans, et grâce à une ambiance familiale porteuse, l'assurance que ce stock est vivant, et que chacun l'enrichit en le renouvelant par ses propres apports?

En ce sens, le rapprochement que Levi-Strauss établit entre la pensée mythique et le bricolage est fort intéressant :

« Le propre de la pensée mythique est de s'exprimer à l'aide d'un répertoire dont la composition est hétéroclite. Elle apparaît ainsi comme une sorte de bricolage intellectuel. Regardons le bricoleur à l'œuvre : excité par son projet, sa première démarche pratique est pourtant rétrospective. Il doit se retourner vers un ensemble déjà constitué, formé d'outils et de matériaux; en faire ou en refaire l'inventaire ; enfin et surtout, engager avec lui une sorte de dialogue. Tous ces objets hétéroclites qui constituent son trésor, il les interroge pour comprendre ce que chacun d'eux pourrait signifier. [...] La poésie du bricolage lui vient aussi et surtout, de ce qu'il ne se borne pas à accomplir ou exécuter; il *parle* non seulement avec les choses, mais aussi au moyen des choses, racontant -par les choix qu'il opère entre des possibles limités- le caractère et la vie de son auteur. » (C. Levi-Strauss, *La pensée sauvage*).

La famille en tant que telle, est donc cet ensemble déjà constitué (généalogie, histoire etc.), qu'il nous faut interroger, répertorier pour que cet objet trouvé, ce déjà-là devienne objet créé. L'objet transitionnel ne peut apparaître que dans l'aire de l'illusion, et renvoie directement aux processus mis en œuvre dans les phénomènes de croyance: pouvoir associer à un aspect du réel, quelque chose d'autre.

De son côté, le créateur sait prendre la liberté nécessaire par rapport au réel, en se laissant aller à des élucubrations, à des fantasmes, mais à condition de trouver ensuite un nouveau type de relation avec le réel. Car c'est là que ses œuvres seront à même d'être reconnues comme œuvres de création. il se joue donc un double rapport au réel et au social, dans la mesure où il est important de pouvoir se détacher du réel pour y revenir ensuite.

Le mythe est remarquable en tant qu'il se présente justement comme indifférence par rapport au réel, sans cependant en être complètement déconnecté.

« La pensée mythique est à comprendre comme une stylisation originale d'un événement, d'une histoire ou d'un personnage. Cette stylisation fait sa puissance, son dynamisme et sa stabilité, puisqu'il n'est plus question, dès lors que la représentation est stylisée, de la nier ou de la considérer comme nulle et non avenue sous prétexte qu'elle ne serait pas conforme à la réalité - pas plus qu'on ne critique les fresques de Giotto ou les peintures de Picasso sous prétexte qu'elles ne sont pas ressemblantes. » (J. Lemaire, *La réalité informe, le mythe structure*).

Lorsque Nicole Groult exprime à son entourage avec quelle foi elle croit en son mari et en ses deux filles, au-delà de toute apparence, que fait-elle, sinon mettre à jour ses propres fantasmes et contribuer ainsi à l'édification d'une famille mythique, conforme à ses aspirations ! Dirons-nous pour autant que chacun s'est trouvé aliéné dans le désir et la passion de vivre de cette femme ? Certes pas, dans la mesure où, quelle que soit la force de son influence sur l'entourage familial, chacun a conquis une liberté d'expression suffisante pour se situer par rapport à ce désir, et a pu trouver dans la création sa voie propre.

Chez les familles de créateurs, le mythe familial semble avoir encore plus d'impact que dans d'autres familles. Il apparaît comme une sorte de colonne vertébrale autour de laquelle s'articulent différentes expressions d'un même mythe.

5.4.3. Secrets de famille

Ce que nous avons dit à propos du « trésor familial » suppose que le groupe laisse libre accès aux greniers où sont conservés les vestiges d'autres temps, les traces d'événements familiaux plus ou moins proches. Or, dans la plupart des familles, nous trouvons trace de choses plus ou moins claires ou avouables, que les intéressés passent sous silence, pour finir par en oublier l'existence.

Ainsi, certains créateurs m'ont dit avoir appris, en questionnant leurs proches, certains détails jusque-là ignorés d'eux. Il ne s'agit pas à proprement parler de secrets de famille, mais bien plutôt de ces zones d'ombre dont personne ne parle avec grand plaisir.

Les secrets ou pseudo secrets passent donc par des évitements, des silences lourds de signification ; dans telle famille, le suicide de quelqu'un de proche sera pressenti par les enfants, mais ceux-ci comprendront assez vite qu'il vaut mieux ne pas évoquer la mort de ce parent. Nous remarquons que ce n'est plus seulement les circonstances de la mort qui sont un sujet tabou, mais la personne elle-même et tout ce qui s'y rattache deviennent sujet d'évitement.

« Même si, à l'origine, le secret était circonscrit et limité, il a fait des vagues qui perturbent les communications bien au-delà de lui-même. Une aire de stagnation relationnelle s'installe. » (G. Ausloos, *Œdipe et sa famille, ou les secrets sont faits pour être agis*).

Nous comprenons que dans ce genre de situation, on arrive à ne plus savoir ce que l'on peut toucher et ce qui ne doit pas l'être; toute créativité se trouve alors bloquée. Comment se servir, en effet, de tel ou tel événement, comment utiliser les affects s'y rapportant, si le risque de blesser l'autre ou de s'attirer ses foudres est trop grand ?

Il est donc important que dans une famille, les uns et les autres puissent avoir librement accès à certains secrets, car c'est une des conditions de la liberté d'expression. Cela semble d'ailleurs être généralement le cas dans les familles de créateurs.

Toutefois, tous les secrets sont-ils accessibles de la même manière à chacun ? Si nous nous référons à ce que Nicolas Abraham et Maria Torok ont écrit à propos du « fantôme » et de la « crypte », il apparaît que dans certains cas, le secret peut rester inconnu de la personne même qui le porte.

Le « cryptophore » vit donc avec un autre en lui, autre dont le caractère énigmatique conduit le sujet à avoir des comportements inexpliqués, à faire des passages à l'acte que rien n'arrive à réduire. Cela provoque alors un malaise dont il est difficile de rendre compte autrement que par l'analyse de ce **fantôme inconscient**.

« Le fantôme est le travail dans l'inconscient du secret inavouable d'un autre (inceste, crime, bâtardise, etc.) L'univers du fantôme peut s'objectiver dans des récits fantastiques. On vit alors un affect particulier que Freud a décrit comme « inquiétante étrangeté ». (N. Abraham, *L'écorce et le noyau*).

Nous avons donc affaire à différents niveaux de secrets, ce que Didier Anzieu fait correspondre aux trois instances de la première topique : Conscient, Préconscient, Inconscient.

Le premier niveau, banal, en effet, de constater que la pulsion épistémophilique, cette curiosité qui pousse à interroger le savoir pour percer les secrets du monde. C'est la base de toute démarche de connaissance, celle qui préside à certains écrits et à certaines formes de création. Ce premier niveau de secret, trouve une réponse si les questions sont bien posées.

À propos du deuxième niveau de secret, Anzieu dit ceci : « Le secret peut être intérieur à une personne, à un personnage qui cherche à le préserver pendant que d'autres tentent de le percer : c'est le cas du roman d'amour et du roman policier. » (*Le corps de l'œuvre*).

Quant au troisième niveau de secret, celui qui s'inscrit dans l'Inconscient du sujet, nous le voyons à l'œuvre dans les créations picturales, plastiques, musicales, et seulement parfois dans des textes langagiers. Devant cet autre en soi, le créateur peut se trouver anéanti, vivre un état de dépersonnalisation ou connaître, comme les James, des hallucinations.

« Ce surgissement qui est de l'ordre de l'hallucination, du rêve nocturne, ne trouve pas forcément sa voie dans le langage et donc dans la littérature. La question pour le créateur est alors d'établir un contact avec l'état en question, de déployer dans sa direction un écran récepteur, une peau vivante de mots, de sonorités, de couleurs, de formes, de luminosités, de mouvements aptes à en capter les signaux. » (Didier Anzieu).

Cette théorisation sur les effets de « fantôme » rejoint directement notre réflexion concernant les divers processus à l'œuvre dans les familles de créateurs. Les observations recueillies montrent que ces familles sont, comme les autres, soumises aux mêmes difficultés, que leurs membres doivent aussi se débrouiller de leur culpabilité ou de certains héritages psychiques plus ou moins confortables !

Toutefois, nous pouvons penser qu'en raison de la capacité de tolérance à l'ambiguïté, observée dans ces familles, les manifestations d'étrangeté sont plus facilement admises par chacun. Loin de donner lieu à une terreur stérile, l'effroi qui résulte souvent de cet état, trouve dans la création une expression beaucoup plus satisfaisante.

« Les œuvres les plus profondes, les plus poignantes, sont celles qui cernent ou suggèrent ou dévoilent l'existence d'un tel secret, qui font participer le lecteur, l'usager de l'œuvre, à cette quête, à sa double face d'évidence et d'incertitude, et à un certain échec final à le comprendre, à le communiquer » (D. Anzieu, *Le corps de l'œuvre*).

Il serait cependant peu opératoire d'avoir accès aux secrets de famille, si nous n'avions aussi la capacité de les transformer psychiquement pour les intégrer et les transmettre ensuite.

La plupart des événements familiaux ne sont pas traumatiques en eux-mêmes, mais entraînent un traumatisme psychique s'ils ne peuvent être pensés par ceux qui les vivent.

Cet impensé de l'événement donne alors lieu à un mécanisme de clivage : d'un côté on trouvera l'événement brut, tandis que la pensée de l'événement sera rejetée à l'extérieur du sujet. Ce défaut d'intégration va conduire à ce que soient transmises aux générations suivantes des parcelles non transformées de cet événement devenu « tabou ».

Nous sommes alors en présence d'un phénomène que René Kaes nomme « transmission négative » ou transgénérationnelle, et dont les effets se reconnaissent au blocage de la circulation fantasmatique ou à l'émergence de symptômes psychotiques et psychosomatiques.

Ce sont pourtant tous ces événements bruts qui hantent le créateur et l'assaillent jusqu'à ce qu'il puisse les transformer en œuvre de création.

Les créateurs n'ont jamais fini de courir après les mots, les images et les sons pour tenter de dire l'indicible, de représenter l'irreprésentable ou de faire résonner le silence des non-dits...

Si telle est leur passion, nous savons que dans tout groupe familial, chacun a à charge de transformer ce qui doit l'être, pour que tous ces événements constituent un héritage généalogique assimilable.

5.4.4. Répartition du potentiel créatif

La répartition des rôles constitue un des éléments importants du fonctionnement du groupe familial, aussi allons-nous réfléchir sur cette distribution dans les familles de créateurs.

Si nous considérons le couple parental représenté dans les différentes monographies, il apparaît assez souvent que le père remplit les rôles de la mère, et vice-versa. Cette inversion des schémas habituels, sans être systématique, reste néanmoins fréquente et semble tenir au fait que dans ces familles ce n'est généralement pas le père qui limite la relation symbiotique entre les enfants et la mère.

Comme nous l'avons vu à propos du rapport existant entre les processus de symbiose et d'individuation chez les familles de créateurs, les modalités relationnelles sont telles, que la symbiose semble pouvoir être admise par tous, sans angoisse trop grande. En revanche, nous pourrions suggérer que **c'est l'acte de création qui tient lieu d'instance séparatrice.**

Devant ce fait patent et central qui nous montre la fonction structurante de la création dans une famille, et comme je l'ai déjà mentionné, sa fonction séparatrice, je propose de référer la création à une imago paternelle, alors que la créativité nous renvoie davantage à un imago maternelle.

La créativité peut, en effet, être assimilée à l'inspiration, à la rêverie, à la gestation, aux possibilités qu'a le sujet de se laisser féconder. La création nécessite un véritable travail d'élaboration et de symbolisation qui répond à des lois de transposition.

Par ailleurs, le créateur qui prend le risque d'affronter un public, une instance autorisée s'affronte à un tiers. Nous le savons, il y a là risque de critiques, de castration, mais aussi chance de reconnaissance paternelle symbolique. Nous pourrions donc réfléchir à l'incidence de cette reconnaissance sociale sur l'évolution psychopathologique d'un sujet.

L'intervention de la société attestant qu'une personne donnée est un *créateur* a sans doute un rôle bénéfique sur le psychisme. Ce tiers introduit la loi-du-père dans ce qui pourrait rester indifférencié, et cela est à considérer comme un élément non négligeable par rapport au danger d'une évolution psychotique.

Mais tout ne se limite pas aux rôles parentaux, et l'attribution d'un rôle concerne chacun des membres de la famille, que l'effet de cette distribution soit favorable ou défavorable au sujet. Quoi qu'il en soit, tout le monde s'accorde à reconnaître que dans un système familial donné, la distribution inconsciente des rôles a une fonction organisatrice; elle contribue à structurer le groupe familial, en protégeant l'homéostasie propre au système.

Lorsqu'il n'y a qu'un seul créateur dans une fratrie, la question qui se pose est de savoir si ce rôle de « créateur » est analogue à ce qui se joue dans ce que Stierlin a appelé la « névrose familiale de caractère », où l'hyper solidarisation des membres amène les uns et les autres à s'identifier au porteur de symptômes. Ici, le « porteur de symptômes » serait en l'occurrence le créateur autour duquel se construit l'idéologie visant à préserver l'espace familial comme « bon pour ses membres. »

En revanche, il existe d'autres familles où celui qui se démarque du groupe en suivant la voie de la création, fait figure de membre malade chargé d'incarner le négatif ou la folie du groupe.

Pensons à Vincent Van Gogh ou à Camille Claudel qui, l'un et l'autre, furent mis au ban de leur famille. Cette répudiation de certains créateurs est comparable à ce qui se passe dans les familles présentant une « névrose familiale de symptômes ». Le patient se trouve exclu du groupe familial, grâce à quoi les autres ne vont pas si mal...

Mais que se passe-t-il donc de différent chez les familles de créateurs, où le rôle de « créateur » n'est pas focalisé sur un seul, mais distribué entre tous les membres? Le potentiel créatif de la famille semble alors se répartir entre plusieurs des membres, voire entre tous, de la même façon que nous assistons parfois à une répartition de ce qu'Ackerman a nommé le « potentiel pathogène familial ».

Nous avons vu comment chez les familles de créateurs, chacun peut à la fois tenir le rôle du créateur et de la muse, ou dans d'autres cas de figures voir se répartir ces rôles entre les membres, sans que cela soit interchangeable. Chacun reflète ainsi un des aspects du potentiel créatif de la famille, grâce à quoi le système familial se solidarise et se structure autour du mythe de la création.

Nous avons tendance à penser qu'un bon mode de fonctionnement familial est celui qui répartit au mieux ses données potentielles, qu'il

Les ressources créatives des familles d'artistes

s'agisse de potentiel pathogène ou de potentiel créatif, en évitant de tout focaliser sur un seul des membres.

Matthew Besdine compare l'enfant qui occupe une position privilégiée dans le groupe familial, à une fleur de concours à laquelle le jardinier sacrifie tous les boutons latéraux : « L'enfant ainsi favorisé, sur lequel la mère, avide d'affection, déverse tout son amour et auquel seul elle se consacre, se développe de façon très spectaculaire. »

Freud a bien montré, à propos de Goethe et de lui-même, comment un enfant très investi par sa mère, est plus prédisposé qu'un autre à réussir : « Quand on a été sans contredit l'enfant préféré de sa mère, on garde pour la vie ce sentiment conquérant, cette assurance du succès qui dans bien des cas l'entraîne effectivement. » (Freud, *Un souvenir d'enfance dans Fiction et vérité de Goethe*).

D'autres théoriciens ont repris cette idée en soulignant l'importance du maternage jocastien dans la confirmation narcissique de l'enfant.

Si la mère tient, de fait, un grande place dans l'évolution de l'enfant, ce rôle prépondérant que certains lui reconnaissent est pourtant bien la conséquence d'une interaction circulaire, au sein du couple et du système familial lui-même. Chacun y conforte l'autre dans son rôle, et ce, de façon réciproque et circulaire.

Souvent, en effet, nous assistons à une solidarisation des membres pour maintenir l'équilibre familial en place, même si apparemment cela ne semble pas vraiment satisfaisant pour tel ou tel.

Cette focalisation des investissements sur un seul des membres, nous amène donc non seulement à distinguer plusieurs types de focalisation (maladie, échec ou réussite, création, sport, etc.) mais surtout différents degrés. L'observation des familles de créateurs révèle que, malgré la distribution du potentiel créateur entre les membres, certains d'entre eux semblent tout-de-même émerger du groupe.

Cela n'est pas pour nous surprendre, dans la mesure où l'étude d'un fonctionnement familial nécessite de tenir compte à la fois des processus en jeu au sein du groupe-famille, et au sein de chaque individu. Quant à la notion de « rôle », elle suppose, de fait, qu'il y ait non seulement attribution, mais acceptation d'un rôle donné. La réponse du sujet est donc en prise directe sur son fonctionnement individuel, et sur le jeu d'interactions propres à la famille.

Ainsi, chez les familles de créateurs, chacun aime reconnaître en l'autre ce qu'il est lui-même, ou ce qu'il aurait voulu pouvoir devenir. Trouver en un frère ou une sœur l'Idéal du Moi nécessaire au sujet, est valorisant pour les deux partenaires de la relation, dans la mesure où tous les membres qui participent à cette distribution des rôles tirent ensemble des bénéfices mutuels non négligeables.

Pensons à la façon dont la famille James a pu répartir différents rôles entre ses membres ; chacun prend place dans ce système qui a de la sorte su trouver son équilibre.

Nous pouvons également interroger ce concept de « rôle » par rapport aux changements importants qui surviennent dans la vie de nombreux créateurs.

Certains semblent promis aux meilleurs espoirs, et commencent même à voir se réaliser leur mission sous de bons auspices, puis sombrent brutalement dans la maladie mentale, souffrent de troubles physiologiques graves, ou semblent tenir inconsciemment une conduite d'échec. D'autres, au contraire, ont un démarrage plus difficile, puis voient progressivement s'éclaircir leur horizon, pour parvenir à réaliser l'œuvre qui les fera connaître et consacrera leurs années de labeur.

Pouvons-nous rendre compte de ces évolutions caractéristiques, en ne tenant compte que des dispositions individuelles du créateur concerné, ou pouvons-nous parler d'une distribution de rôles évolutive?

En thérapie familiale, lorsque nous assistons au déplacement de la désignation du « porteur de symptômes », nous considérons qu'il s'agit

Les ressources créatives des familles d'artistes

là d'une phase positive, dans la mesure où cela témoigne d'une plus grande souplesse dans la distribution des rôles.

Ainsi, il est plus fonctionnel pour un groupe familial d'avoir en son sein des membres aux rôles réversibles plutôt que figés dans une rigidité sclérosante.

La répartition du potentiel créateur ne peut donc se dissocier d'une distribution du potentiel pathogène, et ce dans une même famille. Pourtant, ce qui ressort de cette étude concerne d'une part la réversibilité des rôles, d'autre part les degrés de focalisation existant au sein même d'un groupe où, à première vue, les investissements sont équitablement répartis.

Denise Morel-Ferla

VI
CONCLUSION

> *Aventure sans épilogue.*
> *C'est là notre chance !*
> *Le creuset initial ne désemplit pas*
> *Le monde est sans cesse jeune*
> *Et les sèves renaissantes.*
> Andrée Chedid, *Epreuves de l'écrit.*

À ce point de notre étude, nous sommes en mesure d'affirmer que la construction d'un réseau complexe permet aux familles d'artistes d'exploiter ce qui chez d'autres familles donnerait lieu à un symptôme. Composé de différents processus, ce réseau est celui qui facilite le travail créatif de transformation des événements et des multiples perturbations affectant une famille.

Cette transformation des événements vécus par le groupe familial à travers les générations suppose, de fait, que chacun fasse sienne cette histoire. C'est ainsi qu'au lieu d'une construction de barrières entre les membres de ces familles créatrice, une certaine symbiose reste présente, tandis que c'est par sa créativité propre que chacun s'individualise.

Nous avons également pu observer comment les familles qui empêchent d'une façon ou d'une autre, leurs membres d'avoir accès aux secrets, limitent fortement les possibilités de création et de vie. Même lorsque certaines familles ne bloquent pas complètement l'accès à ce réservoir d'événements et d'affects, elles interdisent pourtant plus ou moins explicitement d'utiliser ce trésor familial.

Dans ces familles, chacun sait, mais ne doit pas faire connaître à l'extérieur de la famille ce dont il est dépositaire. Cette défense de transmettre s'applique même lorsqu'il s'agit d'une transposition en œuvre de création. Un interdit est donc posé sur le travail de transformation, et toute élaboration psychique de ces matériaux s'en trouve compromise.

Pour que cette métamorphose du vécu familial ne soit pas dommageable au groupe lui-même, il est donc nécessaire que certaines précautions soient prises. Nous pensons là aux angoisses de morcellement et de dépossession que peuvent connaître les membres d'une famille, lorsqu'un des leurs s'arroge le droit d'utiliser certains faits, ou de prendre appui sur des personnages de la famille pour construire des œuvres de fiction.

Nous pressentons à quel point cela peut entamer cette zone sacrée où les ancêtres se trouvent en quelque sorte préservés contre des attaques ressenties comme sacrilèges.

Même dans notre civilisation marquée du sceau de la raison, certaines croyances demeurent, et celles relatives au culte des morts gardent toute leur vivacité. Certes, l'expression de cette crainte des morts et du respect qui leur est dû a changé de modalités, mais nous continuons à en observer les effets au sein d'une vie de famille.

Précisons que cette possibilité d'appropriation et de transformation des événements n'est pas une donnée brute que l'enfant trouve - ou ne trouve pas - dans son berceau ! S'il est vrai que certaines familles favorisent d'emblée cette attitude chez l'enfant, dans la plupart des cas, au contraire, il appartient à chacun de susciter ce mouvement.

La responsabilité créatrice de tous les membres d'une famille se trouve engagée dans ce processus visant à permettre aux uns et aux autres d'utiliser ce qui est déposé dans « l'appareil psychique familial », et d'en jouer le plus librement possible.

En thérapie familiale, certains membres de la famille se montrent parfois désespérés par la ténacité des symptômes ou par la difficulté à vivre à laquelle chacun se trouve confronté. Avec eux, il peut nous arriver de penser que la vie n'est pas un cadeau, et de remettre en cause le fait même d'avoir reçu cette vie ou de la transmettre à notre tour.

Pourtant, ce **mouvement dépressif**, qui n'est pas propre à tel ou telle, n'est-il pas la condition même de tout élan vital, l'insatisfaction qui sollicite diverses réponses, dont la mise en œuvre de processus de réparation, de conquête et de création ?

Intégrer ce double mouvement est peut-être une des règles de ce jeu où chacun s'engage à transformer le matériau brut dont il dispose au début de sa vie, ficelle, coton ou fil de soie, pour en faire, grâce à sa propre alchimie, un objet précieux et unique. Comment, en effet, prétendre séparer symptômes et talents, richesse de certains et indigence des autres ? Chacun de nous est à la fois talent et symptôme, ange et démon.

Peut-on espérer un avenir meilleur à partir d'un aujourd'hui bien compromis, insatisfaisant, car porteur de souffrances ou des troubles pathologiques écrasants ? Comment y croire sans tomber dans l'illusion qui annule le réel angoissant de la vie présente ?

Il nous semble pourtant que cet espoir est réaliste si chacun s'applique à ne pas isoler ces différents termes, mais confronte entre elles les aspects binaires de l'existence. Vie-mort, destruction-construction, absence-présence, puissant-fragile, tous ces contraires s'étayent réciproquement, car ils constituent les deux faces d'une même réalité psychique.

Si nous nous tournons vers la mythologie, nous découvrons avec quelle habileté les égyptiens ont déifié des animaux redoutables, comme pour métamorphoser leur activité néfaste en une fonction bénéfique. Capables du pire, ils sont donc aussi capables du meilleur ! Ainsi en est-il d'**Anubis** et de **Sekhmet**, parmi bien d'autres dieux égyptiens. Anubis, chacal détesté parce qu'il fouillait les cimetières à la recherche de cadavres, fut vénéré comme dieu protecteur des morts.

Quant à Sekhmet, déesse à tête de lionne, elle était considérée à la fois comme une divinité guerrière, destructrice, apportant fléaux et épidémies, et comme la « Grande de Magie » capable de guérir les maladies.

Les médecins égyptiens n'étaient rien moins que « Prêtres de Sekhmet ». Pour compléter ce tableau déjà très contrasté, ajoutons que Sekhmet est connue comme l'épouse de Ptah, le plus grand génie créateur et artisan du culte de Memphis.

Destruction-création, le couple bi-polaire Ptah/Sekhmet se trouve donc unifié à l'intérieur d'un même être, ou par le truchement du couple.

Tenir compte de tout cela et entretenir comme une flamme ce champ de forces destructrices et créatrices qui vit en chacun, c'est accepter de se situer là et ailleurs, dans le temps et hors du temps.

Ce n'est qu'au prix de cette **alternance vivante** que nous pouvons passer du symptôme à la création. En ce sens, cette recherche atteste que les processus créateurs s'articulent souvent avec des symptômes. Ces derniers, loin d'être négatifs, s'inscrivent dans une dynamique d'ensemble, familiale, au sein de laquelle la création peut prendre place. Porter un symptôme peut donc inciter quelqu'un à créer, pour s'affirmer contre une pathologie et dépasser la difficulté en l'intégrant à la création elle-même.

Le goût de vivre n'est pas quelque chose qui va de soi, mais la poésie inhérente à toute forme de création culturelle contribue à relancer la joie de vivre en changeant notre regard. Le créateur nous fait partager un plaisir esthétique et libère « une jouissance supérieure émanant de sources psychiques bien plus profondes... La véritable jouissance de l'œuvre littéraire provient de ce que notre âme se trouve

Les ressources créatives des familles d'artistes

par elle soulagée de certaines tensions. » (S. Freud, *La création littéraire et le rêve éveillé*).

Il n'est donc pas question de faire l'économie de la souffrance ni de la mort, mais de reconnaître que depuis la plus haute antiquité, toutes les œuvres de création témoignent que la culture naît de cette confrontation à la perte et à la mort, et du désir de mettre quelque chose de beau à la place de ce manque.

Découvrir que la vie n'est pas aussi tragique et déprimante qu'on pourrait l'entend dire, nous invite à faire naître des représentations riches et variées. « La mort est la naissance de l'image » écrit Thomas Mann dans *Mort à Venise*, et cette « image » doit être entendue au sens large, dans la mise en forme d'un réel qui, autrement, nous échapperait dans sa dimension de continuité.

Plaisir à vivre, plaisir à créer, plaisir à partager l'œuvre des autres, c'est tout cela qui a accompagné la rédaction de ce livre.

En hommage aux muses et à cette culture dont je prône tant la valeur thérapeutique, je laisse aller ma créativité en livrant au lecteur, en guise de conclusion, un petit texte poétique. Le prétexte en est donc **la famille, ses conflits, ses souffrances, son ouverture vers la création.**

Pour faciliter la lecture de ce thème poétique, voici brièvement évoquée la trame et les étapes de l'histoire :

1 - **EAU (Noun) et le FEU**, forment un couple heureux. Comme tout un chacun, il présente des aspects bénéfiques et d'autres plus dangereux. Leurs enfants sont investis comme s'il s'agissait d'un seul être, en l'occurrence, la **Terre**, une représentation qui s'inscrit dans cette collusion de parents conscients de leur force.

2 - Chaque partenaire veut exercer son pouvoir sur l'autre et affirmer sa dominance. Les enfants souffrent de ce conflit et par divers symptômes, ils expriment ces tensions familiales.

3 - Alertés par leur appel au secours, **EAU et FEU** les rassurent en affirmant que l'amour continue de les unir, grâce à **l'arc-en-ciel.**

4 - **Terre**, leurs enfants, ne peut se contenter de cette harmonie passagère et faute de pouvoir s'appuyer sur une entente durable, sans conflits, cherche à reprendre souffle ailleurs.

5 - **L'Air**, quatrième élément de ce tableau familial, intervient alors comme le tiers nécessaire à ce groupe en difficulté. Permettant à chacun de respirer plus largement, ce souffle nouveau relance la vie et favorise un processus créateur.

LA PAVANE DES QUATRE ELEMENTS

Moi, Océan primordial
NOUN aux cent noms
EAU purificatrice et fraîche
Grande Mère des mers
Pluie, terre aride tu arroses
EAU dans ma bouche
NIL entre mes jambes
Je viens pour calmer le feu.

Moi, FEU rayonnant de mille feux
RÊ du lever du jour
Lumière des ténèbres
Feu de vie
En **Noun,** chaque soir je rentre
Disque solaire, nimbe de feu
RÊ, j'auréole et protège
Femme et enfants

De mon sein engendrés.

Terre paisible
Terre du premier jour du monde
D'eau et de feu Je suis
Leur enfant Je suis
Leur violence m'étreint

FEU redoutable
J'affirme ma puissance
Résisteras-tu
Eau qui bous sous mes flammes ?

Assez ! Assez !
Terre en pleurs
Terre brûlée
Votre enfant tremble sous vos cris
Tremblements de terre
Ne respire plus
N'espère plus

PAIX
Notre enfant
PAIX
Notre Terre
Vois l'arc-en-ciel
Pluie et soleil
S'aiment encore
Spectre irisé pour toi
Terre notre fille d'amour.

Comment vivre
Parents fiers et fougueux
Comment croire

Rare Trop rare est la trêve
Besoin d'Air

Souffle d'AIR pur
En **Isis**, l'ESPRIT
d'**Osiris**, L'ESPRIT
Souffle des quatre vents
Inspiration, L'ESPRIT

Sous le souffle des quatre VENTS
FEU Père incandescent
Ranime la flamme
Sous le souffle des quatre VENTS
EAU Mère frémit tendrement
Sous le souffle des quatre VENTS
TERRE meurtrie
Retrouve Vie.

GRAINE je suis Fruit de la Terre
Du Soleil et de l'Eau
Transportée par les Vents
Je germe et pousse
ŒUVRE D'ART
Je suis
Fruit d'un Esprit Créateur.

BIBLIOGRAPHIE

Hémorragie de mots
Hémorragie d'images
Comment tirer la vie
De toutes ses geôles ?
Andrée Chedid, *Regarder la vie,*

1 - Groupe familial

Almodovar, J.P. *Les frères et les sœurs dans l'histoire du groupe familial*, in Le Groupe Familial N 81, 1978.
Anthony E.J. et Chiland, C., *Parents et enfants dans un monde en changement*, P.U.F., Paris, 1983.
Anthony E.J. et Coupernik, C., *L'enfant dans la famille*, Masson, 1974.
Aubin J.P., et Bellaiche, A., *Prénom et psychose*, in Dialogue N 89, 1982.
Ausloos, G., Œdipe et sa famille, ou les secrets sont faits pour être agis, Dialogue no. 70, AFCCC, Paris, 1980.
Bank, S., et Kahn, M.D., *Sisterhood brotherhood is powerfull : sibling system and family therapy*, in Family Process N 14, 1975.
Berger, M., *Entretiens familiaux et champ transitionnel*, PUF, 1986.
Boszormenyi-Nagy N., et Framo, J., *Psychothérapies familiales*, 1980.
Bourguignon, O., *Mort et structures familiales*, P.U.F., Paris, 1984.
Bowen, M., *La différenciation du soi*, ESF, Paris, 1984.
Caille, P., *Familles et thérapeutes*, ESF, Paris, 1985.
Castellan, Y., *La famille du groupe à la cellule*, Dunod, Paris, 1980.
Cahn, P., *La relation fraternelle chez l'enfant*, PUF, Paris, 1962.
Chiland, C., *Les familles à risque psychique*, in GRUPPO N 2, 1986.
Dumas, D., *L'ange et le fantôme*, intr. à la clinique de l'impensé généalogique, éditions de Minuit, Paris, 1985.
Eiguer, A., *Un divan pour la famille*, Paidos, Le Centurion, 1983.
S. Freud, Le roman familial des névrosés, in «Névrose, Psychose et Perversion, PUF, Paris, 1973.

Green, A., *Le mythe, un objet transitionnel collectif*, in «Le temps de la réflexion» Gallimard, Paris, 1980.
Guyotat, J., *La transmission psychique à la lumière des phénomènes transgénérationnels*, Centurion, 1986.
Kaes, R.,*Imagos et complexes fraternels dans le processus groupal*, in Le groupe Familial N 81, 1978.
Kaes, R., *Le travail psychanalytique dans les groupes*, Dunod, 1982.
Lebovici, S., *Le nourrisson, la mère et le psychanalyste*, Centurion, 1983.
Lemaire, J., *Le couple, sa vie, sa mort*, Payot, Paris, 1979.
Lemaire, J., *L'utilisation des mythes familiaux en thérapie familiale et en thérapie de couple*, Dialogue N 88, 1985.
Lemoine-Luccioni, E., *Partage des femmes,* Seuil, Paris, 1976.
Levi-Strauss, C., *Les structures élémentaires de la parenté*, PUF, 1949.
Marc, E., et D. Picard, D., *L'école de Palo Alto*, Retz, Paris, 1984.
De Mijolla, A., *Les visiteurs du moi*, Les belles lettres, Paris, 1981.
Miller, A., *Le drame de l'enfant doué*, PUF, Paris, 1983.
Minuchin, S., *Familles en thérapie*, J.P. Delarge, Paris, 1979.
Morel, D., *Mythes et croyances*, Dialogue N 88, 1985.
Morel, D., *Choix du partenaire et généalogie*, Dialogue N 89, 1985.
Pankow, G., *Structure familiale et psychose*, Aubier-Montaigne, 1977.
Richter, H.E., *Psychanalyse de la famille*, Mercure de France, 1978.
Ruffiot, A., *La thérapie familiale psychanalytique*, Dunod, Paris, 1981.
Selvini Palazzoli, M., *Paradoxe et contre-paradoxe*, ESF, 1980.
Soule, M., *Frères et sœurs*, ESF, Paris, 1981.
Walrond-Skinner, S., *Thérapie familiale, traitement des systèmes vivants*, ESF, Paris, 1980.
Watzlawick, P., *Une logique de la communication*, Seuil, Paris, 1972.
Watzlawick P., et Weakland, J., *Sur l'interaction*, Seuil, Paris, 1981.
Whitaker C., et Napier, A., *Le creuset familial*, Laffont, Paris, 1980.
Willi, J., *La relation de couple*, Delachaux et Niestlé, 1982.
Zazzo, R., *Le paradoxe des jumeaux*, Stock, Paris, 1984.

2 - Création - Créativité

Anzieu, D., et coll., *Psychanalyse du génie créateur*, Dunod, Paris, 1974.
Anzieu, D., *L'auto-analyse de Freud*, P.U.F., Paris, 1975.
Anzieu, D., *Machine à décroire : sur un trouble de la croyance dans les états limites*, Nouvelle revue de psychanalyse N 18, 1978.
Anzieu, D., *Le corps de l'œuvre*, Gallimard, 1981.
Anzieu, D., *Du fonctionnement psychique particulier à l'intellectuel*, in Topique N 34 EPI, 1985.
Anzieu, D., *Le Moi-peau*, Dunod, Paris, 1985.
Artieres, M., *Menace d'objet et saisie du motif* (essai psychanalytique sur l'œuvre de Cézanne), in Topique N 33 «La sublimation : voies et impasses ».
Aulagnier, P., *Condamné à investir*, Nelle Revue de Psychanalyse N 25, 1982.
Beaudot, A, *La créativité*, Dunod, Paris, 1973.
Bleger, J., *Symbiose et ambiguité*, P.U.F., Paris, 1981.
Boirel, R., *Théorie générale de l'invention*, P.U.F., Paris, 1961.
Chasseguet-Smirgel, J., *Pour une psychanalyse de l'art et de la créativité*, Payot, Paris, 1971.
David, C., *La sublimation, concept ou valeur* ? EPI, 1985.
Delcourt Marie, *Œdipe ou la légende du conquérant*, Les Belles Lettres, Paris, 1981.
Fernandez, D., *L'arbre jusqu'aux racines*, Grasset, Paris, 1972.
Freud, S., *Un souvenir d'enfance de léonard de Vinci*, Gallimard, Paris, 1972.
Freud, S., *Essais de psychanalyse appliquée*, 1908, Gallimard, 1971.
Gaillard, Th., *La renaissance d'Œdipe*, 2014, Ecodition.
Gaillard, Th., *L'Autre Œdipe*, 2014, Ecodition.
Gaillard Th., *L'intégration transgénérationnelle*, 2014, Ecodition.
Gaillard Th., *Sophocle thérapeute*, 2013, Ecodition.
Gaillard Th., *A propos de la métamorphose d'Œdipe en héros de Colone*, 2020, Génésis éditions.
Geets, G., *Winnicott*, J.P. Delarge, Paris, 1981.

Goux J.-J., *Œdipe philosophie*, 1990, Aubier.
Guillaumin, J., Anzieu, D., Kaes, R., Clancier, A., *Corps création*, Pul, Lyon, 1980.
Guillaumin, J., *Le rêve et le moi*, P.U.F., Paris,
Horer S., et Socquet, J., *La création étouffée*, Horay, P., Paris, 1973.
Kaes R., et coll., *Crise rupture et dépassement*, Dunod, Paris, 1979.
Khan, M., Passion, *Solitude et folie*, Gallimard, Paris, 1983..
M. Klein, *Envie et gratitude*, Gallimard, Paris, 1968.
Kofman, S., *L'enfance de l'art*, Payot, Paris, 1970.
Kris, E., *Psychanalyse de l'art*, PUF, Paris.
Laplanche, J., *La sublimation*, Problématiques III, PUF, Paris, 1980.
Ledoux, N., *Vie, mort et création*, Revue française de psychanalyse, no. 4, 1972.
Levi-Strauss, C., *La pensée sauvage*, Plon, Paris, 1962.
Mc Dougall, J., *Plaidoyer pour une certaine anormalité*, Gallimard, Paris, 1978.
Malher, M., *Psychose infantile*, Payot, Paris, 1973. F.B. Michel, Le souffle coupé, Gallimard, Paris, 1984.
Mijolla, A., *Pulsion d'investigation, fantasmes d'identification et roman familial*, in Topique N/34, EPI, 1985.
Milner, M., *L'inconscient et la peinture*, P.U.F., Paris.
Milner, M., *Les mains du Dieu vivant*, Galllimard, Paris, 1974.
Morel, D., *Cancer et psychanalyse*, Belfond, Paris, 1984.
Morel, D., *Des contes et des enfants*, in Le Groupe Familial N 117, 1987.
Morel, D., *Lettre ouverte aux beaux-parents et aux parents*, Dialogue N 97, 1987.
M'uzan, M. de, *De l'art à la mort*, Gallimard, Paris, 1977.
Nicolaidis N., et coll., *Créativité et/ou symptôme*, Clancier-Guénaud, 1982.
Pons, D., *Le fou et le créateur*, Présent Audiovisuel, 1983.
Rank, O, *Inceste et créativité littéraire*, 1996, Delachaux et Niestlé
Rank, O., *L'art et l'artiste*, Payot, Paris, 1984.

Rosolato, G., *La scission que porte l'incroyable*, Nouvelle Revue de psychanalyse, N 18, 1978.

Rosolato, G., *Essais sur le symbolique*, Gallimard, Paris, 1969.

Rouquette, M. L., *La créativité*, P.U.F., Paris, 1973.

Safan-Gérard, D., *Chaos et contrôle dans le processus créateur*, Psychan. à l'université N 35.

Segal, H., *Mélanie Klein : développement d'une pensée*, P.U.F., 1982.

Spira, M., *Créativité et liberté psychique*, C.L.E., Lyon, 1985.

Storr, A., *Les ressorts de la création*, Laffont, Paris, 1972.

Winnicott, D. W., *Jeu et réalité*, Gallimard, Paris, 1971.

3. Créateurs et familles de créateurs

a) Livres généraux :

Benezit, E., *Dictionnaire critique et documentaire des peintres, sculpteurs, dessinateurs et graveurs*, 10 vol., 1976.

Bernard, G., *Guide des recherches sur l'histoire des familles*, Archives Nationales, Paris, 1981.

Binet, A., *Psychologie des grands calculateurs et joueurs d'échecs*, Slatkine, Paris, 1981.

Carnoy, *Biographie universelle XIXème et XXème siécles*, 2 volumes.

Grandmaison, M. de, *Sœurs de grands hommes*, éd. Alfred et fils, Tours.

Grimai, P., *Dictionnaire des biographies*, 2 vol. P.U.F., Paris, 1958.

Kiell, N., *Brothers, siblings as writers*, International Universities Press, New-York, 1983.

Larousse, *La grande encyclopédie en 20 volumes*, Paris, 1971.

Le Larousse des grands peintres, Larousse, Paris, 1976.

Malraux, A., *L'Intemporel*, Gallimard, Paris, 1976.

Rebiere, A., *les savants modernes*, Lib. Nomy et cie, Paris, 1899.

« Who's who par année.

b) Mythologie (familles mythologiques) :

Anzieu, D., Carapanos, F., Gilibert, J K., Green, A., Nicolaidis, N., Potamianou, A., *Psychanalyse et culture grecque*, Les Belles Lettres, Paris, 1980.
Commelin, P., *Mythologie grecque et romaine*, Garnier, Paris, 1960.
Delcourt, M., *Œdipe ou la légende du conquérant*, Les Belles Lettres, Paris, 1981.
Delcourt, M., *Hephaistos, la légende du magicien*, Les Belles Lettres, Paris, 1982.
Eggebrecht, A., *L'Egypte ancienne*, Bordas, 1986.
Jacq, C., *Le monde magique de l'Egypte ancienne*, Ed. du Rocher, Monaco, 1983.

c) Livres sur les familles d'artistes :

Famille BRONTE

Bellour, R., *Le jeu du frère et de la sœur*, in « La création collective », Clancier-Guénaud, Paris, 1981.
Maurier, D. du, *Le monde infernal de Branwell Brontë*, Albin Michel, Paris, 196 ?.
Romieu, E. et G., *La vie des soeurs Brontë*, Gallimard, Paris, 1929.
Traz, R. de, *La famille Brontë*, Albin Michel, Paris, 1939.

Famille CLAUDEL

Chaigne, L., *Vie de Paul Claudel*, Mame, Tours, 1981.
Claudel, J., *Rodin, sa vie glorieuse et inconnue*, Grasset, Paris, 1936.
Claudel, P., *Mémoires improvisées*, recueillis par J. Armouche Gallimard, Paris, 1954.
Claudel, P., *Œuvres en prose*, Pléiade, Gallimard, 1965.
Guillemin, H., *Le converti P. Claudel*, Gallimard, Paris, 1968.
Guillemin, H., *Claudel avant sa conversion*, in La revue de Paris, Mai 1955.

Claudel, L.P., *Lettres à son fils*, in Cahiers de P. Claudel Gallimard, 1959.
Delbée, A., *Une femme*, Presses de la Renaissance, 1982.
Paris, R.M., *Camille Claudel*, Gallimard, Paris, 1984.
Riviere, A., *L'interdite Camille Claudel*, Tierce, Paris, 1983.

Famille GROULT

Groult, B. et F., *Journal à quatre mains*, Denoel, Paris, 1962.
Groult, B., et F., *Le féminin pluriel*, Denoel, Paris, 1965.
F. Groult, F., *Tout le plaisir des jours est dans leur matinée*, Plon, Paris, 1985.
Catalogue Fondation de la Mode à Tokyo, 1985 (sur Paul Poiret et Nicole Groult).

Famille JAMES

Anzieu, D., *Le corps de l'œuvre*, (monagraphie sur H. James) œuvre citée.
Green, A., *L'aventure négative*, Nelle Rev. Psychanalyse, N 34, 1986.
James, A., *Journal et choix de lettres*, éd. Café-Clima, Langres, 1984.
James, A., *Journal d'Alice James*, 2d des Femmes, Paris, 1983.
James, H., *Histoires de fantômes*, Aubier-Flammarion, Paris, 1970.
James, H., *A small boy and others*, C. Scribner's sons, New-York, 1914.
James, W., *Die Inters of William James*, 2 vol. Green and Co, London, 1920.
Perrot, J., *Henry James et la décadence*, Thèse de doctorat, Paris IV, 1980.
Saporta, M., *Henry James*, revue L'Arc, N 89.

Famille MARX

Alion, Y., *Les Marx Brothers*, Edilig, Paris, 1985.

Marx, G., *Les mémoires de Grouchko Marx,* L'atalante, Nantes, 1981.
Marx, G., *Correspondance de Grouchko Marx*, éd. Champ libre.
Marx, H., *Harpo et moi*, Scarabée, Paris, 1983.
Wlaschin, K., *Les stars du cinéma*, Nathan, Paris, 1981.

Famille PERRAULT

Hallays, A., *Les Perrault*, Perrin et Cie, Paris, 1926.
Perrault, Ch et Cl., *Mémoires de ma vie et voyage à Bordeaux*, Laurens, 1909.
Perrault, Ch., *Œuvres choisies de Charles Perrault*, (avec les mémoires de l'auteur) St Germain des Près, Paris, 1826.
Perrault, Ch., *Les contes de féés*, Hetzel, Paris, 1883.
Soriano, M., *Les contes de Perrault*, Gallimard, Paris, 1977.
Soriano, M., *Le dossier Perrault*, Hachette, Paris, 1972.

Famille PRASSINOS

Cartier, J.A., *Prassinos ou le sens de la famille*, Nouvelles Littéraires, 1966.
Le Chenier, H., Prassinos, H., *catalogue Aix-en-Provence, 1983*, éd Présence Contemporaine.
Ensch J. et R. Kieffer, R., *A l'écoute de Gisèle Prassinos*, Naaman, Sherbrooke, 1986.
Prassinos, G., *Le temps n'est rien*, Plon, Paris, 1958.
Prassinos, G., *Trouver sans chercher*, Flammarion, 1976.
Prassinos, G., *Brelin le fou ou le portrait de famille*, Belfond, 1975.
Prassinos, M. *Les Prétextats*, Gallimard, Paris, 1973.
Prassinos, M. *La colline tatouée*, Grasset, Paris, 1983.
Le Targat, F. *L'invité du mois : Mario Prassinos*, 1980.
Grand Palais, *Exposition « Mario Prassinos »*, Paris, 1980.

ANNEXE I : ILLUSTRES FAMILLES DE CREATEURS

NOM	DISCIPLINE	SIECLE
Asam		17ème
Bach	Peintres	17ème-18ème
Bassand	Musiciens	16ème
Beaumetz	Peintres	17ème
Bellini	Peintres	17ème
Bernouilli	Peintres	18ème
Bonnard	Mathématiciens	19ème-20ème
Bosschaert	Peintres	16ème
Bouchardon	Peintres	18ème
Brontë	Sculpteurs	19ème
Bruegel	Ecrivains	16ème
Bugatti	Peintres	20ème
Carrache	Polyvalents	16ème
Claudel	Peintres	19ème-20ème
Clouet	Polyvalents	15ème-16ème
Couperin	Peintres	17ème-18ème
Coustou	Musiciens	17ème
Coypel	Sculpteurs	18ème
Darwin	Peintres	19ème
De Chirico-Savinio	Naturalistes	19ème-20ème
Della Robia	Polyvalents	15ème-16ème
De Smet	Sculpteurs	19ème
De Vos	Peintres	16ème-17ème
Duchamp-Villon	Peintres	20ème
Durrel	Polyvalents	20ème
Flandrin	Ecrivains	19ème
Fontana	Peintres	16ème
Francken	Peintres	16ème-17ème
Fijiwara	Peintres	14ème
Gabrieli	Peintres	16ème-17ème
Gautier	Musiciens	18ème

251

Giamberti	Musiciens	15ème
Gibbons	Architectes	16ème-17ème
Goncourt	Musiciens	19ème
Grimm	Ecrivains	19ème
Guardi	Ecrivains	18ème
Huxley	Peintres	20ème
James	Polyvalents	19ème-20ème
Johannot	Ecrivains	19ème
Joyce	Peintres	20ème
Jussieu (de)	Ecrivains	18ème-19ème
Kano	Naturalistes	15ème-16ème
Klossowski-Balthus	Peintres	20ème
Le Nain	Polyvalents	17ème
Lepautre	Peintres	17ème
Limbourg (de)	Peintres	15ème
Lippi	Peintres	15ème
Lorenzetti	Peintres	14ème
Lumière	Peintres	19ème-20ème
Ma	Inventeurs	16ème-17ème
Mann	Peintres	19ème-20ème
Marmion	Ecrivains	15ème
Marx Brothers	Peintres	20ème
Ogata	Acteurs	17ème
Perrault	Peintres	17ème
Philidor	Polyvalents	18ème
Rebel	Musiciens	17ème
Renoir	Musiciens	20ème
San Gallo	Polyvalents	16ème
Seeberger	Polyvalents	19ème-20ème
Singer	Photographes	20ème
Strachey	Ecrivains	20ème
Tharaud	Ecrivains	19ème-20ème
Tosa	Ecrivains	14ème
Van Loo	Peintres	17ème-18ème

Van Ostade	Peintres	17ème
Vernet	Peintres	18ème-19ème
Vesnine	Peintres	20ème
Vestris	Architectes	18ème-19ème
Vischer	Danseurs	15ème-16ème
Vriendt (de)	Sculpteurs	16ème
Warner	Peintres	20ème
Waugh	Producteurs	20ème
Wilde	Ecrivains	19ème
Wright	Ecrivains Inventeurs	19ème-20ème

ANNEXE II : FAMILLES DE CREATEURS CONTEMPORAINS

Adaskin	Musiciens (Canada)
Benetton	Couturiers
Bonnec	Peintres
Bouteille	Polyvalents (Invention, Théâtre, Urbanisme)
Casadessus	Musiciens
Chedid	Musiciens, chanteurs
Fontanarosa	Polyvalents (Peinture, Théâtre, Musique)
Groult	Polyvalents (Mode, Mobilier, Couture)
Hantai	Peintres
Hoebig	Musiciens (Canada)
Hunt	Sculpteurs, danseurs (Canada)
Huppert	Cinéma ; Théâtre
Jackson	Chanteurs, danseurs (U.S.A.)
Labeque	Musiciens
Liagatchev	Peintres
Poivre d'Arvor	Ecrivains
Poliakoff	(M. Vlady) Polyvalents (Peinture, Cinéma, Théâtre)

Pons	Polyvalents (Ecriture, Musique)
Popesco	Polyvalents (Théâtre, Musique)
Prassinos	Polyvalents (Peinture, Tapisserie, Ecriture)
Prévert	Polyvalents (Ecriture, Cinéma)
Ripoche	Musiciens
Schaffer	Ecrivains (U.S.A.)
Taviani	Cinéastes (Italie)